D0920297

Au cœur de la
littérature d'enfance et de jeunesse

Indexé dans REPÈRE

Couverture : Christian Laliberté

Mise en pages : CompoMagny enr.

Une publication de :
Les Éditions La Liberté Inc.
3020, chemin Sainte-Foy
Sainte-Foy (Québec)
G1X 3V6
Téléphone et télécopieur : (418) 658-3763

ISBN : 2-89084-093-X

Charlotte Guérette

Au cœur de la littérature d'enfance et de jeunesse

 Les Éditions La Liberté

À Minou et à Julie

Je remercie Corine Maldague pour sa précieuse participation à l'élaboration du présent ouvrage.

TABLE DES MATIÈRES

**QUATRIÈME PARTIE : L'ANIMATION DE LA LECTURE OU
L'ITINÉRAIRE D'UN VOYAGE VITAL AU COEUR DE
PAYSAGES LITTÉRAIRES INCONTOURNABLES**

CHAPITRE 12. L'ART DE RACONTER

CHAPITRE 13. LA PROMOTION, LES ACTIVITÉS D'ÉCHANGE, DE
DISCUSSION ET D'EXPLOITATION

AVANT-PROPOS

La littérature d'enfance et de jeunesse[1] existe, sa légitimité n'est plus à démontrer. En effet, le nombre de livres publiés chaque année, la qualité, la pertinence de leurs contenus, la valeur accordée par l'adulte à l'utilisation de cette littérature, ainsi qu'à la réalisation d'activités s'y rapportant sont des facteurs qui témoignent de sa présence et de l'intérêt qu'on lui accorde dans la société moderne.

Au cœur de la littérature d'enfance et de jeunesse se veut une introduction à l'étude de la production littéraire contemporaine proposée aux jeunes lecteurs[2] qui fréquentent les milieux scolaires et parascolaires. À ceux également qui s'adonnent à la lecture à la maison. Bon nombre d'adultes médiateurs des livres auprès des enfants et des adolescents souhaitent acquérir des connaissances appropriées, éclairées et diversifiées portant sur l'étude et l'analyse des ouvrages destinés à la jeunesse. De plus, ils veulent parvenir à la compréhension judicieuse des lecteurs destinataires de ces œuvres. Il est donc apparu capital de tendre à réunir des notions de base se rapportant à ce champ d'étude.

En somme, ne s'agit-il pas de parfaire des étapes inhérentes à la connaissance, à la compréhension, et à la réflexion, à propos d'un univers en constante évolution, qui demeure incomplète à ce jour ? Ici, plusieurs aspects associés au domaine de la littérature d'enfance et de jeunesse seront abordés. Selon le cas, ils seront définis, décrits, discutés et justifiés, afin que l'on apprenne et comprenne mieux leurs significations profondes, et finalement l'importance d'inscrire la lecture dans la vie de chaque enfant et adolescent, voire de tout adulte. Chaque jour de sa vie : encore plus et encore mieux.

C'est au cours de l'Assemblée générale de l'ONU[3], à Paris en 1948, que fut adoptée la *Déclaration universelle des droits de l'homme*. À cette occasion, les pays membres de cette organisation s'engagèrent solennellement à respecter la totalité du contenu de cette charte. Plusieurs siècles d'injustices sociales très

---

1. Un livre peut être dit d'enfance, s'il est écrit à l'intention des moins de 12 ans environ, ou de jeunesse, s'il est destiné aux 12 ans et plus.
2. À quelques exceptions près dans le présent ouvrage, notamment dans le chapitre 12 portant sur L'art de raconter, le masculin désigne les deux genres.
3. Organisme dont le but est d'assurer le maintien de la paix et de la sécurité internationale. Parmi les nombreux mandats attribués à cette Organisation par plus de 150 nations membres, on compte la reconnaissance et l'application des droits fondamentaux des adultes et des enfants vivant sur la planète.

diversifiées, comme par exemple, l'accès limité à la scolarisation ou encore les conditions de vie déplorables vécues dans bon nombre de pays, devaient ainsi prendre fin. Ce n'est toutefois, qu'en 1978, que la délégation polonaise mit en discussion, lors d'une réunion de l'ONU, l'actuelle *Convention des droits de l'enfant* qui regroupe l'ensemble des individus, âgés de 0 à 18 ans. Dès lors, on insista sur l'importance capitale d'adopter la *Charte des droits de l'enfant* et d'assurer dans tous les pays concernés, le respect de tous les droits des jeunes de ces âges ; ce document constituant un appui vivant destiné à faire progresser la réalité. En novembre 1989, l'ONU ratifiait la *Charte des droits de l'enfant,* officialisant et appliquant ainsi à la réalité contemporaine de plus de deux milliards d'enfants et d'adolescents vivant actuellement, le droit de vivre, le droit au bonheur, le droit d'apprendre, le droit de grandir en paix.

Cette nouvelle réalité marquait une évolution dans la conscience des peuples du monde. Au nombre des ressources pouvant favoriser cette prise de conscience, la littérature écrite à l'intention des enfants et des adolescents apparaît comme une manifestation majeure de l'expression et du respect des droits des jeunes. En effet, les contenus véhiculés dans bon nombre de livres de jeunesse sont le miroir de l'enfance ou de l'adolescence, où l'on peut à la fois puiser l'espoir, le bonheur, l'amitié, l'amour de vivre et une façon de s'épanouir. Certitude pour chaque jeune d'être et de demeurer le héros de sa propre vie, rejoignant ainsi Charles Dickens, alors qu'il posait la question suivante : « *Deviendrai-je le héros de ma propre vie ou bien cette place sera-t-elle occupée par quelqu'un d'autre* » ? Mais aussi, responsabilité pour l'adulte d'accompagner le jeune sur cette voie, notamment par l'utilisation éclairée d'ouvrages d'enfance et de jeunesse.

D'où l'importance de s'engager de pied ferme sur le chemin qui conduit à la rencontre des lecteurs, ainsi qu'à l'étude de la littérature qui leur est destinée. Noble responsabilité de l'adulte, sans cesse renouvelée, qui se situe au cœur de l'évolution de chaque être humain.

PREMIÈRE PARTIE

À LIVRE OUVERT SUR L'HISTORIQUE
et
L'UNIVERS DE L'ÉDITION

Introduction

Assis sur une pile de livres qu'il a lus de la première à la dernière page, le jeune lecteur tente d'imaginer le nombre de livres publiés au fil des siècles. C'est en vain ! Il s'amuse ensuite à dresser la liste des éditeurs et des auteurs, qui chaque année depuis des siècles, ont souhaité aller à sa rencontre par l'écriture ou la publication de romans, de contes, de livres de poésie ou de tout autre ouvrage destiné à l'enfance ou à la jeunesse, mais il sait déjà que seul, il n'y arrivera jamais. Enfin, il passe de longs moments à tenter de sélectionner et de décrire les meilleurs ouvrages qui, à son avis, devraient se retrouver dans toute bonne bibliothèque. Il demande ensuite aux gens qu'il connaît, le titre des livres qu'ils ont lus pour le plaisir, pour découvrir et pour apprendre la vie et le monde. Car lui aussi, depuis longtemps a compris qu'il peut trouver bon nombre de réponses à ses interrogations dans les livres. Dorénavant la littérature d'enfance et de jeunesse fait et fera toujours partie intégrante de sa vie.

Parmi les choix déterminants faits par l'homme au cours des siècles passés, celui de prendre la décision de publier des ouvrages délibérément écrits pour rejoindre des jeunes lecteurs, s'avéra capital au point qu'on ne cessa de s'y adonner depuis. L'évolution des gens et des peuples pouvait désormais être suivie à la trace. Pourtant, il semble que malgré cela, bien des pages soient à jamais tombées dans l'oubli.

Dès qu'on s'attarde à dresser l'historique de la littérature destinée aux jeunes, on voit un nombre impressionnant de personnages entrer en scène. Ici, éditeurs, auteurs, et plusieurs autres interpellent l'histoire et les humains qui ont façonné chaque facette temporelle d'un monde littéraire si vivant aujourd'hui.

Dans la partie de texte qui suit, quelques pages de l'évolution de la littérature d'enfance et de jeunesse, et du monde de la production littéraire auquel elle appartient à part entière, sont offertes au lecteur. Elles lui permettront sans doute de vérifier que déjà, les participants à la réalité littéraire actuelle préparent le manuscrit d'un ouvrage que les générations futures pourront lire, apprécier ou critiquer. Plus, elles vivront les effets heureux ou les conséquences dévastatrices de décisions à propos desquelles on pourrait réserver des pages, voire même quelques chapitres de ce livre, à la réalité vécue dès aujourd'hui, en littérature d'enfance et de jeunesse.

« *La littérature d'enfance et de jeunesse est née lorsque les adultes ont su écouter les secrets des jeunes* ».

Isabelle Jan

Chapitre 1

HISTORIQUE DE LA LITTÉRATURE D'ENFANCE ET DE JEUNESSE FRANCOPHONE

> *« On peut dédaigner cette littérature, mais à condition de tenir pour négligeable la manière dont une âme nationale se forme et se maintient ».*
>
> Paul Hazard

En guise d'avant-propos

De tout temps et même avant de savoir lire, les enfants ont aimé entendre raconter des histoires. Devenus plus grands, ils ont choisi de les lire, de les raconter. Certains parmi eux continuent également à apprécier les contenus de ces ouvrages. La variété et la diversité dans la sélection des œuvres, et l'animation qu'on privilégie font partie intégrante du développement de la personnalité des lecteurs, qu'ils soient des enfants, des adolescents, voire des adultes.

Les albums, les contes, les romans, les documentaires, les bandes dessinées, les ouvrages de poésie, les périodiques publiés en Europe ou au Québec en littérature d'enfance et de jeunesse francophone[1] , forment la trame de la réalité, de la variété, de la diversité et de la complémentarité de cette production spécifique d'œuvres destinées à l'enfance et à la jeunesse.

Afin de mieux distinguer les moments importants vécus en Europe et au Québec, l'historique de ces littératures respectives est proposé ci-après. Tracés à grands traits, ces moments marquants de l'histoire de la littérature francophone ne veulent prétendre à aucune exhaustivité, mais plutôt à tendre à dresser des tableaux éclairants à plusieurs égards, pour le lecteur.

---

1.   Certains auteurs, dont il est fait mention dans le présent historique, sont nés ailleurs que dans la francophonie. Toutefois, leurs œuvres furent traduites en français peu après leur parution. D'autre part, elles ont eu un impact majeur dans la littérature francophone.

EN EUROPE

Naissance d'une littérature

XVIIe siècle

1657   La volonté de présenter un ouvrage composé véritablement à l'intention des enfants apparaît en Europe, notamment par la publication de *Orbis pictus*, titre qui signifie « le monde en images ». Écrit par Coménius, un humaniste tchèque (Moravie), ce livre est à la fois un alphabet, un traité de morale, une histoire naturelle, mais surtout un livre d'images.

1697   Charles Perrault (voir également le chapitre sur le conte), puise à la tradition orale, riche et féconde, et publie *Histoires ou Contes du Temps passé* , plus connu sous le titre de *Contes de ma Mère l'Oye*. À l'origine, ce recueil regroupait les contes suivants : *Le Petit Chaperon rouge, Cendrillon, Le Chat botté, La Barbe-Bleue, La Belle au bois dormant* et *Le Petit Poucet*, devenus des classiques. On assiste ainsi à l'entrée dans le circuit littéraire de récits qui n'avaient, jusque là, qu'un statut oral.

C'est également au XVIIe siècle que Jean de La Fontaine publie ses trois recueils de Fables, soit en 1668, 1678 et 1694. Ces dernières sont d'abord écrites pour des lecteurs adultes. Deux siècles plus tard, elles deviendront des classiques de la littérature destinée aux jeunes lecteurs.

Enfin, ce bref regard sur ce siècle invite à ajouter que Mme d'Aulnoy publie, entre 1696 et 1699, *Le cabinet des fées*, huit tomes de contes merveilleux, aussi nommés contes mondains qui sont très appréciés dans les salons littéraires de l'époque. À l'origine, ces récits ne sont pas destinés aux jeunes lecteurs, mais comme ce fut le cas des fables de La Fontaine, on constate maintenant qu'ils en font partie.

XVIIIe siècle

Au cours de ce siècle, soit en 1719, Daniel De Foe, né à Londres, publie *Robinson Crusoë*, un texte inspiré des aventures d'un matelot. Un fait authentique qui se distingue nettement des contes de fées. **On affirme qu'il est l'inventeur du roman moderne.** Cet ouvrage est traduit en français dès 1721.

Cette publication est suivie en 1726 par la parution *Les Voyages de Gulliver* de Jonathan Swift, traduit en français dès 1727, dans lequel l'auteur exploite l'univers lilliputien et introduit des géants et des animaux parlants.

Toutefois, ce n'est qu'au milieu du XVIIIe siècle qu'apparaît l'édition spécifique, l'idée qui sert de base à la littérature destinée aux jeunes lecteurs, c'est-à-dire au moment où un secteur de l'économie, soit celui de l'édition, décide de produire des ouvrages d'enfance et de jeunesse.

AU QUÉBEC

Naissance d'un peuple

XVIIᵉ siècle

Les premiers arrivants européens ont en mémoire le souvenir de récits entendus en Europe. Une forte majorité d'entre eux appartiennent à la tradition orale. Au cours de ce siècle, la production d'œuvres destinées à l'enfance et à l'adolescence n'existe pas à toute fin pratique.

XVIIIᵉ siècle

Des versions de contes européens prennent une saveur québécoise : des lieux, des personnages puisés à la réalité du Québec s'ajoutent ou remplacent ceux rencontrés dans les contes qui ont voyagé de l'Europe jusqu'ici. Plusieurs récits se sont mêlés au patrimoine autochtone, d'où l'apparition de nouvelles versions de récits oraux.

EN EUROPE

Croissance d'une littérature

XVIIIe siècle

1740   Pellerin démarre une imprimerie et crée l'imagerie d'Épinal.
                Celle-ci avait un mode de mise en page particulier qui tenait
                compte à la fois du texte et de l'illustration. Le contenu des
                différents épisodes du récit était découpé de telle sorte que
                la vue de l'image en assure la lecture. De plus, le texte, par
                son découpage, devait permettre d'apporter un soutien à
                l'image. Habituellement, le texte correspondant à chaque
                illustration était inscrit en bas de l'image, plutôt qu'inséré
                dans l'espace réservé à la représentation visuelle.

1745   John Newberry ouvre à Londres la première librairie-maison
                pour jeune public. Ce lieu est rapidement apprécié des
                lecteurs. **John Newberry est le premier artisan d'une
                dynastie d'éditeurs pour la jeunesse.**

1757   Jeanne-Marie Le Prince de Beaumont publie *La Belle et la
                Bête* dans *Le Magasin des enfants*, un recueil qui se présente
                sous la forme d'échanges de pensées empreintes de religion
                visant à élever l'âme et à fortifier le corps.

1782-1783   Parution du premier périodique *L'ami des enfants* par Arnaud
                Berquin, dont le contenu présenté sous forme de saynètes,
                se situe dans une perspective à la fois pédagogique et sociale.

1784-1785   Le succès que connaît Arnaud Berquin, par la publication
                de ce périodique, l'encourage à publier *L'ami des ado-
                lescents*, une encyclopédie thématique destinée à instruire les
                adolescents. On y retrouve aussi bien des connaissances
                géographiques nationales, que des notions de morale ou des
                informations concernant des coutumes.

AU QUÉBEC

Croissance d'un peuple, carence d'une littérature écrite

XVIIIe siècle

Plusieurs légendes québécoises naissent au cours de ce siècle. Les récits de tradition orale alimentent le corpus des conteurs qui sont des membres de la famille, des amis, etc. Souvent, on s'adonne au récit de contes le soir à la veillée. Petits et grands sont présents. Les bases structurelles d'une tradition orale vivante, riche et variée s'affirment et se développent progressivement.

La production littéraire destinée aux jeunes lecteurs n'apparaît pas au nombre des priorités des citoyens québécois de cette période de l'histoire.

EN EUROPE

Une littérature éducative et pédagogique

XIXe siècle

Siècle où se développe la tendance de la pédagogie s'adressant à tous les jeunes lecteurs. L'éducation des enfants et des adolescents est au cœur des priorités des adultes. La majorité d'entre eux reconnaissent l'importance de contribuer au développement intégral de l'enfance et de la jeunesse en développant une littérature éducative destinée à ces clientèles spécifiques.

C'est au cours de ce siècle qu'en Allemagne, Jacob et Wilhem Grimm (voir aussi le chapitre sur le conte), s'inscrivant dans le mouvement romantique[2], publièrent les *Contes de l'enfance et du foyer* entre 1812 et 1857 (200 titres). D'autres dates importantes marquent ce siècle :

1833	La loi Guizot oblige chaque commune à avoir une école. Cette importante décision entraînera l'apparition d'un vaste public de nouveaux lecteurs[3].
1834	Eugénie Foa publie le premier roman français écrit spécialement pour la jeunesse, *Les mésaventures de Jean-Paul Choppart*, dont l'auteur est Louis Desnoyers. Ce récit fut d'abord publié dans *L'ami des enfants* et met en vedette un enfant, sympathique et turbulent.
1835	Hans Christian Andersen (voir aussi le chapitre sur le conte), né à Odense au Danemark, publie son premier recueil d'histoires pour l'enfance et la jeunesse. Au cours de sa vie, il publia près de 160 récits.

On parle de contes modernes depuis que Hans Christian Andersen a imaginé une grande partie de certains contes, dont *Le vilain petit canard*, au début des années 1860, dans lequel un caneton, rejeté par sa famille trouve enfin sa véritable identité. Une autobiographie de son auteur.

En Angleterre, Charles Dickens publie plusieurs ouvrages. Parmi eux : *Contes de Noël*, en 1843, et *David Copperfield*, en 1849, un roman pour adultes qui passionne les jeunes lecteurs.

---

2. Désigne la littérature et la peinture empreintes de rêverie, d'exaltation et de sensibilité.
3. Un fond ombré permet de préciser les événements découlant de décisions gouvernementales ou autres, qui ont eu un impact majeur dans l'évolution de la littérature d'enfance et de jeunesse.

AU QUÉBEC

Croissance d'un peuple, carence d'une littérature d'expression écrite

XIXᵉ siècle

Longtemps après que les premiers arrivants européens se furent installés sur le territoire québécois, les enfants, les adolescents et les adultes d'ici ne pouvaient soupçonner qu'un jour, la littérature québécoise d'enfance et de jeunesse existerait et se développerait de façon aussi rigoureuse. Pouvait-il en être autrement, alors que cette dernière n'était pas encore née ?

Parmi les nombreux facteurs susceptibles d'expliquer cette situation, il faut se rappeler qu'à cette époque, la grande majorité de la population du Québec ne maîtrisait pas encore l'art de la lecture. Et bien peu d'élus avaient accès aux très rares bibliothèques, librairies, voire aux bibliothèques scolaires lorsqu'elles virent le jour.

EN EUROPE

Une littérature éducative et pédagogique qui côtoie l'utilisation de l'imagerie d'Épinal

XIXᵉ siècle

De 1850 à 1880, l'explosion de la littérature populaire sous forme des imageries d'Épinal connaît un formidable développement.

1849-1850   La célèbre romancière George Sand propose aux jeunes lecteurs : *La petite Fadette*, en 1849 et un an plus tard, *La véritable histoire de Gribouille*, le récit des mésaventures d'un personnage qui vit différentes expériences.

Harriet Beecher-Stowe publie *La case de l'oncle Tom*.

1856-1871   La comtesse de Ségur, qui commença sa carrière d'écrivaine à l'âge de 56 ans, publie une vingtaine de titres au cours de cette période, principalement à l'intention de ses petits-enfants : *Les petites filles modèles* (1858), *Les vacances* (1859), *Les malheurs de Sophie* (1864) et plusieurs autres romans qui racontent les petits et les grands événements de la vie de jeunes, pas toujours sages. La comtesse de Ségur publie également plusieurs autres titres dont plusieurs rejoignent les lecteurs plus âgés.

1863-1873   En Angleterre, Lewis Carroll publie *Alice au pays des merveilles* (1863), un récit fantaisiste, où dans un rêve, Alice fait des rencontres étonnantes : un chat qui peut devenir invisible ainsi que d'autres animaux doués de la parole. Ce titre paraît en France en 1864.

1868   Louise May Alcott publie *Les quatre filles du docteur March*.

En France, période des grands romans de voyage et celle des romans de Jules Verne (63 ouvrages), dont *Cinq semaines en ballon*, son premier roman publié en 1863, *Voyage au centre de la terre* (1864), *Vingt mille lieues sous les mers* (1871), *Le tour du monde en 80 jours* (1873). Des aventures extraordinaires dans lesquelles des données scientifiques sont transposées en actions d'anticipation.

1876   Mark Twain publie *Les aventures de Tom Sawyer*.

1881   La loi Jules Ferry (50 ans environ après la loi Guizot) démocratise l'école qui devient gratuite, obligatoire et laïque. Comme après la loi Guizot, mais sur une échelle beaucoup plus vaste, un énorme public potentiel de jeunes lecteurs est en voie de constitution.

AU QUÉBEC

Croissance d'un peuple, carence d'une littérature d'expression écrite

XIXᵉ siècle

EN EUROPE

Une littérature éducative et pédagogique qui côtoie l'utilisation de l'imagerie d'Épinal

---

XIXᵉ siècle

1883   En Suisse, Johanna Spyré publie *Heidi*. En Italie, Collodi publie *Pinocchio*. Un pantin de bois fabriqué par son père adoptif, Gepetto, s'anime et vit de passionnantes aventures. Et lorsque Pinocchio ment, son nez s'allonge...

Une littérature éducative, pédagogique et novatrice

1891   À partir de cette date, Sir Arthur Conan Doyle publie les *Aventures de Sherlock Holmes*.

1893   Parution de la première édition de *La famille Fenouillard* de Christophe. Le public de l'époque fut fasciné par les péripéties vécues par les héros. Devant ce succès, Christophe fut amené à créer de nouveaux épisodes vécus par la célèbre famille. **Cet ouvrage peut être considéré comme l'ancêtre de la bande dessinée francophone.**

1894   *Le livre de la jungle* de Rudyard Kipling, écrivain anglais né à Bombay, raconte le récit d'un enfant élevé par une panthère, développant ainsi le thème de l'enfant-loup. Le *Second livre de la jungle* est publié en 1898.

Grâce à Pierre-Jules Hetzel, un éditeur qui comprend l'importance de proposer aux enfants des livres attrayants et de bonne qualité, la littérature de ce siècle se dégagera peu à peu de son empreinte moralisante habituelle et offrira au jeune public des œuvres novatrices. Il est notamment éditeur du périodique *Le magasin d'éducation et de récréation*, publié de 1864 à 1915. Dans le cadre de cette production, il a souvent fait appel à des artistes et des écrivains connus. Il lui importe que ce périodique soit à la fois récréatif, éducatif et bien illustré.

AU QUÉBEC

Croissance d'un peuple et production littéraire qui tarde à naître

---

XIXᵉ siècle

Les récits de tradition orale occupent encore une place prépondérante dans la réalité littéraire de la jeunesse québécoise du XIXᵉ siècle.

L'attente incessante d'une production littéraire nationale destinée à l'enfance et à la jeunesse devient inquiétante. Il apparaît urgent de remédier à cette situation.

Jusqu'à la fin du XIXᵉ siècle

Les livres utilisés au Canada français proviennent de France et sont destinés aux adultes. Ce n'est qu'à la fin du XIXᵉ siècle que les éditeurs montréalais, Cadieux et Derôme, Beauchemin et Granger frères, amorcent la publication de quelques rares ouvrages écrits à l'intention des jeunes lecteurs.

Toutefois, dès 1876, débute la politique de remise des prix scolaires de fin d'année. Pour la majorité des cas, on offre aux jeunes lecteurs de l'époque des ouvrages écrits pour les adultes et publiés en Europe.

EN EUROPE

Une littérature qui tourne plusieurs pages de son histoire

XXe siècle

1901	Explosion de la presse illustrée avec le *Petit français illustré*. Instauration d'un nouveau type de communication avec l'enfant : la relation n'est plus seulement didactique ou pédagogique, mais se situe au plan du divertissement.
	Beatrix Potter, auteure anglaise, publie le premier d'une série de plus de vingt ouvrages qui ont pour héros Pierre Lapin. Un univers où les jeunes enfants se reconnaissent et qu'ils apprécient encore aujourd'hui.
1904	Auteur écossais, John Barrie publie *Peter Pan*. Un héros qui décrit la situation ambiguë de l'enfance où s'affrontent le désir normal de grandir et la peur du monde adulte.
1907	*Le merveilleux voyage de Nils Holgerson* de Selma Lagerlöf (Suède). Sur les ailes d'un oiseau, Nils Holgerson vit de magnifiques aventures.
1913	Maurice Languerau, sous le pseudonyme de Cousnery, publie *Bécassine* chez Gautier-Languerau.
1914-1918	La première grande guerre mondiale ralentit sensiblement la production d'ouvrages destinés aux jeunes.
1919	Loi sur l'enseignement technique. Les adolescents qui quittent l'École technique doivent acquérir une formation professionnelle, d'où l'accroissement souhaité de nouveaux lecteurs.
1920	Inauguration à Bruxelles de la première bibliothèque *Heure joyeuse*, en Europe. Celle de Paris ouvrira ses portes en 1924.
1927	Paul Faucher fonde la collection *Éducation* chez Flammarion, à Paris.
1929	Hergé crée le personnage de Tintin qui remporte un succès extraordinaire. Un succès qui demeure phénoménal à ce jour.

AU QUÉBEC

Premières réalisations littéraires destinées au jeune lectorat d'ici

XXᵉ siècle

1912	La librairie Beauchemin crée plusieurs collections pour jeunes afin de combler un vide dans la production canadienne-française. Romans d'aventures, d'inspiration historique, du terroir. Des ouvrages de Philippe Aubert de Gaspé, de Laure Conan, de l'abbé Casgrain sont inclus dans ces collections portant des noms prestigieux, entre autres : Dollard, Montcalm, Maisonneuve, etc.
1914-1918	Très peu de livres sont importés d'Europe pendant la première guerre mondiale.
1915	Institution d'un concours littéraire par *Le Petit Canadien*, organe de la Société Saint-Jean-Baptiste de Montréal. Quatre concours annuels de ce genre eurent lieu. Y ont participé : Léo-Paul Desrosiers, Damase Potvin, le frère Marie-Victorin, Anne-Marie Turcot, pour n'en citer que quelques-uns.
1920-1929	
1921	La véritable littérature pour enfants prend forme avec la création de la revue mensuelle *L'Oiseau bleu*, premier périodique pour jeunes lecteurs publié en français au Canada, grâce à la Société Saint-Jean-Baptiste. Parmi les collaborateurs de cette revue, on retrouvait Marie-Claire Daveluy, Marie-Louise d'Auteuil, Marie-Rose Turcot, qui y publieront plusieurs de leurs livres sous forme de feuilleton.

EN EUROPE

Une littérature qui favorise l'expression et le développement du sens critique

XXe siècle

1930-1939

| 1931 | En France, Paul Faucher crée les *Albums du Père Castor*. Ces ouvrages étaient peu coûteux, s'adressaient à tous, sans distinction de classes sociales. Ils devaient susciter l'expression des enfants, éveiller leur sens critique, favoriser leur capacité à s'exprimer. |

Paul Faucher est aussi l'inventeur des *livres de poche*. Moins chers et de format plus pratique que la majorité des ouvrages publiés précédemment, ces livres à couverture souple se transportent facilement. Depuis 1977, ils occupent une grande part du marché.

AU QUÉBEC

Premières réalisations littéraires destinées au jeune lectorat d'ici

---

XXᵉ siècle

En somme, le nom de la majorité des pionniers de notre littérature de jeunesse figurent dans *L'Oiseau bleu*, ce périodique qui marqua profondément la littérature de jeunesse au Canada français. *L'Oiseau bleu* fut publié jusqu'en 1940.

1923   Publication des *Aventures de Perrine et de Charlot*, le premier ouvrage écrit vraiment à l'intention du jeune public par Marie-Claire Daveluy.

1925   Une autre revue mensuelle fait son apparition. Il s'agit de *L'Abeille*, publiée jusqu'en 1944, moment où elle fusionne avec le périodique *Hérauts*.

1925   Événement important : le Département de l'Instruction publique du Québec préconise la distribution des œuvres de la littérature canadienne comme prix scolaires. Cette loi (Loi Choquette), mise en vigueur en janvier 1926, entraîna la création de collections de livres canadiens destinés à la jeunesse et plusieurs adaptations de romans canadiens pour jeunes.

1927   Un autre périodique fait son apparition : *La ruche écolière*, qui connut une périodicité irrégulière, qui hérita du nom de *La ruche littéraire* en 1936 et qui fut publié jusqu'en 1945.

Une littérature qui s'ouvre à plusieurs genres

1930-1939

Parution de nombreux ouvrages d'histoire naturelle pour les jeunes à la suite de la création des Cercles de jeunes naturalistes grâce au frère Marie-Victorin. Duplication de *La flore laurentienne* dédiée aux jeunes, en 1935.

Entre autres ouvrages publiés à cette époque : une série de 12 titres portant sur les animaux par Odette Oligny et *La bibliothèque des jeunes naturalistes* constituée d'une soixantaine de fascicules publiés par la *Société canadienne d'histoire naturelle*.

EN EUROPE

Une littérature qui favorise l'expression et le développement du sens critique

XXᵉ siècle

1931   Création du personnage de Babar et publication de *L'histoire de Babar* de Jean de Brunhoff. L'éléphant Babar, habillé de vert avec un chapeau melon, se comporte beaucoup plus comme un enfant que comme un digne représentant de son espèce, dans les aventures créées par son auteur.

En 1939, Babar est devenu un héros national. Le tirage des six premiers albums a atteint 4 millions d'exemplaires.

1936   John Ronald Reuel Tolkien, écrivain britannique, publie *Bilbo le hobbit*, suivi, en 1954, du premier volume *Le seigneur des anneaux*. Le deuxième volume parut en 1955.

Le seigneur des anneaux est à l'origine de : *Les livres dont vous êtes le héros*, collection débutée en 1983, chez Gallimard.

AU QUÉBEC

Une littérature qui s'ouvre à plusieurs genres

XXᵉ siècle

D'autres auteurs connus de cette décennie sont considérés comme les créateurs de notre littérature d'enfance. Parmi eux : M. Taschereau-Fortier, connu sous le pseudonyme de Maxine et qui publia notamment : *Les Orphelins de Grand-Pré, L'Ogre de Niagara, La cache aux canots, Le Petit Page de Frontenac*. Ces œuvres sont tombées dans l'oubli depuis un bon nombre d'années déjà.

Marie-Claire Daveluy produisit plusieurs ouvrages dont la suite des *Aventures de Perrine et Charlot* dans *La captivité de Charlot, Charlot à la mission des martyrs, L'idylle de Charlot* et plusieurs autres. Ce feuilleton est destiné spécifiquement à l'enfance. De plus, des enfants en sont les héros, ce qui est novateur.

À ces noms, il convient de souligner ici l'apport de Marjolaine, pseudonyme de Justa Leclerc et d'Adèle Bourgeois Lacerte qui publièrent contes et légendes destinés aux enfants.

Le folkloriste Marius Barbeau publia *Grand-mère raconte* et *Il était une fois*. Ces recueils se composent de contes d'animaux, de contes merveilleux, etc. Ils sont issus de la tradition orale.

1932   L'éditeur montréalais, Albert Lévesque, lance quatre collections de livres de prix canadiens : la collection *Les récompenses* conçue pour les 12-14 ans, la collection *Contes et récits canadiens* pour les 10-12 ans, la collection *Nos animaux domestiques* pour les enfants de 8-10 ans et enfin, à l'intention des 6 à 8 ans, la collection *Rimes historiques*.

1937   Fondation de la première bibliothèque francophone pour jeunes à Montréal.

EN EUROPE

Une littérature victime d'une guerre mondiale

XXᵉ siècle

1939-1949

La Seconde Guerre mondiale (1939-1945) vient encore une fois restreindre la production d'ouvrages en littérature d'enfance et de jeunesse.

Exception faite de quelques publications, notamment de *Contes du chat perché* écrits par Marcel Aymé et regroupés en 1939 (des récits de deux fillettes vivant à la ferme) qui ont été augmentés et qui n'ont cessé d'être réédités depuis ; on peut dire que jusqu'en 1960, la littérature écrite à l'intention d'un public de jeunes lecteurs, prise dans son ensemble, est peu volumineuse, en quantité comme en qualité.

1943   *Le Petit Prince* d'Antoine de St-Exupéry est publié à New York et en France, en 1946. Le petit prince (un enfant) rencontre un pilote d'avion dans le désert. Un conte philosophique apprécié du jeune lectorat, tout aussi bien que des lecteurs adultes. Un classique incontournable.

1948   Le poète Jacques Prévert publie *Paroles* aux Éditions du Point du jour, ainsi que plusieurs autres titres par la suite. Bon nombre de poèmes pour enfants de cet auteur sont réédités encore aujourd'hui.

Un après-guerre difficile pour la production littéraire

1950-1959

1953   Création avec l'UNESCO de la *Bibliothèque pour enfants de Munich*, mieux connue sous le nom de *Bibliothèque internationale de la jeunesse* : un lieu international important de recherche en littérature de jeunesse.

AU QUÉBEC

Une guerre mondiale qui incite à la publication

XXᵉ siècle

1939-1949

Au début des années 40, à cause de la Seconde Guerre mondiale, les livres de jeunesse d'origine européenne ne parviennent plus au Canada en quantité suffisante pour répondre aux besoins de la clientèle.

Aussi, plusieurs éditeurs canadiens-français commencèrent à produire des livres pour jeunes. Entre autres, les Éditions Variétés, qui publièrent un grand nombre de traductions. De plus, cet éditeur publia une collection intitulée *Récits et Aventures*, dont les textes sont signés Ambroise Lafortune, Guy Boulizon, Fernand Séguin et plusieurs autres.

Lucille Desparois, connue sous le pseudonyme de Tante Lucille, commence à faire publier ses contes : *Les aventures de Fracassin*, *Conte oriental*, *Contes d'enfants*, etc. Tante Lucille s'inspire de l'imagerie enfantine, de la réalité que vivent les enfants du Québec, etc. À partir de 1948 et jusqu'en 1971, tante Lucille put compter sur son émission hebdomadaire à *Radio Canada* pour faire connaître ses contes aux enfants.

1940 William Lyon Mackenzie King, premier ministre du Canada, autorise la reproduction des œuvres françaises par les éditeurs canadiens-français.

1947 Création d'un prix en littérature jeunesse par l'Association canadienne des bibliothécaires pour enfants.

1948 Fondation de l'Association des écrivains pour la jeunesse. Parmi les objectifs poursuivis par cette association, on note : l'amélioration de la quantité et de la qualité des productions destinées à l'enfance, le regroupement des auteurs pour la jeunesse qui œuvrent trop souvent dans la solitude.

Une littérature en période de croissance

1950-1959

Jusqu'en 1954, l'Association des écrivains pour la jeunesse continue le travail entrepris en 1948. Parmi les buts qu'elle poursuit, on peut relever la promotion des auteurs et des illustrateurs, et l'atteinte d'une production de grande qualité.

EN EUROPE

Un après-guerre difficile pour la production littéraire

XXᵉ siècle

Une littérature à saveur internationale

1960-1969

Depuis longtemps sensibilisés à la production de qualité, les chefs de file de la publication européenne d'ouvrages pour jeunes n'hésitent pas à rechercher hors frontières, des auteurs et des illustrateurs dont le talent et l'imagination rejoignent les priorités de lecture de chaque enfant ou adolescent d'expression française.

Des recherches qui se sont avérées fructueuses à plusieurs occasions, et qui ont débouché sur des succès commerciaux à l'échelle internationale.

AU QUÉBEC

Une littérature en période de croissance

XXᵉ siècle

1952-1959	Les éditions Fides publient plusieurs collections. Les frères de l'Instruction chrétienne publient 62 brochures sur différents domaines.
1954	L'Association canadienne des bibliothécaires pour enfants, une section de la Canadian Library Association (CLA) débute la remise de prix littéraires aux meilleurs ouvrages publiés par des auteurs québécois. Ce prix sera finalement décerné par l'Association pour l'avancement des sciences et des techniques de la documentation (ASTED).
1958	Création du prix de l'Association canadienne des enseignants de langue française (ACELF). La production de romans d'aventures, de contes, d'albums, est principalement privilégiée. Interrompu en 1964, et relancé en 1979, ce prix a su contribuer au fil des ans, à la naissance de nombreux écrivains québécois pour la jeunesse. Parmi eux : Paule Daveluy, Monique Corriveau, Raymond Plante et plusieurs autres. Il fut à nouveau interrompu au tournant des années 90.

Cette période est également témoin de l'apparition sur le marché de nombreux périodiques. La publication de romans s'accroît dès le début de la décennie, mais également celle de contes, d'ouvrages de poésie, de récits de voyage, etc.

Une littérature à un tournant de son histoire

1960-1969

Plusieurs ouvrages de qualité furent publiés au cours de cette période. Toutefois, une véritable bataille du livre s'engage entre les instances gouvernementales et le secteur de l'activité littéraire. Cette dernière aura des conséquences déplorables sur l'ensemble de la production et de la vente des livres à cette époque (voir page suivante).

Au cours de cette décennie, Yves Thériault écrit de nombreux ouvrages pour jeunes dont plusieurs contes publiés chez Beauchemin et Fides. Claudine Vallerand, mieux connue sous le pseudonyme de Maman Fonfon, continue à publier ses contes chez Fides.

Le Centre de psychologie et de pédagogie lance les collections *Le Canoë d'argent*, *Grand-père Cailloux raconte* et *Nature*, des textes signés par Claude Aubry, Lucille Durand, André Cailloux et plusieurs autres.

EN EUROPE

Une production révolutionnaire, des changements politiques majeurs

XXᵉ siècle

1963   Maurice Sendak publie *Max et les maximonstres*. Cet auteur
        américain révolutionna ainsi la production des albums pour enfants,
        aux États-Unis tout comme en Europe, puisque malgré les critiques
        de bon nombre de spécialistes de l'enfance, ce type d'album, qui
        exprime ouvertement des peurs des enfants, devint très populaire.
        Ce livre est publié en français chez Delpire, en 1965, et à l'école
        des loisirs, en 1967.

1965   Ouverture du réseau des classes maternelles.

AU QUÉBEC

Une littérature à un tournant de son histoire

XXᵉ siècle

Au nombre des auteurs qui ont marqué ces années, il importe de revenir sur des noms mentionnés précédemment. Ce sont Paule Daveluy ainsi que Monique Corriveau. Cette dernière publia plusieurs ouvrages aux Éditions Jeunesse, dont *Max*, série commencée en 1965 et écrite à l'intention des 12-14 ans. L'auteure y raconte les aventures d'un brillant scientifique de l'Université Laval. Parmi les autres titres publiés, on note : *La petite fille du printemps*, *Le secret de Vanille*, paru en 1959, un roman dans lequel les amitiés enfantines occupent une large place ; *Le wapiti*, publié en 1964 et écrit pour les 14 ans et plus, qui relate des épisodes du début de la colonie, etc. L'œuvre littéraire de Monique Corriveau compte 17 ouvrages. Plusieurs de ces titres ont fait l'objet de réimpressions.

1960   Les éditions du Centre pédagogique inaugurent une collection destinée aux 10-12 ans intitulée *Les petits Jaseurs*, collection qui compte plus de 20 ouvrages.

1961   Création du ministère des Affaires culturelles du Québec.

1963   Suzanne Martel publie *Quatre Montréalais en l'an 3000*, réédité sous le titre *Surréal 3000*, un roman de science-fiction. Pour la première fois, les Prix de littérature jeunesse de la province de Québec comptent une section Littérature de jeunesse. Andrée Maillot remporte ce prix avec *Le chêne des tempêtes*. Cet ouvrage est composé de cinq contes fantaisistes. Ce prix sera décerné jusqu'en 1970.

1963   Création du ministère de l'Éducation. Tous les ordres scolaires sont concernés par des changements majeurs qui surviennent au cours des années suivantes, dont la mise sur pied des classes maternelles.

Dépôt du rapport Bouchard qui porte sur l'approbation et l'édition des manuels scolaires et le commerce du livre de langue française au Québec. Plusieurs conflits d'intérêts dans le domaine de l'édition scolaire sont mis à jour.

1965   Création du prix Maxine par la section des bibliothécaires scolaires de l'Association canadienne des bibliothécaires de langue française (ACBLF). Ce prix connut une existence éphémère d'un an, devant la pénurie de manuscrits soumis.

EN EUROPE

Une production révolutionnaire, des changements politiques majeurs

XXe siècle

1966   Début de la production du magazine éducatif *Pomme d'api*, chez Bayard Presse. D'autres titres suivront, dont *Okapi* , *J'aime lire*, *Astrapi*, *Images doc* et *Je bouquine*.

1968   Loi de démocratisation de l'enseignement : scolarité prolongée jusqu'à l'âge de 16 ans. Les éditeurs voyant là un énorme potentiel de nouveaux lecteurs lancent divers types d'ouvrages visant des groupes d'âge plus étroitement ciblés.

C'est la même année que Tomi Ungerer publie *Les trois brigands* à l'école des loisirs.

L'explosion d'une littérature

1970-1979

Le livre d'images donne à la littérature d'enfance et de jeunesse, une visibilité qu'elle n'a encore jamais eue. On assiste à une organisation sociale autour du livre et à la formation d'un milieu de spécialistes.

Plusieurs nouveaux éditeurs dont Grasset, Albin Michel, le Seuil, Hatier, Bordas commencent à publier pour la jeunesse. D'autres, comme Gallimard et Flammarion institutionnalisent leurs activités dans ce secteur. Enfin, d'autres continuent leur œuvre de pionnier. Parmi eux : Casterman, L'école des loisirs, puis Deux Coqs d'or, La Farandole, G.P. Rouge et Or, Hachette.

Grâce aux décisions éditoriales énumérées précédemment, la littérature d'enfance et de jeunesse a connu un tel essor et un tel renouveau qu'il apparaît justifié de parler de véritable explosion. Les nombreuses maisons d'éditions qui sont nées, ou qui se sont développées, ont mis en place des collections de romans, de documentaires, de livres de poésie, sans oublier l'intérêt marqué de la majorité des éditeurs pour la publication de livres de poche et de magazines éducatifs.

En somme, pour ces institutions vouées à la production littéraire, le développement sous toutes les formes qu'elle peut prendre, fut sans conteste leur priorité majeure. La qualité et l'esthétique de la production d'albums, de contes, de romans, de documentaires, d'ouvrages de poésie, de bandes dessinées, n'a cessé de croître. Les contenus des périodiques destinés aux jeunes sont adaptés aux intérêts variés et au développement langagier des jeunes.

AU QUÉBEC

Une littérature en crise

XXᵉ siècle

Vers la fin des années 1960, une diminution importante de la production littéraire créa une situation alarmante, causée principalement par la suppression des prix scolaires survenue quelques années auparavant, en 1965, entraînant une diminution sensible du nombre de livres vendus. Cette décennie se termine donc sur une note dramatique, voire catastrophique. La production et la vente des livres écrits à l'intention des enfants et des adolescents ayant subi une chute vertigineuse, créèrent une profonde insécurité dans les milieux littéraires et éducatifs.

1970-1979

Au début de cette décennie, la situation se rapportant à la littérature d'enfance et de jeunesse est très difficile, voire désespérée. Peu d'ouvrages sont publiés.

EN EUROPE

L'explosion d'une littérature

XXᵉ siècle

Bien qu'un grand nombre de collections d'auteurs et d'illustrateurs les plus connus et appréciés des jeunes lecteurs mériteraient d'être relevés ici, nous nous limiterons à quelques exemples de titres devenus ou en voie d'être nommés des classiques.

1970   *Petit-bleu et le petit jaune* publié par Léo Lionni à l'école des loisirs.

1971   Parution de *Porculus* écrit par Arnold Lebel à l'école des loisirs.

1971   Création de la collection *Jeunesse Poche* aux Éditions de l'Amitié et de la collection *Renard Poche* à l'école des loisirs, en 1975.

1972   *La fille de papa pèlerine* de Maria Gripe publié aux Éditions de l'Amitié, G.T. Rageot.

1973   Danièle Bour publie *Au fil des jours* chez Grasset. Elle est la créatrice du personnage de *Petit ours*, très connu et aimé des tout jeunes lecteurs.

1977   Arrivée de la collection *Folio junior* aux éditions Gallimard et de celle *Le livre de poche jeunesse* chez Hachette.

AU QUÉBEC

La renaissance d'une littérature s'amorce et s'affirme

XXᵉ siècle

1970   Création du prix Marie-Claire Daveluy par l'Association pour l'avancement des sciences et des techniques de la documentation (ASTED).

1971   Parmi les faits qui marquent cette décennie, on note la création d'associations en littérature d'enfance et de jeunesse. D'abord celle de Communication-Jeunesse, en 1971, une association dont l'objectif est de contrer les difficultés sans cesse croissantes de l'édition de littérature pour la jeunesse. Communication-Jeunesse a pris l'initiative, en 1978, de publier une revue trimestrielle, *Lurelu*, consacrée entièrement à la littérature de jeunesse québécoise.

1974   L'ASTED crée le prix littéraire Alvine-Bélisle, en hommage à cette bibliothécaire qui fut une pionnière de la littérature de jeunesse dans plusieurs milieux éducatifs de l'Amérique du Nord.

1974   Le ministère de l'Éducation du Québec met sur pied un vaste programme de perfectionnement des maîtres en français (PPMF). La formation en littérature d'enfance et de jeunesse occupe une part importante de cette formation universitaire.

1975   Création d'un poste de conseillère en littérature de jeunesse à la Bibliothèque nationale du Canada.

Le Conseil des Arts du Canada lance les prix de littérature de Jeunesse destinés aux auteurs et aux illustrateurs.

Création des Éditions Le Tamanoir, une maison d'édition, maintenant connue sous le nom de La courte échelle qui se consacre exclusivement à la littérature de jeunesse québécoise. Plusieurs auteurs connus y publient, dont Ginette Anfousse, Denis Côté, Chrystine Brouillet, Bertrand Gauthier et plusieurs autres.

EN EUROPE

L'explosion d'une littérature

XXᵉ siècle

1980 à aujourd'hui

1980   Début de la collection *Castor Poche* chez Flammarion.

1981   Peter Spier publie *Cinq milliards de visages* à l'école des loisirs et Philippe Dumas aborde le thème de la mort dans *Ce changement là*.

1986   Parution à l'école des loisirs de *Boréal-Express* écrit par Chris Van Allsburg. Il poursuit l'écriture et l'illustration d'ouvrages magnifiques et publie chez le même éditeur *Deux fourmis*, en 1990, *Le balai magique*, en 1993, etc.

AU QUÉBEC

La renaissance d'une littérature s'amorce et s'affirme

XXᵉ siècle

1977   Une autre association voyait le jour en 1977. Il s'agit de l'Association canadienne pour l'avancement de la littérature de jeunesse (ACALJ), dont le principal objectif est de promouvoir, développer, appuyer toute action favorisant l'avancement de la littérature pour la jeunesse d'expression française. Cette association publia la revue *Des livres et des jeunes* pendant près de 20 ans.

        Création de la section canadienne de l'Union internationale pour les livres de jeunesse.

1979   Le nouveau Programme de français du ministère de l'Éducation du Québec privilégie l'utilisation de la littérature d'enfance et de jeunesse.

Au cours de cette décennie, les Éditions Leméac augmentent le rythme de leurs productions, les Éditions Héritage se lancent à fond dans le domaine de la littérature de jeunesse, la maison Fides remet la littérature pour jeunes à son programme d'édition, les Éditions Paulines recommencent à inonder le marché de nombreux ouvrages. Les Éditions Pierre Tisseyre, Hurtubise HMH, Naaman, Toundra et Québec/Amérique se lancent dans la production de livres destinés aux enfants.

Entre 1970 et 1979, plusieurs revues pour jeunes sont créées. Parmi elles, il importe de signaler *Vidéo-Presse*, *Passe-partout* et *Hibou*.

Donc, un début de décennie presque dramatique, puis une grande remontée qui n'a cessé de se poursuivre.

L'essor d'une littérature originale et de qualité

1980 à aujourd'hui

Forte de l'élan amorcé à la fin des années 1970, la littérature d'enfance et de jeunesse produite au Québec n'a cessé de se développer. La lecture et l'analyse de ces parutions permettent de relever que bon nombre d'auteurs parachèvent des ouvrages, dans lesquels l'originalité et la pertinence des thèmes et des valeurs abordés rejoignent les préoccupations des jeunes lecteurs. La qualité littéraire des œuvres devient également une préoccupation majeure de plusieurs parmi eux.

EN EUROPE

L'explosion d'une littérature

XXᵉ siècle

1980 à aujourd'hui

1987   Parution du magazine éducatif *Blaireau* chez Gallimard.

1988   Début de la collection *Les yeux de la découverte*, suivi en 1990, par *Les chemins de la découverte* et *Encyclopédie de Benjamin*, aux éditions Gallimard.

1989   Michel Tournier publie *Pierrot ou les secrets de la nuit* chez Gallimard. Un album illustré par Danièle Bour.

1990   Écrit par Claude Ponti, *Pétronille et ses 120 petits* est publié à l'école des loisirs.

1991   Frédéric Clément, auteur-illustrateur de plusieurs ouvrages de grande valeur esthétique, fait la mise en images de *L'oiseau bleu et autres contes de madame d'Aulnoy* publié chez Grasset Jeunesse.

1992   François Place publie *Les derniers géants* chez Casterman.

1996   *Le Québec en poésie*, choix et présentation de Jean Royer est publié dans la collection *Folio junior* chez Gallimard.

AU QUÉBEC

L'essor d'une littérature originale et de qualité

XXᵉ siècle

1980 à aujourd'hui

Aujourd'hui, de nombreux auteurs et illustrateurs continuent à œuvrer en collaboration avec des éditeurs québécois pour la jeunesse, qui créent régulièrement de nouvelles collections, réalisent des coéditions ou des traductions s'efforçant ainsi d'offrir des livres de qualité à nos jeunes lecteurs québécois. Fait à noter, une percée sur le marché international tend à s'affirmer. Dans certains cas, elle ne fait plus aucun doute, notamment en ce qui concerne les éditions La courte échelle. Il est permis de croire que d'ici la fin du présent millénaire, notre jeune littérature d'enfance et de jeunesse aura su se tailler une place importante sur le marché national et international.

Depuis 1981   La production québécoise est principalement axée sur la publication de romans. En effet, plusieurs centaines de titres paraissent chaque année. Actuellement, de nombreux auteurs québécois pour la jeunesse publient des œuvres de grande qualité et sont reconnus sur le plan national et international. Parmi eux : Denis Côté, François Gravel, Dominique Demers, Chrystine Brouillet, Robert Soulières, Bertrand Gauthier, Raymond Plante, Christiane Duchesne, Gilles Tibo et Michèle Marineau.

De nouvelles maisons d'édition pour la jeunesse voient le jour. Parmi elles : *Michel Quintin*, en 1983, *Raton laveur*, en 1984, *Chouette*, en 1987 et *Coïncidence-Jeunesse*, en 1989.

Création de nombreux prix littéraires, visant à honorer des auteurs d'ouvrages destinés aux enfants et aux adolescents. Par exemple : Le prix *Québec-Wallonie-Bruxelles* du livre pour la jeunesse et le *Concours d'illustration Culinar et de Communication-jeunesse,* en 1981, *Le prix Christie*, auteurs et illustrateurs, créé en 1989, *Le prix Monique-Corriveau* en 1990, *Le prix (12-17) Brive-Montréal*, en 1991.

La création de la collection *Exploration* aux Éditions Québec/ Amérique se distingue par la publication d'essais sur la littérature d'enfance et de jeunesse.

Cette période se caractérise également par la création ou la consolidation de collections d'ouvrages destinés aux jeunes lecteurs dans bon nombre de maisons d'édition consacrées, jusque-là, à la publication de livres pour adultes. On note une carence dans la publication d'albums, de documentaires et d'ouvrages de poésie. La Politique du livre et de la lecture, mise en place en 1998 par le Gouvernement du Québec, saura sans doute modifier cette situation.

EN EUROPE ET AU QUÉBEC

Des deux côtés de l'Atlantique : une surproduction littéraire

---

Malgré tous les efforts consentis par de nombreux éditeurs dans le secteur de la littérature d'enfance et de jeunesse, le début des années 1990 fut marqué par l'apparition du phénomène de la surproduction, directement associé au fait que des éditeurs ont tenté d'inonder le marché et de casser ainsi la concurrence. Cette constatation qui, on peut s'en douter, pouvait avoir des conséquences économiques désastreuses parmi les éditeurs qui continuaient à maintenir les tirages à un niveau trop élevé, comparativement à la demande du marché, incita plusieurs parmi eux, à diminuer le nombre d'exemplaires imprimés ainsi que le nombre de titres produits annuellement.

Ainsi, dans l'espace de quelques années, une diminution (de titres et du nombre d'exemplaires pour chaque titre) fut ressentie dans le secteur de l'activité littéraire. Malgré ce fait, le public en général ne percevra pas cette diminution de façon tangible.

Plusieurs éditeurs européens et québécois tentent actuellement de développer le marché de l'exportation du livre.

CONCLUSION : une littérature qui vainc les dangers, maintient une belle vitalité et enrichit la vie des jeunes

Il aurait sans doute été irréaliste et téméraire de tendre à relever ici tous les moments importants qui ont favorisé, ralenti ou remis en question la croissance harmonieuse de la littérature d'enfance et de jeunesse francophone. Il aurait également été présomptueux de prétendre pouvoir parvenir, dans les limites permises ici, à rendre hommage à tous les bâtisseurs, les créateurs, les auteurs, les illustrateurs, les éditeurs, qui d'un côté comme de l'autre de l'Atlantique, ont choisi, depuis longtemps ou plus récemment, de vouer à l'écriture et à la publication de livres destinés aux jeunes, le culte et le respect qu'il convient de leur accorder. Ces adultes ont su placer cette littérature au menu quotidien de leurs activités, sinon au cœur de leur univers. Ainsi, ils sont assurés de rejoindre le cœur et l'âme de chaque lecteur.

Alors que cette production littéraire spécifique a fait sa marque dans l'histoire de l'humanité, et de façon plus spécifique au cours des dernières décennies, qui saurait affirmer, hors de tout doute, quelle œuvre a le plus profondément marqué l'ensemble de cette littérature ? À chaque siècle, la publication de quelques chefs-d'œuvre.

Et avec la publication de chaque livre de qualité, la possibilité de favoriser une rencontre déterminante entre un jeune lecteur, un auteur, la vie, l'histoire.

Chapitre 2

LE MONDE DE LA PRODUCTION LITTÉRAIRE

En guise d'avant-propos

Qui se cache derrière les mots, les illustrations, les pages d'un livre ? Pourquoi tant de gens œuvrent-ils dans le marché de la production littéraire destinée aux jeunes ? Qu'est-ce qui fait la popularité de telle ou telle maison d'édition, d'un auteur, d'un illustrateur, d'une collection ? Quelles étapes franchit une œuvre littéraire, avant de se retrouver entre les mains des jeunes lecteurs ?

Sans doute, ne suffit-il pas de prendre conscience de l'importance que revêt la profession d'éditeur, d'auteur ou d'illustrateur, de distributeur, de libraire, de bibliothécaire dans la vie littéraire des jeunes et des adultes, encore faut-il tendre à bien connaître les ouvrages qui sont publiés chaque année et les désirs, les intérêts, les attentes des lecteurs. Et de là, il devient réaliste de parvenir à maîtriser l'art de distinguer entre les ouvrages dont la qualité en justifie la sélection et ceux qu'il vaudrait mieux ignorer, ou rejeter. Bien que bon nombre de médiateurs du livre prétendent avoir développé leur sens critique de manière efficace, ce qui signifie qu'ils ont développé des habiletés à effectuer des sélections judicieuses d'ouvrages, aucun parmi eux ne devrait feindre d'ignorer que la production littéraire se nourrit d'incessantes et importantes mutations. C'est pourquoi, il apparaît capital de tendre vers l'acquisition de connaissances variées et diversifiées qui puissent apporter un éclairage novateur ou complémentaire, à propos d'aspects connus ou méconnus du domaine de la production littéraire.

Pour réfléchir à la présence nécessaire, voire précieuse des intervenants qui font partie de la longue chaîne de production d'un livre, également de la complexité des décisions et des actions qui précèdent, accompagnent ou succèdent la publication des ouvrages écrits à l'intention des jeunes, il suffit peut-être d'inviter chacun de ces architectes du livre, à lever le voile sur leurs activités respectives. Ils orientent, dirigent, suggèrent, invitent les jeunes lecteurs à les suivre mot à mot, jusque sous la couverture et entre les lignes des pages qu'ils écrivent, illustrent et publient. En souhaitant sans doute, que ces derniers soient lus par des milliers de lecteurs.

L'ÉDITION

Chaque année, plus de 4 000 livres destinés aux jeunes sont publiés dans la francophonie. De cette production totale, environ la moitié sont des nouveautés. Sous cette appellation, sont regroupées les œuvres originales, les traductions, les adaptations publiées pour la première fois en français et qui sont destinées à occuper une place de choix sur le marché local, régional, national et souvent international. L'autre moitié de la production annuelle se compose principalement de réimpressions et d'éditions revues et améliorées de titres habituellement épuisés.

Directement associé au monde des affaires, celui de l'édition a connu un essor prodigieux au cours du XXe siècle. Si bien, qu'il est réaliste d'affirmer qu'à ce jour, ce secteur d'activité économique a atteint des sommets encore jamais égalés, des chutes dramatiques également. On ne peut s'étonner de ce fait si l'on tient compte des humeurs changeantes et souvent imprévisibles, du climat économique de chaque pays où des éditeurs francophones ont pignon sur rue. Sans oublier que chaque composante de l'édition est largement tributaire des lois, des taxes, des frais d'exportation, ainsi que de la concurrence souvent agressive de partenaires parfois même engagés dans une lutte à finir.

En bref, le monde de l'édition est un géant fragile qui ne peut feindre d'ignorer la réalité et les priorités sociales et culturelles des lecteurs contemporains.

L'ère des politiques

Qui veut assumer ses responsabilités dans le domaine de l'édition, c'est-à-dire, publier et rentabiliser le secteur auquel il consacre ses activités professionnelles, n'ignore plus depuis longtemps, qu'il lui faut prendre des décisions éclairées et les assumer ! Et le voilà alors engagé à développer et à appliquer des politiques culturelles, de traduction, d'exportation, de développement des collections, d'atteinte de mondialisation, d'orientation esthétique, et bien d'autres... Des leitmotivs qui occupent un siège de choix aux tables de direction des petites et des grandes maisons d'édition.

L'originalité, le dynamisme et la motivation de créer et de développer un ensemble de politiques logiques et cohérentes animent plusieurs des décideurs du monde de l'édition et des gouvernements. Des politiques qui sont d'une part, rigoureuses et distinctives de chaque entreprise, et adaptées d'autre part, aux attentes et aux besoins du jeune du lectorat. Des priorités qui revêtent une importance déterminante, et qui sont directement associées au succès ou à l'échec de ce type d'entreprise, et ce, souvent à court ou moyen terme.

Tout est possible, mais rien n'est jamais acquis dans le monde de l'édition. La valse annuelle des ventes, des achats, des fermetures, des faillites, des rachats, des fusions, n'étonne plus personne.

L'édition tous azimuts

Il est révolu le temps où les auteurs d'Amérique du Sud, d'Australie ou d'ailleurs, ne pouvaient exporter leurs ouvrages, tributaires de la situation géographique du pays qu'ils habitent, ou encore victimes de décisions politiques ou économiques difficiles, sinon extrêmes rencontrées dans différents pays. Désormais, au cours de chaque décennie, des jeunes et des adultes deviennent les témoins et les bénéficiaires de la publication de quelques milliers d'ouvrages, écrits par des auteurs dont la langue diffère de celle habituellement parlée ou lue dans leur pays. Cette réalité sous-tend que partout dans le monde, des éditeurs achètent des droits ou en vendent[1]. Actuellement, la langue originale de publication n'est plus une frontière, si on souhaite faire connaître un ouvrage à un vaste public de lecteurs. Bien mieux, le pays dont l'auteur est originaire, et par conséquent, la teinte d'exotisme et les aspects culturels particuliers sont autant de caractéristiques qui peuvent s'avérer des atouts dans l'intérêt que ses écrits susciteront à l'étranger.

N'y a-t-il que des bienfaits qui découlent du fait que les frontières entre les différents pays prennent peu à peu un nouveau visage, et que sont ainsi favorisés un grand nombre d'échanges, dont ceux liés à la production littéraire ? Et si la situation contraire se produisait ? En effet, ne pourrait-il pas arriver que les auteurs originaires de pays différents, sensibilisés aux thèmes qui préoccupent la majorité des jeunes dans le monde de la francophonie, soit le divorce, l'amitié, les relations entre pairs, le suicide, la solidarité, pour ne nommer que ceux-là, contribuent à orienter la production vers l'uniformité, plutôt que de conserver l'originalité, et la variété qui accentuent le caractère distinctif et personnalisé de chaque œuvre et de chaque auteur, citoyen d'un pays unique.

La lecture d'ouvrages créés à l'un ou à l'autre bout de la planète par des auteurs s'exprimant dans une langue commune peut-elle favoriser différentes prises de conscience, dont celle de la reconnaissance et du respect de la culture personnelle de chacun ? S'est-on penché sur cette question ? A-t-on cherché à connaître l'opinion, les choix et les besoins des jeunes lecteurs à ce sujet ?

L'ÉDITEUR

Selon le Petit Robert, un éditeur est une personne (ou Société) qui assure la publication et la mise en vente des ouvrages d'un auteur, d'un musicien, etc.

L'éditeur : un homme-orchestre ?

Plus d'une centaine de maisons d'édition francophones se partagent actuellement le marché de l'édition pour l'enfance et la jeunesse. La réputation ainsi que la qualité de la production de chacune d'elles s'articulent autour des connaissances, des habiletés, des orientations, du réseau de diffusion et de distribution, de l'expérience des directeurs de collections et des autres spécialistes y travaillant. Cela, sous la responsabilité de l'éditeur. Au Québec, par exemple,

---

1. À titre d'exemple, notons qu'au printemps de chaque année, la Foire internationale de Bologne en Italie, réservée aux professionnels du livre est un événement fort important qui favorise l'achat et la vente de droits. Plus de mille deux cents maisons d'édition et associations spécialisées du monde entier y participent.

sur le plan légal, l'éditeur doit obligatoirement répondre à certaines exigences gouvernementales[2].

Il peut sembler superflu d'affirmer que sans les éditeurs, rien n'irait plus dans le domaine de la publication du livre. Certains parmi eux sont désormais connus de leur lectorat. Ils n'hésitent pas, à coups de clairon à faire la publicité de leurs œuvres et de leurs auteurs. Ils dirigent des maisons d'édition qui portent bien plus qu'un nom. Ils ont de la visibilité ; mieux : un visage, le leur.

Alors qui sont tous ces autres grands directeurs-administrateurs qui semblent diriger, à distance, sinon secrètement les destinées de la production de plusieurs maisons d'édition, dont le nom de certaines est familier du public de lecteurs ? Lorsque tel est le cas, peut-on inscrire ces derniers dans la liste habituellement réservée aux éditeurs à part entière ? Ou plutôt, à celle des éditeurs qui semblent avoir pour objectif premier de parvenir à la maîtrise et au contrôle de la production d'un si grand nombre d'ouvrages, qu'on pourra alors constater, que leurs priorités semblent se situer à mille lieues de celles des jeunes qu'ils souhaitent pourtant conquérir.

L'éditeur et la création littéraire

Tout éditeur qui a fait le choix réfléchi de sa profession souhaite découvrir au cours de sa carrière, un grand nombre d'auteurs à l'imagination débordante et ayant une maîtrise parfaite de la langue écrite. Aussi, chaque auteur devrait sans attendre, s'adonner à l'écriture d'un récit passionnant et proposer ce manuscrit à l'éditeur de son choix. Toutefois, l'auteur connaît-il bien les contraintes de l'édition, ainsi que les priorités et les critères spécifiques des éditeurs ? C'est pourquoi, l'auteur qui voit son récit refusé, ne doit pas être surpris, si l'éditeur lui signale que les orientations de production sont très différentes du texte proposé, ou encore qu'il a déjà trouvé tous les manuscrits qu'il souhaite publier au cours de la prochaine année. Il se peut également que l'auteur découvre que l'éditeur et lui, donnent parfois des définitions différentes à l'imagination créatrice[3].

Quoiqu'il en soit, il n'en demeure pas moins permis d'affirmer que l'importance qu'accorde l'éditeur à identifier l'imagination créatrice dans les manuscrits soumis par les auteurs, lui permet de sélectionner les récits des écrivains qui ont du talent, de leur offrir le soutien et l'appui qu'exigent le parachèvement de la publication d'un ouvrage, anticipant l'atteinte de la qualité. Qualité du texte définitif, qualité des livres, d'où la réputation d'un éditeur et de la maison d'édition qu'il dirige.

---

2. Depuis 1981, l'agrément des professionnels du livre au Québec implique que les distributeurs, les éditeurs et les libraires œuvrent en conformité avec la Loi sur le développement des entreprises québécoises dans le domaine du livre. Des critères spécifiques s'appliquent à chaque catégorie de profession en cause et seront précisés, si nécessaire.

3. Le niveau inférieur de l'imagination se limite à reproduire ou à se représenter la réalité. Elle est dite imagination reproductrice ou représentative. L'imagination créatrice inventive loge au niveau supérieur de l'imagination.

LE DIFFUSEUR ET LE DISTRIBUTEUR[4]

Les diffuseurs et les distributeurs sont également des partenaires majeurs de plusieurs secteurs gravitant autour du marché du livre, notamment au Québec, par l'importation d'ouvrages étrangers. D'une certaine façon, le diffuseur est le représentant officiel, au Québec, d'un ou de plusieurs éditeurs de France, de Belgique, de Suisse, ou d'ailleurs. Dans certains cas, le diffuseur compte parmi ses clients, des éditeurs québécois. Les parties en cause dans ce type d'entreprise financière sont habituellement liées par contrat, selon des règles très définies.

Les diffuseurs et les distributeurs ont des livres pour tous les lecteurs

Qui sera surpris d'apprendre que le diffuseur de livres destinés aux jeunes a pour fonction première, de mettre en place différents moyens visant à favoriser l'accessibilité d'un grand nombre de livres à l'ensemble de la clientèle ? Le réseau des librairies devient donc un lieu privilégié pour y parvenir. Dans ce cas spécifique, les diffuseurs acheminent en envois d'office, les nouveautés aux libraires. Suite à un délai jugé approprié par les uns et les autres, les libraires choisissent de retourner à l'envoyeur les exemplaires de livres non vendus, ou par contre de les acheter et de les ajouter au fonds de livres qu'ils possèdent déjà.

De plus, s'il le juge à propos, le diffuseur réserve l'envoi en service de presse des parutions récentes à certains organismes qui en feront la promotion. Ce sont par exemple, des journaux, des périodiques, et des émissions télévisées. À l'occasion des visites d'auteurs, des débats et des entrevues justifient également l'envoi d'ouvrages à des fins promotionnelles.

Au Québec, bon nombre de diffuseurs permettent aux jeunes lecteurs d'ici d'avoir accès à des titres publiés à l'étranger, peu après leur parution. Par contre, certains éditeurs étrangers ont leur propre réseau de diffusion et de distribution, et ce, principalement dans les pays où ils rejoignent une vaste clientèle. Cette tendance tend toutefois à disparaître, alors que plusieurs reconnaissent la nécessité d'effectuer des regroupements qui deviennent une force économique plus grande, face à la concurrence croissante.

Pour sa part, le distributeur est le gardien de l'inventaire des ouvrages publiés chez les éditeurs qui sont ses partenaires d'affaire. Des entrepôts et un personnel qualifié sont nécessaires pour assurer un service de qualité, à l'ensemble des clients gravitant autour de la production de livres.

Dans ce secteur d'activité économique important, les changements sont fréquents. Ainsi, il peut arriver que des modifications majeures surviennent entre des éditeurs québécois ou étrangers. Bon nombre de facteurs (la fusion ou la vente à un tiers, des changements de direction, etc.) peuvent alors être en cause.

---

4. Il peut arriver qu'une certaine confusion entoure la définition des termes diffuseurs et distributeurs. Toutefois, on peut généralement comprendre que le diffuseur s'engage à effectuer la promotion et la mise en circulation efficace des livres publiés par les éditeurs dont il a la responsabilité. Pour sa part, le distributeur assure l'entreposage des livres sous sa responsabilité. Au Québec, plusieurs diffuseurs sont également des distributeurs.

LE LIBRAIRE

Votre libraire possède-t-il son certificat d'agrément ? Se conforme-t-il aux exigences requises par la loi, à savoir maintenir un stock d'au moins six mille titres de livres différents ? Parmi ces titres, trouve-t-on mille livres différents publiés ici ? Reçoit-il des envois d'office de la part d'au moins vingt-cinq éditeurs agréés ? Des réponses affirmatives à ces questions assurent au libraire, la possibilité d'offrir notamment, le service aux collectivités, la possibilité d'accès à l'informatisation, à certains types de formation ou de perfectionnement. Mais surtout, la certitude de pouvoir poursuivre ses activités en toute quiétude.

Le libraire et les lectures de ses lecteurs

Le libraire connaît plusieurs lecteurs adultes et enfants qui fréquentent sa librairie. Il vend souvent les livres qu'il a appréciés. Pour cela, il est nécessaire que le libraire lise beaucoup. Et non seulement des livres, mais aussi les analyses critiques des nouveautés, des articles se rapportant au monde littéraire : les excellentes, les bonnes et les mauvaises. Bref, les écrits qui peuvent avoir une influence sur son travail, à court, à moyen ou à long terme.

Le libraire œuvre au cœur des désirs et des attentes de ses lecteurs. Personne réaliste aux nombreuses préoccupations, le libraire contemporain s'adapte à la diversité de la production littéraire. Et, il effectue ses propres choix : dans la littérature générale ou dans un créneau spécifique, s'il s'agit d'une librairie spécialisée. Aussi, il peut arriver qu'on lui demande des livres qui ne sont pas inscrits sur la liste des titres qu'il conserve. Les libraires consciencieux se préoccupent de répondre efficacement aux demandes de leurs clients.

Dans le cadre du service aux collectivités, principalement aux bibliothèques scolaires et municipales, le libraire est souvent fort dépendant des décisions individuelles ou gouvernementales qui sont prises sur la base de contraintes financières, géographiques, économiques ou autres. Il peut donc arriver que le libraire n'ait pu les prévoir à l'avance, non plus que de s'y préparer. Dans bon nombre de cas, ces décisions ont un impact financier positif ou négatif non négligeable.

Les vrais libraires et les autres

Certains lecteurs ne vont jamais en librairie et achètent pourtant des livres à l'occasion. Dans ce cas, il est permis de croire qu'ils fréquentent les grandes surfaces, les marchés aux puces ou encore... S'y retrouvent très souvent des centaines d'exemplaires d'ouvrages dits *grand public* ; mais aussi, des ouvrages périmés. Ces lieux peuvent être qualifiés d'empêcheurs ou de perturbateurs de découvertes combien fascinantes et personnelles qu'on peut faire lorsque l'on fréquente une librairie. À moins que l'on souhaite plutôt compter parmi ceux qui optent pour une quasi uniformité, c'est à dire de tendre à lire les mêmes ouvrages que presque tous les autres habitants du quartier ou de la ville qui fréquentent eux aussi, la même grande surface. Ou encore, qu'il nous importe peu que le contenu d'un livre soit incomplet ou désuet. Et quelles peuvent être les incidences de la récurrence de ces lectures dans le développement original et unique de la personnalité de chacun ?

LA BIBLIOTHÈQUE

Depuis l'Antiquité, les bibliothèques ont pour mission de conserver et de diffuser le savoir, de réunir de grandes collections de volumes et d'organiser ce patrimoine culturel[5]. On leur reconnaît une vocation éducative déterminante, étroitement liée à l'accession au savoir et à la connaissance, à la vie culturelle et à l'évolution des peuples.

La richesse et l'essor de ces lieux de recherche, de découverte et de loisir sont tributaires des politiques de développement appliquées par les décideurs et les administrateurs de ces institutions. Les décisions qu'ils prennent ont un impact majeur sur les budgets accordés à chaque bibliothèque. De là, elles orientent le devenir de ce lieu placé sous leur responsabilité. Ces personnes ont également la tâche de prévoir et d'assurer l'emploi d'un personnel compétent qui agisse comme guide, accompagnateur et médiateur, auprès de la clientèle. Des professionnels en bibliothéconomie qui sont aptes à gérer les nombreux aspects associés à la croissance de chaque institution digne de porter ce nom.

Il ne fait aucun doute que la présence et le développement judicieux des bibliothèques situées en milieux scolaires ou parascolaires — ces dernières faisant partie du réseau public —, ont un impact direct, sur l'épanouissement et la formation de la personnalité de chaque utilisateur des services et ressources qu'on doit normalement y trouver. En les fréquentant, enfants, adolescents et adultes vivent des moments intenses de plaisir, de découverte et d'appropriation de l'univers du savoir. Avec leurs doigts, ces derniers tournent des pages où se révèle la mémoire du monde, la promesse indélébile de découverte et de lecture d'autres pages passionnantes et captivantes. N'est-ce pas ainsi qu'on peut fidéliser chaque lecteur ?

Il est reconnu que la trace écrite de l'évolution de l'humanité présente dans un ouvrage de qualité, placé sur un rayon de bibliothèque, peut contribuer à l'enrichissement de l'expérience de vie du lecteur débutant ou aguerri. Par conséquent, le fait de restreindre l'essor de cette institution, par la prise de décisions négatives et à courte vue peut avoir de nombreuses conséquences néfastes, notamment de limiter ou de retarder l'atteinte par les jeunes, du statut d'individu unique et à part entière. Une réalité pourtant largement souhaitée, par les adultes soucieux de contribuer à la croissance harmonieuse de chaque lecteur contemporain.

---

5. Au nombre des idées retenues dans cette partie de texte, on retrouve celles de Anne-Marie Moulis qui sont proposées dans *Les bibliothèques,* publié en 1996 à Toulouse, par les éditions Milan, dans la collection Les essentiels Milan.

L'animation de la lecture au cœur de la vie de la bibliothèque

La politique de la lecture et du livre mise en place par le ministère de la Culture et des Communications du Québec[6] insiste sur l'importance de s'adonner à l'animation de la lecture dans l'ensemble des milieux éducatifs du Québec. Les bibliothèques scolaires et publiques sont directement concernées par cette réalité, qui bien qu'elle soit déjà ancrée en certains lieux, devra s'étendre désormais à l'ensemble de la communauté québécoise.

Ici, il importe de souligner que seule l'animation[7] de la lecture réalisée par un adulte compétent qui connaît les contenus des livres, les étapes de croissance des jeunes et qui a soigneusement préparé chaque activité d'animation pourra y être admise et acceptée. Autrement, qui saurait prétendre assurer la rencontre judicieuse entre les participants à une activité d'animation et un ouvrage de qualité, rigoureusement sélectionné, alors que subsiste dans la formation de l'animateur, une carence à propos des connaissances requises pour y parvenir de manière efficace ?

La bibliothèque et ses missions dans l'avenir

À l'heure où une véritable explosion informatique et téléinformatique a déjà profondément transformé différents aspects du fonctionnement et de l'accessibilité à l'information, à la fiction, etc., dans plusieurs bibliothèques, il serait inconséquent de prendre pour acquis que l'humain a enfin découvert une panacée universelle qui relègue au second plan, remettant même parfois en question, l'importance et le rôle de la présence des livres et des ressources humaines dans les bibliothèques.

Et quand toutes ces institutions auront franchi le cap de l'informatisation sous toutes les formes qu'on anticipe lui voir prendre, on reconnaîtra sans doute que seule la présence et la complémentarité entre les ressources humaines, et les aspects matériels et immatériels qu'on y retrouve, méritent d'être retenues. Ainsi, dans les bibliothèques fréquentées pas des jeunes évoluant dans un univers où l'information ajoutera à leur formation, on pourra être assuré que les professionnels en place veilleront à l'enrichissement constant des collections de livres, en même temps qu'ils s'adonneront au développement des autres services et ressources offerts. On pourra alors affirmer que la réalité vécue en bibliothèque est garante d'un avenir prometteur. Celui des jeunes lecteurs en dépend.

L'AUTEUR

Depuis que les livres existent, combien d'adultes ont-ils tenté d'écrire et de publier une œuvre destinée à l'enfance ou à la jeunesse ? Hors de tout doute, des

---

6. Suite au Sommet sur la lecture et le livre tenu à Québec, au printemps 1998, un document intitulé *Le temps de lire, un art de vivre* fut publié. On y précise différents volets d'une politique du livre et de la lecture devant prendre place dans les différents milieux éducatifs du Québec.

7. La quatrième partie du présent ouvrage s'attarde de façon plus spécifique à l'animation de la lecture dans les milieux scolaires et parascolaires.

millions d'idées, de mots, de phrases, de manuscrits et de livres sont désormais tombés dans l'oubli éternel, faute de n'avoir jamais été publiés. Qui veut absolument devenir auteur risque d'essuyer une amère déception, alors que d'une maison d'édition à l'autre, il ne parvient pas à trouver preneur pour son manuscrit. Il est alors en droit de s'interroger sur son talent, sa connaissance des priorités et des intérêts des jeunes lecteurs, des thèmes séducteurs, novateurs, etc.

Pourtant, au fil des siècles, plusieurs auteurs ont connu des succès et se sont vus engagés sur la voie de la célébrité. Leurs idées, leur écriture, les thèmes privilégiés ont fasciné les jeunes lecteurs. Il n'en demeure pas moins que les œuvres écrites par certains sont devenues des classiques de la littérature d'enfance et de jeunesse. Ces ouvrages, réédités régulièrement, continuent à captiver les jeunes lecteurs.

Néanmoins, on peut affirmer que la majorité des auteurs connus du public de jeunes sont des contemporains. Ils s'intéressent à l'écriture d'albums, de contes, de romans, de livres de poésie, de documentaires ou de bandes dessinées. Mais que sait-on exactement de la profession d'écrivain pour jeunes ?

L'auteur et son rapport à l'écriture

Selon l'avis de grands écrivains pour l'enfance et la jeunesse il est difficile d'écrire à l'intention des enfants et des adolescents[8]. Pour y parvenir efficacement, il convient d'opter pour la simplicité, la recherche de complicité avec le lecteur, la clarté, l'expression des sentiments et des émotions exprimés avec toute la pudeur et le respect des jeunes ! Est-il difficile pour un auteur de retrouver son âme d'enfant et de s'exprimer à travers elle ?

Par respect pour le jeune public, devraient s'abstenir d'écrire ceux qui n'ont rien à dire d'intéressant comme ceux qui ne peuvent le dire d'une manière digne de l'être. Un bon auteur ne l'ignore pas, aussi ne tente-t-il pas de publier n'importe quel manuscrit, à tout prix.

Parmi les qualités des écrivains pour la jeunesse, citons : la connaissance des jeunes et de leurs intérêts, une maîtrise parfaite de la langue, une bonne dose de persévérance et de détermination, ainsi que la certitude de parvenir à l'aboutissement souhaité d'un projet d'écriture. Ne peut être écrivain pour la jeunesse qui veut, mais il arrive parfois que certains ignorent qu'ils possèdent toutes les qualités requises pour y parvenir.

L'auteur et l'éditeur

L'écart qui peut exister entre les priorités littéraires d'un auteur et celles d'un éditeur sont souvent déterminantes du niveau de qualité et de satisfaction qui entourent les relations qui unissent ces derniers. Celles-ci peuvent avoir un impact majeur sur l'ensemble, ou encore une partie des éléments constitutifs du

---

8. Parmi eux, Maurice SENDAK, auteur de *Max et les maximonstres* et de plusieurs autres titres connus l'a souvent affirmé. Il en fut de même pour Roald DAHL, devenu célèbre par l'écriture notamment, de *Charlie et la chocolaterie* et de *James et la grosse pêche*.

contenu, du texte, de l'illustration et de la présentation matérielle d'un livre. Existe-t-il des contraintes dans le rapport entre un auteur et un éditeur ? Ou encore, l'auteur a-t-il toute liberté du choix du thème, du style, des valeurs qu'il souhaite véhiculer ? À lire un grand nombre de titres sélectionnés pour certaines collections, nous sommes justifiées de nous poser ces questions. On remarque ainsi que des œuvres sont pratiquement écrites « sur mesure » pour entrer dans telle ou telle collection alors que pour d'autres, il émane un parfum de totale liberté d'œuvre originale.

L'ILLUSTRATEUR[9]

Le monde de l'édition ne saurait exister sans la participation des illustrateurs. Qui souhaite devenir illustrateur doit savoir que pour y parvenir efficacement, il est absolument nécessaire d'avoir en plus du talent, une maîtrise parfaite de la technique à utiliser, de la souplesse dans le niveau de compréhension et d'expression des personnages, des formes, des lieux, etc., et bien entendu, d'avoir la capacité ou la chance de rejoindre les attentes formulées par l'auteur et l'éditeur.

L'illustrateur et les couleurs de la culture

Sur la page couverture d'un album, un illustrateur avait dessiné le héros du conte.
Qui aurait pu préciser qui était ce personnage qu'on voyait de dos ?
Il était vêtu de noir et regardait un chat beaucoup plus grand que nature, qui lui souriait. Il n'en suffisait pas plus pour que tous les jeunes aient envie de lire ce récit.

L'illustrateur n'a aucunement le droit d'ignorer la culture contextuelle du récit, le genre exploité par l'auteur, les techniques d'illustration, les exigences du lectorat, de l'auteur, de l'éditeur, du coût d'impression, les possibilités et les exigences liées à l'utilisation de la couleur, etc. De toutes ces considérations surgissent véritablement les caractéristiques de « l'art » de l'illustration des livres pour la jeunesse ; un art dont on reconnaît de plus en plus les lettres de noblesse.

La survie de la carrière de chaque illustrateur repose sur son originalité et sa motivation dans la recherche de la perfection. Sans oublier le style qui le distingue de tous ces autres, qui comme lui exercent ce métier. L'illustrateur s'exprime grâce au style qu'il développe et qui se raffine au fil des images qu'il crée.

Objet de culture, l'illustration doit également être l'expression de celle de l'auteur et de sa perception des personnages du récit. Elle est à la fois, le témoin et la complice d'une création littéraire à laquelle elle ajoute une nouvelle dimension, conviant ainsi le lecteur à affiner ou à modifier son niveau de compréhension de l'œuvre.

---

9. La partie de texte portant ici sur l'illustrateur propose quelques traits caractéristiques du domaine de l'illustration. Le lecteur peut toutefois parfaire sa connaissance de plusieurs aspects s'y rapportant dans le chapitre 6 du présent ouvrage.

S'attarde-t-on suffisamment à réfléchir à l'impact que peut avoir l'image sur le développement, les attitudes, les habitudes de vie du jeune lecteur ? Peut-il exister une complémentarité entre le lecteur qui interagit quotidiennement avec ce qui se passe autour de lui, et qui grâce à la présence d'illustrations se voit soudainement invité à s'engager dans une compréhension éclairée à propos de ce qui se déroule parfois à l'autre bout de la planète, sinon ailleurs dans l'univers ? En somme, les illustrateurs ne sont-ils pas les seuls vrais maîtres du temps et de l'espace, de la réalité fictive du récit ? Eux pour qui, le passé prend une saveur d'éternité sans cesse renouvelée à chaque fois qu'un lecteur entreprend la lecture de leurs récits visuels respectifs.

LE MARIAGE ENTRE AUTEURS, ILLUSTRATEURS ET ÉDITEURS

Les relations harmonieuses entre les trois parties en cause ici, sont essentielles pour qu'un projet de publication d'un ouvrage intéressant destiné aux jeunes lecteurs aboutisse à un résultat de qualité. La confiance, la complémentarité, le respect mutuel ne sauraient obliger, ni tolérer les contraintes réductrices. La recherche d'associations heureuses et durables est une entreprise constructive recherchée par chacun.

Il S'AGIT SIMPLEMENT DE FAIRE LE TOUR DU MOT LIVRE

Les étapes liées à la production d'un livre sont nombreuses, et parfois complexes. Elles doivent être effectuées avec beaucoup de précision et dans un ordre déterminé. Ne tourne pas qui veut autour des manuscrits et des livres au moment de leur production. D'abord, parce que cette dernière est souvent complétée dans le secret, réservant la surprise du contenu et de l'illustration pour le moment de la parution de l'ouvrage. Ensuite, parce que le parachèvement d'une démarche de ce type exige beaucoup de concentration de la part des différents intervenants impliqués.

Intéressons-nous aux étapes de publication d'un livre et familiarisons-nous au vocabulaire spécifique à ce secteur d'activité. Faire le tour du mot livre exige de se pencher sur chacune de ces étapes.

Lorsque l'éditeur choisit de publier

Dans plusieurs cas, c'est d'abord l'auteur qui complète son travail d'écriture du manuscrit. S'il est sélectionné par un éditeur, ce dernier invite un illustrateur à réaliser le travail d'écriture de l'image. Par la suite, des rencontres « au sommet » auteur-illustrateur-éditeur peuvent avoir lieu. Toutefois, cette procédure ne s'applique pas à la réalité de toutes les parties nommées précédemment. Si bien qu'il peut arriver qu'un auteur soit mis en présence des illustrations finales de son ouvrage, et que par conséquent, l'activité d'écriture et celle de l'illustration du livre soient complétées de façon parallèle, plutôt que d'être complémentaires. Qui peut juger de la supériorité de l'une par rapport à l'autre ? Les choix définitifs complétés, l'éditeur passe à l'étape de la fabrication du livre.

Évidemment, l'auteur-illustrateur d'un ouvrage franchit de façon différente les étapes du processus décrit précédemment. Ce faisant, il semble qu'il puisse éviter un grand nombre de surprises désagréables. Par exemple, celle de constater que les illustrations lui conviennent peu, que le choix des couleurs aurait gagné à être différent, etc.

Les pièces d'un livre, tout comme l'assemblage d'un grandiose casse-tête

Les parties constituantes d'un album, d'un roman, d'un documentaire, etc., ressemblent souvent aux pièces d'un casse-tête, alors que le manuscrit franchit les différentes étapes devant le mener sur le sentier de la publication. Des versions préliminaires à la version définitive, le texte manuscrit a souvent plusieurs fois effectué un aller-retour de l'éditeur jusque chez l'auteur.

L'illustrateur sélectionné, le plus souvent par l'éditeur pour produire une ou des parties du récit en images, prend ensuite la relève. Suite à de nombreuses lectures attentives du manuscrit, il choisit d'accepter ou de refuser de s'y attaquer. S'il accepte ce travail, il doit prendre de nombreuses décisions, dont l'ordre peut différer selon l'illustrateur. A-t-il le choix du nombre, du format, des couleurs ? Peut-il opter pour le respect ou non, du rapport texte-image, à savoir que les illustrations qu'il fera correspondront au texte, ou encore, qu'elles seront des variantes, ou des oppositions systématiques du texte écrit ?

Ensuite, il trace de nombreux crayonnés et croquis des illustrations qu'il souhaite réaliser. Puis, il franchit l'étape d'une première version de l'image proprement dite et passe à l'application de la couleur.

Le livre fut publié sur du papier vélin

Dès que les étapes brièvement décrites précédemment sont complétées, le texte et les illustrations du manuscrit sont prêts à être remis entre les mains des maquettistes, dont la tâche est multiple et encore déterminante de la qualité de l'ouvrage. Il s'agit d'abord pour ces spécialistes de la création de maquettes, de respecter soigneusement les consignes de l'éditeur à propos des aspects suivants : le nombre de pages du livre, son format, la qualité du papier, sa couleur. La préparation de la maquette du livre exige également la création de la mise en pages du texte et des illustrations, le style et le format des caractères typographiques. Bien entendu, les maquettistes articulent ces différentes étapes de leur travail sur la base de la connaissance de l'âge des destinataires, auxquels est destiné le futur livre.

Et voilà le texte et les illustrations du manuscrit prêts à franchir l'étape de la photocomposition[10] puis celle de la photogravure[11]. On utilise très souvent le

---

10. Opération qui consiste à transformer un manuscrit corrigé en un texte prêt à être imprimé. Pour y parvenir, le photocompositeur peut utiliser la méthode traditionnelle ou la publication assistée par ordinateur (PAO).

11. Ici, le photograveur transforme les illustrations et le texte de l'ouvrage en films : un pour le jaune, un pour le bleu, un pour le rouge, un pour le noir. Ces couleurs, reproduites sous forme de points, sont appelées couleurs primaires et serviront à reconstituer l'essentiel des couleurs de chaque illustration.

scanner, appareil moderne, s'il en est, dont l'œil électronique analyse chaque point de l'image et communique ces données à un rayon laser. La fonction de ce dernier consiste à copier les informations reçues sur un film correspondant aux couleurs privilégiées.

L'impression d'un livre est habituellement effectuée en offset[12]. Il s'agit d'imprimer obligatoirement d'abord le jaune, ensuite le rouge, puis le bleu et enfin le noir dans les cahiers qui constitueront le livre. L'impression d'un cahier correspond à 16 pages d'un livre. Combien en faudra-t-il pour imprimer la totalité d'un récit donné ? La totalité des cahiers du livre sont ensuite assemblés selon le type de reliure choisie, puis reliés.

Certains lecteurs préfèrent une couverture souple, d'autres une couverture cartonnée et rigide. Plus chère, et de qualité supérieure, cette dernière assure une vie plus longue à l'objet livre. À moins que ce soit uniquement le contenu d'un ouvrage qui compte aux yeux du lecteur, et non sa présentation matérielle.

Souvent, le manuscrit voyage incognito de chez l'éditeur sur la route devant le conduire jusque chez l'imprimeur d'où il ne sortira que quelques semaines, parfois même quelques mois plus tard. Puis sa vie publique commence, dès qu'il se retrouve en librairie ou entre les mains du lecteur. La durée de ce voyage peut varier, selon les caractéristiques de l'ouvrage à publier, le nombre de pages du livre, la complexité de sa composition, etc. Quoi qu'il en soit, le lecteur soupçonnera-t-il jamais combien d'heures il aura fallu à l'auteur, à l'illustrateur, à l'éditeur, à l'imprimeur et à ses employés pour parvenir à publier le livre qu'il tient entre ses mains ?

Aussi, chaque production matérielle nommée livre, n'est-elle pas déjà en soi, un chef d'œuvre de détermination et de collaboration ? Ce serait dommage que certains contenus d'ouvrages viennent infirmer cette conviction.

Conclusion

Lorsque la passion du livre s'installe au cœur du quotidien de ceux qui œuvrent ou gravitent autour du domaine de la production, on peut être assuré que les lecteurs, jeunes ou adultes auront accès à l'ensemble des préoccupations humaines, grâce à la littérature et aux nouvelles technologies qui gravitent autour du monde littéraire.

On peut également être rassuré, puisque de cette façon, l'évolution de la race humaine s'enrichira perpétuellement de la force, de la richesse et de la créativité de ceux qui savent reconnaître la valeur et l'importance des mots et des illustrations. Ils sont la vie qui vibre au cœur des livres.

Et, comme chaque être humain, ils savent qu'en leur compagnie, la vie vaut largement la peine d'être vécue.

---

12. Ce procédé d'impression à plat applique le phénomène de répulsion entre les couleurs posées sur des plaques insolées, c'est-à-dire qui sont éclairées avant d'être développées.

DEUXIÈME PARTIE

LE LECTEUR
et
L'ART DU PLAISIR DE LIRE

Introduction

Qui s'attarde à consulter les statistiques et les résultats d'enquêtes portant sur la littérature d'enfance et de jeunesse peut rapidement devenir perplexe. Complétées en Europe ou encore au Québec[1], certaines parmi ces analyses tendent à démontrer que de ce côté-ci de l'Atlantique, les adolescents et les adultes contemporains, du moins ceux qui ont entre 15 et 24 ans, lisent davantage que le reste des gens, et qu'ils lisent plus aujourd'hui qu'il y a dix ans. Comment expliquer cette situation, alors qu'il y a quelques années à peine, d'autres études démontraient que près du quart des adultes de 18 ans et plus lisaient moins d'un livre par année, en moyenne ? Et que, la majorité des plus jeunes lisaient peu, au désespoir de plusieurs médiateurs du livre ? Qui sont tous ces nouveaux lecteurs ?

Qui dépouille les résultats d'une analyse[2] conduite cette fois auprès d'élèves de 5ᵉ et de 6ᵉ primaire, apprend que la majorité des élèves d'un côté comme de l'autre de l'Atlantique disent aimer lire. Situation qui ressort davantage au Québec qu'en France. De plus, on peut y lire que la majorité des jeunes interrogés affirment lire entre 17 et 32 livres par année. Enfin, cette analyse précise que le Québec compte plus de mordus de la lecture que la France. Ici, la perplexité peut rapidement faire place au doute et à l'interrogation. Mais où sont donc tous ces lecteurs ? Qui sont-ils ? Et peut-on affirmer qu'on est *mordu* de lecture alors qu'on lit en moyenne, moins d'un livre par semaine ?

En somme, on peut opter de discuter et de critiquer ces résultats, ou encore se réjouir des progrès qui semblent avoir été réalisés au cours des décennies récentes. Dans un cas comme dans l'autre, il serait sage de prendre des décisions judicieuses afin de s'assurer que des vérifications similaires pouvant être effectuées dans quelques années, confirment l'essor incessant des habitudes et des attitudes de lecture des jeunes lecteurs.

Ce n'est pas tout d'être lecteur, encore faut-il tendre à devenir chaque jour davantage, un meilleur lecteur. C'est ainsi que la lecture de chaque page complétée,

---

1. Ces données sont puisées dans une étude intitulée *Enquêtes sur les comportements culturels de la population québécoise : 1983, 1989 et 1994,* réalisée en 1994 par le gouvernement du Québec, Direction de la recherche, de l'évaluation, des statistiques et de la bibliothèque.
2. Ces données sont puisées dans l'étude intitulée *Compétence et pratiques de lecture des élèves québécois et français,* réalisée également en 1994, par le ministère de l'Éducation du Québec, Direction de la recherche.

le jeune lecteur deviendra plus éclairé à propos de lui-même, de la vie et du monde. Il connaîtra alors le sens profond du plaisir de lire.

Pour l'adulte, la réussite d'un projet éducatif de cet ordre implique la connaissance des jeunes et du milieu familial, scolaire, etc. où ils évoluent ; celle également des ouvrages qui leur sont destinés, etc. Les chapitres regroupés dans la deuxième partie du présent ouvrage précisent un ensemble de notions dont doit tenir compte, tout médiateur qui privilégie le développement harmonieux des jeunes en regard de la lecture.

Chapitre 3

LECTEURS, À VOS PAGES

> « Sans les livres, nous n'héritons de rien :
> nous ne faisons que naître. Avec les livres, ce
> n'est pas un monde, c'est le monde qui nous
> est offert... »
>
> Danièle Sallenave

En guise d'avant-propos

Il connaît toutes les caractéristiques du lecteur, les notions théoriques se rapportant au développement de sa personnalité. Il a approfondi l'étude des facteurs liant l'adulte, l'enfant et l'adolescent en ce qui concerne la lecture. Il a atteint les objectifs généraux qu'il s'était fixés. De cela toutefois, il ne parle que très rarement. Par contre, cela l'a toujours incité à écrire. Et plus il écrit, plus il lit : assis sur un banc, dans un fauteuil, par terre, ou encore... Il est le plus grand lecteur du monde. Ce qu'il a retenu de plusieurs années consacrées à la lecture, il a choisi d'en écrire les plus belles pages, celles qui sont les plus importantes à ses yeux. Il est l'auteur de livres magnifiques, à saveur d'éternité. Il nous les a légués en héritage. Pour y parvenir, il a pris des ententes avec un bon éditeur. Les bibliothèques et les libraires les proposent aux lecteurs passionnés par la lecture d'excellents livres.

Outre le fait qu'il peut également définir le concept de lecteur, préciser les facteurs pouvant influencer l'intérêt pour la lecture, identifier les critères généraux et spécifiques à privilégier dans la sélection d'ouvrages destinés aux jeunes, il sait qu'il est important qu'adultes, enfants et adolescents, consacrent beaucoup de temps pour parvenir à maîtriser l'art de la lecture et celui de l'écriture. Le plus grand lecteur du monde a parachevé une œuvre grandiose. On chuchote qu'il lui a fallu beaucoup de temps pour y parvenir. On ajoute que ce grand lecteur aura bientôt cent ans.

Grâce à sa riche expérience de la vie et de la lecture, ce grand lecteur connaît les variables qui sont en cause dans le processus inhérent au développement de chaque lecteur. Alors qu'il parle des intérêts, des habitudes, des attitudes du jeune en regard de la lecture, il insiste sur la nature et l'impact qu'ont les actions de l'adulte médiateur des livres auprès des jeunes, en milieux scolaires et parascolaires. En somme, sont-elles importantes ? L'adulte s'y attarde-t-il suffisamment ?

Et lorsqu'il affirme avoir enfin découvert comment accompagner les lecteurs sur la voie qui les conduira à coup sûr, vers la réalisation de moments précieux consacrés à la lecture pour le plaisir, le plus grand lecteur du monde a franchi un pas important. Il s'est engagé avec les jeunes lecteurs, à compléter des lectures passionnantes. Ensemble désormais, ils feront des lectures épanouissantes, garantes de la jeunesse du cœur et de l'esprit.

Êtes-vous ce grand lecteur ?

LE LIVRE, OBJET DE COMMUNICATION

Qui accorde la priorité à la communication connaît les enjeux de la mise en place, d'actions devant conduire à la réalisation d'un projet spécifique, exceptionnel et qui démontre sans l'ombre d'un doute que communiquer est un besoin vital. Une préoccupation que plusieurs secteurs de l'activité économique et culturelle partagent. La production littéraire destinée aux jeunes n'échappe pas à ce souci profond de l'humain.

J'ai appris à communiquer, avec mes lecteurs, dit l'écrivain

Les écrivains, auteurs d'ouvrages destinés à l'enfance ou à la jeunesse souhaitent, par le biais de leurs écrits, entrer en communication étroite avec les destinataires de leurs livres, tout aussi bien que le font les auteurs écrivant à l'intention des adultes. Pour y parvenir, certains n'hésiteront pas à observer, sinon à partir à la découverte de tout ce qui meuble l'univers des jeunes qui appartiennent peut-être déjà à une autre génération que la leur. Quels ouvrages lisent ces jeunes ? Que vivent-ils ? Quelles activités préfèrent-ils ? Qui sont leurs amis ?

Et cela contribue-t-il au succès des livres qu'ils publient ? Ceux qui s'y adonnent ne semblent aucunement en douter.

Le livre, objet de communication déterminant entre les adultes et les jeunes

On peut s'interroger sur la conception que se font adultes, enfants et adolescents de la lecture ainsi que du type de communication auteur-médiateur-lecteur qui en découle. Pour eux, les livres sont-ils un outil nécessaire à des apprentissages spécifiques, voire obligatoires ? Ou plutôt, les livres représentent-ils un objet sacralisé ou encore, un simple produit de consommation ? Enfin, adultes, et jeunes sont-ils les tenants du livre qu'on lit pour le plaisir ?

On pourrait dégager des réponses aux questions qui précèdent, que la place occupée par le livre dans la vie de chaque catégorie de lecteurs s'avère indissociable du degré d'intérêt et d'attirance qu'ils expriment face aux œuvres. On peut également poursuivre en affirmant que l'adulte a la responsabilité de tendre à modifier ou encore à parfaire la conception que les jeunes se font des ouvrages écrits à leur intention et de là, sans doute, la place occupée par le livre dans leur vie. D'où l'importance pour l'adulte de proposer au jeune lectorat, des ouvrages appartenant à des genres différents qui portent sur une grande variété de thèmes. Des livres qui répondent à leurs attentes immédiates ou fondamentales.

La rencontre entre le lecteur et les livres, souhait ou réalité ?

La communication souhaitée et souhaitable entre le lecteur et les livres, sa rencontre avec les auteurs en quelque sorte, est tributaire de la connaissance qu'ont les adultes (enseignants, bibliothécaires, parents etc.) des jeunes, mais aussi de la littérature qui leur est destinée. De là, ils seront capables de convertir les données sensorielles du livre en informations qu'ils pourront déchiffrer et organiser de manière à pouvoir leur donner une signification. Lire, comprendre et intégrer.

La meilleure communication qui pourrait sans doute s'établir entre l'adulte et le jeune serait celle que favorise la découverte du livre aimé, point de départ de recherches et de découverte d'autres ouvrages aimés. D'où l'importance pour l'adulte de bien connaître un grand nombre de livres, mais aussi les jeunes lecteurs, leurs attentes, leurs préoccupations et enfin, les types d'activités appropriées pouvant s'appliquer aux ouvrages sélectionnés.

INTÉRÊTS ET BESOINS QUE LA LECTURE PEUT SATISFAIRE

Depuis longtemps déjà, les spécialistes de l'enfance et de la jeunesse reconnaissent que les jeunes franchissent pendant leurs années de scolarisation, des étapes importantes du développement de leur personnalité. Les intérêts personnels s'affirment et s'affinent. Ils expriment des besoins nombreux et variés, que l'adulte a la responsabilité d'identifier et de respecter. Sans compter que de nouveaux intérêts peuvent naître et se développer.

À ces égards, la littérature d'enfance et de jeunesse contribue, par la diversité des thèmes privilégiés, à aborder bon nombre de ces besoins qui rejoignent les intérêts des jeunes : garçons ou filles de tous âges. Par conséquent, il importe de s'attarder à répondre aux questions suivantes : Quels sont ces besoins que la lecture peut satisfaire ? Et quels livres peuvent combler l'un ou l'autre de ces besoins[3] ?

Sécurité matérielle

De plus en plus, auteurs et illustrateurs tendent à exprimer dans les ouvrages qu'ils destinent aux jeunes lecteurs, différents regards associés à la réalité quotidienne et qui occupent une place prioritaire dans la vie de leur jeune clientèle. Par souci d'efficacité et de crédibilité, certains s'attardent à prendre des notes ou à dresser des listes, sur lesquelles on retrouve des événements, le nom de

---

3. En regard de cette question et de chaque besoin exprimé, le lecteur est invité à puiser dans ses souvenirs, des exemples de réponses. D'autres exemples appropriés seront apportés dans la troisième partie de cet ouvrage, portant sur les genres identifiés en littérature d'enfance et de jeunesse.

personnages, etc., associés au bien-être physique et la sécurité matérielle. Ces listes précèdent l'élaboration du récit, et l'auteur y puise pour ajouter une touche de véracité ou de cohérence à sa création littéraire.

À mesure que l'enfant grandit, il peut sembler normal à certains, voire de bonne guerre pour plusieurs auteurs ou illustrateurs, d'ajouter progressivement à l'intrigue, certaines séquences où la recherche de sécurité matérielle fait place à l'insécurité visant le plus souvent, à dérouter les lecteurs, ne serait-ce que dans quelques épisodes du récit, mettant ainsi la logique et l'estime de soi, la débrouillardise, etc., du lecteur à l'épreuve. Les jeunes peuvent-ils deviner et apprécier les intentions d'un auteur ou d'un illustrateur qui agit de la sorte ? Est-il souhaitable qu'il en soit ainsi ? À chaque médiateur du livre à inviter les jeunes lecteurs à répondre à ces questions.

Sécurité affective

Le besoin d'aimer et d'être aimé est au cœur des préoccupations, exprimées ou non, de tous les êtres humains. Quoi de plus rassurant pour le jeune lecteur que de constater que les protagonistes des ouvrages qu'il lit ont eux aussi soif d'amitié, d'affection et d'amour. Une sélection de titres appropriés : des personnages sympathiques et une intrigue bien construite assurent aux lecteurs, la possibilité de franchir des étapes nécessaires à la réalisation *fictive* de l'un ou de l'autre de ses besoins. À eux, d'en effectuer ensuite la transposition dans leur vie personnelle.

La conclusion heureuse de la majorité des ouvrages publiés actuellement qui abordent le thème de la sécurité affective par le biais de personnages humains ou animaux, rejoignent chaque lecteur, dans son expérience de vie, lui ouvrant ainsi la voie sur des solutions positives aux problèmes, carences ou absences affectives qu'il peut rencontrer. Souvent, la magie du livre opère.

Soif de connaissances

Un bon nombre d'auteurs souhaitent transmettre des connaissances aux lecteurs dans les ouvrages qu'ils écrivent à leur intention. Aussi s'attardent-ils à répondre dans des récits simples ou complexes selon les objectifs poursuivis et l'âge visé, à différentes questions que le jeune peut se poser sur son existence, son milieu environnant, sur le présent, le passé, le futur, l'univers, etc.

C'est sans doute en lisant des ouvrages documentaires, que le lecteur peut combler le plus souvent son désir d'augmenter ses connaissances sur les nombreux sujets faisant partie intégrante de sa vie, et du monde qui l'entoure.

Changement et évasion

Quoi de plus fascinant pour bon nombre d'auteurs que de tendre à transformer la réalité, de l'embellir, de créer des mondes imaginaires, farfelus, de rechercher le mouvement, l'action, le danger, le suspense, dans les livres qu'ils créent à l'intention des jeunes ? Plusieurs ouvrages expriment sans équivoque ce désir. Partant de là, tout devient alors possible pour le lecteur qui se trouve entraîné dans toutes les formes du dépaysement et de l'exotisme.

À tout cela, vient également se joindre l'expression du merveilleux et du rêve. Une invitation irrésistible à s'engager sur les sentiers que l'imaginaire fréquente quotidiennement.

Enfin, certains auteurs transposent dans l'écriture de ce type de récits, leur attrait indéniable de l'inconnu, de l'étrange, ainsi que l'humour, le rire.

Identification

Retrouver dans les livres destinés aux jeunes lecteurs, un héros auquel ces derniers peuvent s'identifier, favorise le processus de croissance de chacun. Habituellement conscients de leur responsabilité à cet égard, les auteurs qui écrivent pour les jeunes, donnent vie à des héros ayant une personnalité propre et qui vivent des situations semblables à celles que le lecteur connaît à une étape donnée de son développement psychologique.

Le phénomène d'identification au héros, ces personnages sans lesquels les ouvrages de fiction ne pourraient exister, se vérifie par l'observation des jeunes, mais également dans plusieurs études complétées au cours des récentes décennies. Ainsi, nul ne saurait désormais douter de l'importance de ce phénomène.

Réalisation

Habituellement puisés à une ou des réalités rencontrées dans l'environnement quotidien du lecteur ou du moins dans une réalité concrète dans laquelle il pourrait se retrouver, les ouvrages correspondant au besoin de réalisation tendent à favoriser le développement des talents du lecteur, mais aussi à lui procurer la satisfaction de se sentir capable de surmonter des difficultés, de produire quelque chose, de se réaliser, souvent même d'être utile et de le démontrer. Une invitation à s'engager sur la voie de la réussite. Perspective dont l'importance est indéniable, voire incontournable.

Esthétique

Associant habituellement la beauté et la richesse du texte et des illustrations, l'esthétique d'un ouvrage contribue à répondre au besoin conscient ou inconscient d'une recherche d'équilibre et de beauté chez le lecteur. Dans de nombreux cas, les livres appartenant à cette catégorie, comptent parmi les premiers « objets d'art » que découvre le jeune lecteur.

Un certain nombre d'ouvrages de ce type sont publiés chaque année et assurent ainsi la continuité et l'évolution de cette catégorie. Et nul ne peut demeurer indifférent devant ces ouvrages magnifiques. Ils sont une richesse pour toute production littéraire, soit celle d'ouvrages destinés à tous les lecteurs, tous âges confondus. Ils sont objets de culture, d'épanouissement, et d'enchantement pour les plus petits, comme pour les plus grands enfants.

FACTEURS SE RAPPORTANT À L'ENVIRONNEMENT POUVANT INFLUENCER L'INTÉRÊT POUR LA LECTURE

Apprendre à lire et aimer lire deviendront partie intégrante de la réalité du jeune lecteur pourvu qu'il trouve dans sa vie et dans son environnement un intérêt profond pour cette activité. La motivation, la collaboration et l'attitude des personnes qui en font partie deviennent importantes pour stimuler le jeune à développer le goût permanent de la lecture.

Encore faut-il que l'environnement dans lequel chacun évolue soit riche, ouvert, et ne conduise pas à « *l'enfermer⁴ dans les dispositions culturelles de son milieu et, pour certains jeunes, à les exclure par là de toute intégration sociale véritable. Car la culture n'est-elle pas surtout la faculté d'apprécier et de comprendre les codes de significations différents ? Les médiateurs du livre de jeunesse doivent privilégier l'ouverture maximale des genres et des goûts à l'enfant. Mais, marqués par le recrutement souvent uniforme de leurs professions, ces derniers sont-ils toujours capables de prendre leurs distances par rapport à leurs propres préjugés culturels* » ? Ces propos n'incitent-ils pas à la réflexion et à une prise de décision éclairée ?

Milieu familial

Point de départ d'une meilleure connaissance de la littérature destinée aux jeunes, la présence et l'utilisation récurrentes et pertinentes du livre en milieu familial s'impose. En outre, l'importance qu'y accordent les parents apparaît déterminante de l'attitude et des habitudes du jeune lecteur face aux livres. Liée aux activités vécues à la maison, la lecture et le récit d'histoires peuvent ainsi représenter une activité privilégiée au cours de laquelle parents et jeunes racontent, écoutent, commentent et discutent des lectures effectuées par le jeune lecteur ou l'adulte. Des moments privilégiés pour tous ceux des parents et des jeunes qui ont vécu cette activité, et qui ne cessent de vouloir la renouveler.

Ceci n'est toutefois possible que si les parents s'intéressent eux-mêmes à la lecture et qu'ils acceptent d'élargir le champ de leurs connaissances des livres au-delà des lectures qu'ils faisaient dans leur enfance, pour rejoindre la réalité contemporaine de leurs enfants. Accordent-ils de l'importance à cette activité, à l'achat de livres publiés récemment, et à la recherche d'ouvrages portant sur des thèmes qui fascinent les lecteurs contemporains ?

Invitée à faire partie intégrante des activités des enfants, liée aux intérêts spécifiques de chacun d'eux, la lecture s'inscrira dans leur réalité, pourvu que l'accès aux livres soit facilité et leur sélection judicieuse. Combien de livres de jeunesse les parents achètent-ils par année à leurs enfants ? La littérature d'enfance et de jeunesse occupe-t-elle une véritable place à la maison ? Si non, il apparaît urgent de corriger cette situation.

---

4. Citation puisée dans BRUNO, Pierre. « Le système des goûts dans la littérature destinée à la jeunesse ». In *Culture et texte*. (présentation de Jean PERROT). Nancy : Presses universitaires de Nancy, 1993, p. 51-52.

Amis

On connaît l'importance qu'accordent les jeunes à se faire des amis, et à faire partie d'un groupe. Le rôle de chacun peut s'avérer crucial dans la découverte chez les autres, du monde et de la vie. À mesure que le jeune franchit une étape devant le conduire de l'enfance à l'adolescence, puis à l'âge adulte, le rôle de cette société d'amis peut se transformer ou privilégier une orientation nouvelle, mais toujours commune au groupe. Toutefois, chacun peut y faire des découvertes personnelles, y trouver sa voie propre.

Ainsi, il apparaît que l'influence des camarades sur les attitudes et des habitudes de lecture des jeunes peut apparaître primordiale dans la formation de la personnalité. De nombreux exemples de cette réalité peuvent être puisés à la vie quotidienne de tous les enfants et adolescents du Québec et d'ailleurs dans le monde.

Ainsi, une discussion amorcée par un jeune, suite à la lecture d'un conte, d'un roman, d'un livre de poésie ou de tout autre ouvrage appartenant à un autre genre de la littérature d'enfance ou de jeunesse, pourra inciter ces derniers à le lire à leur tour, ainsi qu'à échanger et à discuter leurs points de vue, leurs préférences au plan d'un personnage, de l'intrigue, etc., incitant à la lecture d'autres ouvrages sur le même sujet ou sur un thème différent. À cela, il convient d'ajouter que les enfants peuvent également poursuivre leurs discussions sur des livres qu'ils ont lus avec l'enseignant, leurs parents, etc.

N'est-ce pas ainsi également que se concrétise souvent la promotion d'ouvrages pour adultes, entre adultes ?

École et milieux parascolaires

La bibliothèque scolaire et la bibliothèque municipale sont sans contredit les principaux lieux où le lecteur peut choisir ses livres. À moins qu'il ait la chance de fréquenter les librairies et d'acheter les titres qu'il souhaite lire.

Est-il préférable et souhaitable d'emprunter des livres, ou de les acheter et les conserver ? Voilà une question très actuelle à laquelle chacun peut donner une réponse personnelle et la justifier. Toutefois, retrouve-t-on toujours, des livres récents, intéressants et diversifiés dans les bibliothèques scolaires et municipales ? N'est-ce pas là un facteur qui influence bon nombre de lecteurs ?

Déterminants des attitudes et des habitudes de lecture des jeunes, la place et le rôle accordés au livre en milieu familial, scolaire ou parascolaire incitent le médiateur de ces ouvrages à réfléchir à ses propres motivations sur la lecture, et à l'importance de s'y attarder. Mais également à entreprendre des actions qui favoriseront l'ancrage du goût pour la lecture chez l'enfant.

À cette occasion, quels objectifs sont poursuivis par l'utilisation des livres ? Sont-ils à caractère uniquement pédagogiques, informatifs, ou encore sont-ils étroitement associés et liés au plaisir de lire ? Le médiateur du livre auprès des jeunes est-il sensibilisé à l'importance d'élargir les goûts et les intérêts des lecteurs ? L'applique-t-il dans sa réalité quotidienne ?

Moyens audiovisuels et informatiques

Parmi les autres facteurs qui influencent l'intérêt des jeunes pour la lecture, soulignons les moyens audiovisuels et informatiques : logiciels, CD-ROM et Internet, notamment. La place de choix qu'ils occupent dans la vie des jeunes est susceptible de favoriser différents apprentissages, dont celui de la lecture. Par exemple, l'utilisation des contenus informatifs, littéraires, etc. proposés dans ces différents supports technologiques peuvent inciter à la sélection et à la lecture des ouvrages qui ont servi à l'élaboration de ces documents, ou encore ouvrir à la connaissance de livres méconnus des jeunes qui abordent des thèmes similaires ou complémentaires.

Ces moyens mis à la disposition des intervenants de la société contemporaine, dont les médiateurs du livre, viennent renforcer ou confirmer la place et le rôle de la littérature dans la vie des jeunes lecteurs. Le nombre sans cesse croissant d'ouvrages utilisés dans les contenus de documents audiovisuels ou informatisés ne sont-ils pas autant d'invitations adressées aux lecteurs et aux adultes médiateurs ?

Plusieurs éditeurs pour la jeunesse sont persuadés que le développement technologique peut et doit compter sur les contenus de livres présents sur le marché. Sans le support de ces derniers, toute technologie à vocation littéraire, si révolutionnaire soit-elle, ne saurait prétendre survivre, ni même exister. Et souvent, éditeurs et informaticiens mènent des actions complémentaires tout en poursuivant un but commun : favoriser le développement des jeunes lecteurs. C'est sans doute afin d'y parvenir que chaque année, des éditeurs deviennent producteurs de documents de ce type, ou encore accordent ce droit à des firmes spécialisées.

PREMIERS CRITÈRES PRIVILÉGIÉS DANS LA SÉLECTION D'OUVRAGES[5]

L'abondance de la production actuelle en littérature d'enfance et de jeunesse, nécessite une sélection attentive et judicieuse de la part du médiateur. Le développement du sens critique, et l'application de critères de sélection éclairés, applicables à chaque ouvrage et à chaque genre auquel il appartient sont des qualités qui assurent au médiateur la possibilité d'effectuer des sélections d'ouvrages de qualité, adaptés aux goûts, aux intérêts et à l'âge des lecteurs. La présentation de chaque ouvrage, son contenu et le style privilégié par l'auteur et l'illustrateur, figurent parmi ces critères.

Présentation

Tout comme l'adulte est souvent attiré dans son choix de lecture par des ouvrages dont les couleurs de la page couverture, l'illustration ou le titre sont

---

5. Il convient de noter que les critères dont il est fait mention ici se retrouvent au nombre de ceux privilégiés dans les grilles d'analyse de livres appartenant à chaque genre (voir la troisième partie du présent ouvrage).

attrayants, il en va de même pour le jeune lecteur. Et pour quelles raisons ferait-il exception à ces règles, désormais devenues universelles ? Conscients de cette réalité et de l'importance financière pouvant en découler, les éditeurs y consacrent beaucoup d'énergie et d'argent. Ainsi, ils prennent grand soin à proposer des ouvrages dont la page couverture est originale et attrayante, et dont la présentation visuelle est diversifiée.

Le format du livre peut également avoir un impact important au moment de l'achat d'un ouvrage. À preuve, le succès fort important que connaissent les livres *format poche* que le jeune peut lire là où bon lui semble : à la maison, dans un transport public, en voyage, etc.

Contenu

La production actuelle de livres écrits à l'intention des enfants et des adolescents se caractérise par le nombre, la variété, la richesse et la profondeur des thèmes abordés, quel que soit le genre littéraire, et quel que soit l'âge des destinataires de ces ouvrages. Parmi le vaste choix proposé, il importe que le médiateur du livre auprès des jeunes s'attarde à sélectionner des récits dont l'intrigue puisse intéresser chaque lecteur, sélection qui implique la connaissance des lecteurs et des livres.

Ainsi, l'adulte qui complète la sélection d'ouvrages destinés à la jeunesse, a l'obligation morale en quelque sorte, de lire un grand nombre d'ouvrages, afin d'effectuer des choix éclairés. Autrement, comment pourra-t-il discuter avec les jeunes de leurs lectures ? À cette étape, la consultation d'analyses critiques effectuées par des spécialistes de la littérature d'enfance et de jeunesse sauront sans doute lui être précieuses.

Tous les médiateurs du livre auprès des jeunes s'entendent pour affirmer qu'il convient sans doute de leur proposer des lectures dont l'intrigue se situe près de leur réalité quotidienne, mais aussi des ouvrages favorisant la découverte culturelle ou sociologique d'enfants et d'adolescents vivant ailleurs dans le monde, d'événements peu familiers ou encore de récits ouvrant la porte à des aspects connus ou inconnus de l'univers. En somme, des livres passionnants puisés à tous les genres de la littérature destinée à l'enfance ou à la jeunesse.

Sujet et style

Lorsque le lecteur adulte apprécie la créativité, les sujets traités et le style d'un écrivain, il souhaite lire d'autres ouvrages écrits par cet auteur. Par conséquent, il parvient à mieux se familiariser avec l'ensemble de son œuvre. Dès la publication d'un nouveau titre, il s'empresse de le lire, à moins qu'il ne s'agisse d'un auteur décédé dont les ouvrages demeurent un précieux héritage.

Il en va de même pour le jeune lecteur à propos d'un auteur ou un illustrateur qu'il découvre ou apprécie tout particulièrement. Ce faisant, il accédera progressivement à une meilleure compréhension du sens profond articulé dans le récit textuel ou visuel d'un livre qui lui est destiné. S'y reconnaissant à maintes occasions, de façon consciente ou inconsciente, le lecteur recherchera d'autres ouvrages du même auteur, ou du même illustrateur. Partant de là, le jeune lecteur apprendra à identifier et à apprécier d'autres auteurs, ou illustrateurs qui exploitent des thèmes différents et s'expriment dans un autre style.

En somme, on peut dégager que la lecture des livres aimés, facteur déterminant de la formation du lecteur, repose en grande partie sur les sujets et le style proposés dans les ouvrages de littérature d'enfance et de jeunesse.

CONNAISSANCE DES LECTEURS ET DES LIVRES, UN RÔLE MAJEUR DU MÉDIATEUR

La plus importante enquête du siècle venait de commencer. À la une des journaux du monde entier, en première partie du journal télévisé et à la radio, des spécialistes invitaient la population à répondre à cette question : Qui est le jeune lecteur ?

Comment l'adulte médiateur des livres d'enfance et de jeunesse peut-il s'assurer de situer l'utilisation des ouvrages appartenant à chaque genre de cette littérature dans une perspective de contribution au développement de leur personnalité ? Sur la base des énoncés précisés précédemment, il apparaît prioritaire de tendre à les appliquer maintenant à la réalité spécifique que vit chaque médiateur œuvrant auprès de groupes d'enfants ou d'adolescents. Ici, on ne saurait trop insister sur le fait que le succès d'une entreprise de ce type est indissociable de la connaissance de nombreux ouvrages et de la sélection éclairée de titres qui répondent aux attentes de chaque lecteur.

Chaque jeune a des préoccupations personnelles qui ne sont pas toujours exprimées. Il s'avère donc primordial qu'il ait la possibilité d'entrer en contact avec des ouvrages portant sur des sujets variés où sont présentées des situations particulières auxquelles il pourrait s'identifier. Autrement, quel médiateur entre le livre et l'enfant pourrait prétendre faire des suggestions éclairées ?

S'il ne s'agit pas d'une tâche aussi facile que certains l'affirment, il n'en demeure pas moins que cette dernière est tout simplement captivante, et combien enrichissante. Ceux qui s'y adonnent déjà, sont convaincus qu'il convient de persévérer dans cette voie. Bien qu'elle sorte des sentiers battus, il ne fait aucun doute qu'elle est directement associée au succès et à la réussite de la vie des jeunes, et de là, de la génération montante.

Le médiateur du livre n'utilise aucune baguette magique, lorsqu'il tente d'identifier les critères de choix spécifiques à chaque livre qu'il utilisera avec les jeunes. Il sait depuis longtemps déjà, que ce qu'il souhaite par-dessus tout, c'est d'effectuer des choix judicieux en savourant les moments de lecture qu'il consacre à cette activité. Et qui a jamais démontré hors de tout doute, que les livres destinés aux plus jeunes ne pouvaient faire la joie des plus grands ? Et même si cela était, plusieurs ne le croiraient certes pas. En somme, n'est-ce pas la voie rêvée pour l'adulte médiateur d'aider les jeunes lecteurs à accéder à une meilleure connaissance d'eux-mêmes et des autres ? Et pourquoi pas, à y accéder en même temps qu'eux ?

Il convient d'ajouter l'importance de rechercher, dans chaque ouvrage sélectionné, les notions propres à faire l'objet d'un échange avec le lecteur. Si l'on présente des livres aux jeunes, il est également important d'échanger avec eux sur ce qui leur est apparu important dans leurs lectures et sur ce qu'ils souhaitent partager.

Soucieux de sa responsabilité, l'adulte médiateur du livre auprès des enfants convient qu'il doit s'attarder à la cueillette de multiples renseignements afin de parvenir à une meilleure connaissance de l'enfant comme lecteur :

Intérêts et besoins

Quels sont les intérêts actuels du jeune lecteur ? Quels intérêts pourrait-il développer dans le cadre de ses lectures ?

La connaissance des intérêts (activités, jeux, sujets de conversation, etc.) du jeune lecteur favorise grandement l'identification et la distinction entre ses intérêts passagers et permanents, facilitant ainsi des suggestions de lectures s'y rapportant. De plus, la recherche d'intérêts et de besoins nouveaux ou peu exprimés permet une ouverture à de nouveaux thèmes, genres, etc., auxquels le jeune pourrait s'intéresser.

Attitudes

Les attitudes des jeunes envers la lecture sont-elles positives ou négatives ? L'enfant ou encore l'adolescent traduit-il dans les faits, les opinions qu'il émet sur la lecture ? En somme, on peut se poser trois questions :

— le jeune lit-il ?
— semble-t-il intéressé à la lecture sans pour autant s'y adonner ?
— est-il carrément un non-lecteur ?

La cueillette des données sur l'identification des attitudes des jeunes face à la lecture permettra au médiateur de faire connaître de manière spécifique des ouvrages pouvant influencer positivement les attitudes de chacun. Pour ce faire, il pourra par exemple promouvoir des activités de lecture ou de récit d'ouvrages.

Habitudes

Est-il besoin de préciser que l'habitude s'acquiert par la répétition de certains comportements ? Pour identifier les habitudes de lecture d'un enfant, ou d'un adolescent, il convient de se poser les questions suivantes : Où le jeune lit-il ? Combien de temps consacre-t-il à cette activité ? Où se procure-t-il ses livres ? Comment les choisit-il ? Quelles sont ses réactions au moment de l'activité de lecture ?

Lieux

Sans doute est-il intéressant pour le médiateur du livre, de connaître les lieux que le jeune privilégie pour s'adonner à la lecture, par exemple, à la maison, dans quelle pièce, à la bibliothèque scolaire, municipale, etc.

Pour s'adonner à l'activité de lecture, certains jeunes apprécient tout particulièrement les endroits isolés. Par exemple, une pièce calme de la maison ou à la bibliothèque scolaire ou municipale. D'autres choisissent plutôt des lieux un peu moins à l'écart. Il importe pour les adultes médiateurs (parents, enseignants, etc.), de parvenir à préciser les préférences de chacun, afin de tendre à en tenir compte.

Temps

La personne qui ne lit jamais, le lecteur occasionnel, régulier ou avide de lecture représentent les quatre catégories de la clientèle scolaire, parascolaire ou adulte. Connaissant le temps consacré par l'enfant à la lecture, le médiateur de la littérature d'enfance et de jeunesse pourra stimuler le non-lecteur ou le lecteur occasionnel à prolonger progressivement les moments consacrés à cette activité, par une sélection judicieuse d'ouvrages, par l'intérêt apporté à ses commentaires, etc., ou en l'aidant à se trouver des temps de lecture.

Auprès du lecteur régulier ou avide, l'adulte agira davantage comme guide ou conseiller, l'écoutant et échangeant avec lui sur un thème ou une illustration. Le temps habituellement consacré à la lecture par les jeunes peut ainsi être largement modifié. Ici, il convient d'ajouter que le temps qu'ont l'habitude de consacrer les adultes à favoriser le développement de la lecture chez les jeunes lecteurs gagnerait sans doute à être accru, du moins chez bon nombre d'entre eux. Importante responsabilité que celle-là !

Choix des livres

Comment le jeune effectue-t-il le choix des livres qu'il lit ? S'attarde-t-il d'abord à la page couverture (titre et format), au résumé, à la collection, etc. ? Lit-il quelques pages ? Feuillette-t-il plusieurs livres ? Demande-t-il de l'aide ? Choisit-il seul ? Avec ses amis ?

En observant comment l'enfant ou l'adolescent effectue la sélection de ses livres, le médiateur pourra identifier le(s) genre(s) préféré(s) du lecteur, les thèmes, les héros privilégiés, les ouvrages qu'il rejette, etc. et compléter ses propres critères de sélection

Réactions

Un grand nombre d'informations se rapportant au lecteur peuvent être recueillies par son observation avant, pendant et après la lecture.

° Avant la lecture

Les questions que le jeune pose sur un livre qu'il n'a pas lu, le comportement qu'il adopte au moment du choix d'un livre en bibliothèque et ses critères de choix (plaisir ou obligation) sont au nombre des comportements qu'il importe d'observer et qui favoriseront la meilleure connaissance des réactions des jeunes avant la lecture.

◦ *Pendant la lecture*

L'attitude corporelle du jeune peut être un indice important de l'intérêt que ce dernier porte à la lecture qu'il fait seul ou qui est réalisée par l'adulte. En effet, la mimique, les gestes, la posture, sont souvent révélateurs de l'intérêt ou de l'ennui éprouvé au cours de la lecture.

En outre, les échanges entre l'adulte et les jeunes ou entre pairs peuvent être significatifs de l'appréciation d'une lecture.

◦ *Après la lecture*

Le lecteur réagit-il suite à la lecture d'un ouvrage ? Pose-t-il des questions, compare-t-il cette lecture avec d'autres qu'il a faites ? Quelles réflexions partage-t-il avec le médiateur du livre, ses camarades ? Quelles activités réalise-t-il à partir du livre (dessins, modification de l'histoire, prolongation, rédaction, etc.) ? Autant d'activités qui sauront contribuer à une meilleure connaissance de soi et des autres, à l'éveil ou au développement des ressources créatrices et à la formation de lecteurs authentiques et complets.

Conclusion

Les spécialistes en littérature d'enfance et de jeunesse d'ici ou d'ailleurs dans le monde sont unanimes pour dire que cette littérature continuera dans l'avenir à distraire, documenter, émerveiller, à susciter le rêve. Elle sera lien, moment de rencontre privilégié entre jeunes et parents, entre élèves, enseignants, bibliothécaires. Elle forgera des lecteurs encore et encore.

Pierre Gamarra souligne qu'on ne naît pas lecteur, mais qu'on le devient. Encore faut-il le demeurer. Il incombe aux médiateurs des livres auprès des jeunes de favoriser la formation de lecteurs permanents. Pour y parvenir, aucune action sporadique ou partielle ne saurait suffire, ni même sembler acceptable.

Le lecteur adulte du XXIe siècle sera celui à qui s'intéressent les parents, enseignants, bibliothécaires, libraires, aujourd'hui. Tenir compte des priorités, des préoccupations de ces jeunes, s'attarder au développement de leur personnalité et entreprendre avec eux une démarche les conduisant à l'exploitation des contenus des ouvrages écrits à leur intention, c'est assurer leur épanouissement en même temps que le développement de cette littérature, sans compter le plaisir de l'adulte.

Mais n'est-ce pas là la responsabilité de tout adulte qui aime et connaît les jeunes lecteurs et les livres écrits à leur intention ?

Chapitre 4

LA LECTURE, FIDÈLEMENT NÔTRE, À TOUS LES ÂGES DE LA VIE

« *Le livre n'est pas la clef : c'est la maison* ».

Jean-Philippe Arrou-Vignod

En guise d'avant-propos

« *Retourné sur la table, le roman inachevé est un toit. Je le saisis et, comme Grimmelshausen, je vois la vie qui bouillonne en dessous, la petite maison du monde devenue transparente.*

Retourné sur une autre table, le recueil de poésie est un oiseau blessé. Je le saisis, il reprend vie, s'envole, tirant derrière lui un ciel de juin, avec ses toits et son petit nuage en forme de chapeau-melon.

La maison de mon enfance était pleine de ces livres retournés. Un peuple de livres en attente chevauchant guéridons et accoudoirs, tables de nuit et rebord de baignoire. Autant de minuscules escaliers dérobés, de portes entrouvertes qui agrandissaient l'espace de provision de chambres secrètes où se retirer sans bruit.

Dans les maisons sans livres où j'entrais quelquefois, la vie manquait, la chaleur, l'oxygène. J'étais dépaysé, comme en apnée.

Ce qu'on dit aujourd'hui , quand on entre chez moi, de l'absence des plantes »[1].

LECTEURS D'UN JOUR OU LECTEURS POUR TOUTE LA VIE

Dans le chapitre qui précède, bon nombre de bienfaits attribuables à la lecture dans une perspective de contribution à l'évolution du jeune comme lecteur ont

---

1. Cette citation est tirée de « Je lis », écrit par Jean-Philippe ARROU-VIGNOD et publié dans *Revue Lire & Savoir : Sur la lecture. Du plaisir de lire à l'apprentissage.* Paris : Gallimard Jeunesse : N° 5, octobre 1996, p. 67-68.

été soulignés. Parmi eux, la certitude de se réaliser en tant qu'être humain, la possibilité de connaître et d'apprécier les auteurs : ces chercheurs, ces fantaisistes, ces créateurs d'images mentales invitantes, envoûtantes, excitantes qui ont choisi, grâce au support de l'écrit, d'entrer en contact avec les secrets, les priorités, et les espoirs de la jeunesse. Se référant souvent à leur propre enfance, ces auteurs anticipent que la lecture devienne le point de départ de questionnements intellectuels, psychologiques, sociaux, et de là, d'appropriation judicieuse et de croissance personnelle. Le développement de l'intelligence, l'expression des sentiments et des émotions, la culture et l'évolution de chaque enfant ou adolescent en dépendent.

Toutefois, on peut s'interroger sur les facteurs qui semblent perturber, dans la réalité contemporaine, l'essence et l'esprit de ces propos : plusieurs jeunes et adultes lisent souvent trop peu et mal ; d'autres sont illettrés. Résultats et conséquences peut-être d'orientations, de tendances, de priorités différentes et parfois contradictoires véhiculées au cours de plusieurs siècles de modelage et de raffinement d'une langue parlée, lue et écrite. À cela, Henri Amar ajoute : « *Nos enfants ne savent pas lire. À qui la faute ? [...] On connaît les questions et on sait combien il est difficile d'y apporter des réponses ou remèdes. Car le mal est en définitive plus ample que les causes auxquelles on voudrait le relier. Au-delà des individus et des institutions, il renvoie aux régressions de toute une société. Nos enfants ne comprennent pas ce qu'ils lisent parce que nous ne savons plus leur faire partager la magie du mot, cet assemblage de petits signes noirs sur une page blanche qui permet de communiquer et de comprendre, de ressentir et de partager, d'éprouver et d'imaginer, d'ouvrir enfin ces horizons infinis où se renouvellent en un éternel mouvement la pensée et l'émotion qui font et fondent l'humain* »[2].

Faut-il faire notre deuil de cette réalité, la considérer comme étant irrévocable, ou plutôt tendre à la corriger ? Les adultes médiateurs ont-ils lu étant plus jeunes pour plaire à l'adulte, par obligation, sans être persuadés de l'importance qu'il convient d'accorder à la lecture dans leur vie, n'y identifiant souvent qu'une tâche à accomplir ? Celle liée à un apprentissage spécifique ne les menant que très rarement plus loin que leur réalité quotidienne d'apprenant, refermant ainsi, sitôt entrouverte, la porte de l'imaginaire et par conséquent, rejetant la majorité des ouvrages qui leur étaient destinés.

À quoi sert de dénoncer et de condamner des attitudes et des comportements des non-lecteurs et des mauvais lecteurs ? Sans doute à tendre à identifier les facteurs attribués à l'adulte, à l'enfant et à l'adolescent, à l'apprentissage scolaire ou parascolaire, au contenu des ouvrages utilisés dans le cadre de ces apprentissages qui peuvent orienter la formation appropriée de lecteurs. De ceux qui deviendront par intérêt, par goût, par choix, par plaisir, fidèles à la lecture, toute leur vie durant.

---

2. François de SINGLY cite Henri AMAR dans « Mais où sont donc passés « les chiens de lisard » ?, publié dans *Revue Lire & Savoir : Sur la lecture. Du plaisir de lire à l'apprentissage. Op. cit.* N° 5, octobre 1996, p. 18.

DONNE-MOI LA CLEF DE LA MAISON DES LIVRES

Aline Hébert-Matray[3] souligne qu'apprendre à lire, c'est d'abord donner à chaque enfant l'envie de lire pour qu'il puisse se représenter le sens de cet apprentissage. Il ne pourra entrevoir le plaisir de [s'y adonner] que s'il l'a connu grâce à la médiation d'adultes ayant envie de partager avec lui le plaisir de lire un album illustré [notamment]. L'auteure poursuit en précisant que c'est dans cette fréquentation précoce, libre et affective, où aucune évaluation ne vient contrarier ce plaisir partagé, que le jeune enfant puisera le dynamisme qui le fera entrer dans la lecture. Cette dimension culturelle donne son sens à l'apprentissage du code qui, s'il est un moment essentiel, est somme toute assez court dans un parcours de lecture qui commence bien avant [l'entrée à l'école] et qui se continue bien après.

Toute lecture comprend trois composantes, trois séries d'opérations qu'il s'agit de distinguer, précise Jean-Louis Dufays[4]. Ce sont la compréhension, la modélisation et l'évaluation. Selon cet auteur, cette dernière composante signifie qu'en lisant, on ne dote pas seulement le texte d'un sens et d'une fonction, on le soumet aussi à un jugement de valeur, et ce, selon des critères variés : moral (le Bon), esthétique (le Beau), référentiel (le Vrai), mais dans chaque cas, le lecteur choisit une méta-valeur, celle de la conformité, qui est la valeur « classique » par excellence ou celle de subversion qui est la première des valeurs « modernes ».

Apprendre à lire, et lire régulièrement sont désormais des activités à la portée de la grande majorité des jeunes. Apprendre à lire et s'approprier une grande variété de types de lecture c'est s'engager sur la route menant à une meilleure connaissance de soi et des autres. Les médiateurs des ouvrages de littérature destinés à l'enfance et à la jeunesse sont directement concernés par cette éducation et par cet accompagnement. Curiosité, intérêt, démarche, somme toute, franchissement d'étapes toujours réalisées dans une perspective d'ouverture, de compréhension et d'intégration des nombreux aspects qui permettent de mieux connaître et comprendre le monde et la vie.

NE ME DIS PAS QU'IL FAUT ABSOLUMENT ENTRER DANS LA MAISON DES LIVRES

Obliger les jeunes à lire des livres qui ne représentent pas pour eux des œuvres, ne signifie aucunement qu'une relation privilégiée s'établit entre le jeune et la lecture qu'il effectue. Obliger les enfants et les adolescents à lire peut s'avérer une activité stérile qui contribue à en tuer le goût et le plaisir. La lecture de quoi ? Pourquoi ? Pour qui ? Ainsi au-delà du décodage des lettres formant un mot, des phrases (lecture de premier niveau), il apparaît essentiel de s'attarder à favoriser

---

3. Citation tirée de Aline HÉBERT-MATRAY, « Sens de la lecture et plaisir de lire ». In *Revue Lire & Savoir : Sur la lecture. Du plaisir de lire à l'apprentissage.* Op. cit. p. 34-35.
4. Voir Jean-Louis DUFAYS. « Lire avec les stéréotypes. Les conditions de la lecture littéraire en classe de français ». In *Enjeux, revue de didactique du français*, N° 23 (juin 1991) p. 8.

avant tout le plaisir de lire : celui associé à la découverte sous tous toutes ses formes que le jeune peut éprouver pendant et suite à la lecture. Et si cette activité nécessite des efforts, elle les voit récompensés par l'accession en un lieu privilégié, d'où l'on peut parvenir vers un ailleurs combien prometteur, d'où l'on peut également revenir pour se rassurer, se convaincre, se persuader. En définitive, pour emprunter des pistes menant hors des sentiers battus. Jamais dans ces cas la lecture ne deviendra obligée, artificielle.

Faire lire le jeune à tout prix n'est rien d'autre qu'une attitude condamnable de l'adulte envers le jeune lecteur. De cette catégorie d'adultes qui n'ont pas encore compris que l'intérêt, la motivation, le plaisir et la découverte se situent bien au-delà d'une obligation et qu'obliger, c'est forcer à une attitude contraignante de laquelle le jeune souhaitera se libérer, dès qu'il le pourra.

« [...] Nous autres qui avons lu et prétendons propager l'amour du livre, nous préférons trop souvent commentateurs, interprètes, analystes, critiques, biographes, exégètes d'œuvres rendues muettes par le pieux témoignage que nous portons de leur grandeur. Prise dans la forteresse de nos compétences, la parole des livres fait place à notre parole. Plutôt que de laisser l'intelligence du texte parler par notre bouche, nous nous en remettons à notre propre intelligence, et parlons du texte. Nous ne sommes pas les émissaires du livre mais les gardiens assermentés d'un temple dont nous vantons les merveilles avec des mots qui en ferment la porte ». Daniel Pennac[5].

LA LECTURE, ÇA NE M'INTÉRESSE PLUS, À MOINS QUE...

Un adulte responsable et soucieux de favoriser le développement des jeunes, grâce au support de la littérature écrite à leur intention, est celui qui effectue une réflexion visant à identifier les causes du désintérêt du jeune en regard de la lecture. Cette réflexion débouchant souvent sur une conscientisation à propos des facteurs qui ont engendré cette situation. Ensuite, l'adulte effectue un choix judicieux parmi les ressources (livres, activités) mises à sa disposition et vise ainsi à corriger ce manque d'intérêt du jeune pour l'amener progressivement à développer le goût et le plaisir de lire. Enfin, différentes activités préparées en fonction de ses priorités, de son âge, de sa capacité de lecture devront être effectuées régulièrement. Activités structurées sur une base individuelle, mais susceptibles d'intéresser également un groupe.

Mais sans doute, apparaît-il plus facile pour l'adulte de démissionner devant le désintéressement de bon nombre de jeunes pour la lecture et de constater simplement que ceux-ci ne lisent pas, sans tendre à expliquer et à corriger cette situation : erreur capitale que de prétendre que rien ne peut être fait. Ou rien de ce qu'on a déjà fait ?

---

5. Citation tirée de *Comme un roman*, écrit par Daniel PENNAC et publié à Paris, aux éditions Gallimard, en 1992. p. 95.

OUVRONS LA PORTE DE LA MAISON DE LECTURE ET ENTRONS

Claude Mettra[6] souligne que les cinq sens sont les cinq portes du cœur et il faut en faire l'apprentissage pour que, par eux, l'univers nous soit révélé dans sa richesse et sa diversité. Les petits enfants le savent, qui spontanément et en utilisant toutes les ressources du nez, de l'œil, de l'oreille de la bouche de la main, réinventent le commencement du temps et se racontent des histoires. Et ces histoires ne sont pas des chimères sans lendemain : elles traduisent la profondeur de notre dialogue personnel avec les formes qui nous entourent et elles préfigurent les cheminements qui seront les nôtres plus tard. Conserver toujours ouvertes et accueillantes les cinq portes du cœur est une tâche difficile car combien d'adultes, malgré les apparences sont en fait sourds, aveugles...

Pour sa part, Frank Smith[7] précise que l'enfant n'apprend à lire qu'en lisant et s'il est placé dans des conditions où il peut élaborer et vérifier des hypothèses dans un environnement qui lui offre de l'écrit chargé de sens. À cela, cet auteur ajoute que l'adulte doit avoir une bonne connaissance des jeunes qui lui sont confiés et une attitude positive à leur égard, en étant sensible aux intérêts et aux possibilités de chacun.

S'il en est ainsi pour l'apprentissage de la lecture, il apparaît réaliste d'envisager une situation semblable à propos de l'apprentissage de la littérature alors que le jeune doit être invité à lire et se voir accompagné par un médiateur dans la découverte, la compréhension et l'intégration des contenus des œuvres littéraires. Activité exigeante, quotidienne, efficace et judicieuse qui nécessite une implication personnelle de la part de l'adulte. Activité qui a pour objectif premier de favoriser la lecture-plaisir. Pourquoi ne pas contribuer à l'appropriation par les jeunes de compétences leur permettant de lire sans se lasser et se désespérer, à une vitesse raisonnable qui leur laisse le choix d'être tour à tour lecteur, chercheur, explorateur, gourmand, rapide, flâneur ? Mais encore, de séduire et de satisfaire les jeunes par la lecture. Ces processus réussiront si le jeune connaît les satisfactions que l'on peut retirer des livres. Satisfactions personnelles sans cesse renouvelées et qui sauront motiver l'enfant à lire toute sa vie durant[8].

Conclusion

Parmi toutes les questions qui peuvent être posées à propos de la lecture, celles de Jacqueline Held[9] méritent d'être relevées ici : L'enfant apprend-il à lire

---

6. Citation tirée de « Les cinq portes de la vie », écrit par Claude METTRA et publié dans *Revue Lire & Savoir : Du désir d'apprendre. Développer le sens critique.* Paris : Gallimard. N° 4, mai 1996. p. 44.
7. Citation tirée de Frank SMITH *Devenir lecteur.* Publié en 1986 (Paris), aux éditions Armand Colin. p. 168.
8. La quatrième partie du présent ouvrage portant sur l'animation du livre s'attardera à l'étude de notions devant conduire les jeunes à devenir des lecteurs autonomes, intéressés, curieux, imaginatifs et créateurs.
9. Jacqueline HELD. *L'imaginaire au pouvoir.* Publié à Paris, aux éditions Ouvrières, en 1977. p. 243.

et à écrire uniquement pour être capable de reproduire et de conduire inchangés des modèles fixes, rigides, classiques, bref, pour être conforme ? Ou bien, l'enfant apprend-il à lire et à écrire pour s'imprégner de l'infinie diversité d'autrui et devenir lui-même capable d'une attitude dynamique, critique et créatrice, face au monde, à la société, aux autres hommes ? Qui mieux que l'adulte, médiateur des livres auprès des jeunes, peut favoriser le devenir des jeunes lecteurs ?

TROISIÈME PARTIE

D'UN GENRE À TOUS LES AUTRES, LA VIE S'EXPRIME

Introduction

« Dis-moi ce que tu lis, je te dirai qui tu es ».

Il n'est pas toujours facile d'identifier de façon précise, les genres littéraires auxquels appartiennent les ouvrages que l'on lit. Connaît-on les éléments constitutifs qui caractérisent chaque genre de la littérature d'enfance et de jeunesse ? Qu'il suffise, pour en douter, d'écouter certains lecteurs, de lire ou d'entendre ceux des spécialistes de la critique littéraire, qui affirment avoir une opinion éclairée sur la plupart des aspects inhérents à la littérature d'enfance et de jeunesse. À plusieurs occasions, on constate quelques confusions, par exemple qu'un genre est synonyme de catégorie d'ouvrage et qu'un roman policier est un genre, et non une catégorie de roman. Et pourtant, l'étude judicieuse de l'album, du roman, de la bande dessinée, du documentaire, du conte et de la poésie n'implique-t-elle pas la rigueur, la justesse et non l'approximation ?

D'un genre à l'autre, la littérature exprime les petits et les grands moments de la vie des uns, et des autres. Une incitation pour le médiateur à opter pour l'acquisition de la connaissance théorique de chaque genre. Celle qui permet de savourer pleinement les mots, les idées de tous les auteurs rencontrés dans les livres et qui ouvre sur la nécessité de favoriser une rencontre heureuse entre les jeunes lecteurs et cette littérature.

En publiant, les auteurs ont contribué à créer ou à développer chaque genre de la littérature. Est-il possible que de nouveaux genres se développent au cours des prochaines années ? Et que des lecteurs qui auront bénéficié d'un enseignement de la littérature en milieu scolaire ou parascolaire, soient des pionniers de l'apparition d'un ou de nouveaux genres de la littérature écrite à l'intention des jeunes ?

Chapitre 5

L'ALBUM

« Un album, c'est dès le premier coup d'œil, des images, aussi bien pour le tout petit qui ne sait pas lire que pour l'adolescent ou l'adulte qui choisit d'acheter cet album »[1].

En guise d'avant-propos

À *l'auteur et à l'illustrateur de l'album que l'éditeur venait tout juste de décider de publier, ce dernier demanda : « Connaissez-vous les caractéristiques fondamentales de l'album ? Quelle définition donnez-vous à ce genre littéraire ? Et enfin, quelles notions théoriques sont privilégiées dans l'étude des ouvrages appartenant à ce genre » ? L'auteur et l'illustrateur se regardèrent, et demandèrent à l'éditeur un temps de réflexion avant de répondre à ces questions.*

Deux mois plus tard, un enfant et un adolescent demandèrent un rendez-vous à ce même éditeur. Ce dernier accepta de les recevoir. Sans tambour ni trompette, les jeunes entrèrent dans son bureau, s'assirent et sortirent d'un énorme sac, un non moins énorme manuscrit. L'éditeur commença la lecture du texte. Puis il regarda les illustrations, une à une, comme s'il en étudiait chaque détail à la loupe. « Je n'ai jamais rien vu, ni rien lu de semblable », dit-il. « Votre manuscrit respire le bonheur, la joie de vivre, l'espoir. Toutefois, il compte trop de pages. Une ou deux, tout au plus, murmura-t-il finalement ».

L'enfant et l'adolescent se regardèrent, jetèrent un coup d'œil au récit illustré dont les pages s'empilaient sur le bureau de l'éditeur. « À votre avis, dit le plus jeune, quelle page devrions-nous enlever ? » L'éditeur s'interrogea sur les activités qui pourraient découler de l'utilisation de cet album, tenta d'en établir une classification se rapportant au contenu, à l'illustration. Puis il se dit que les valeurs et le thème privilégiés, feraient en sorte que cet ouvrage serait sans doute

---

1. *Extrait de texte tiré de Lire c'est choisir : / Les albums.* Production audiovisuelle. Les amis de la joie par les livres. Paris, 1988.

sélectionné par un grand nombre d'utilisateurs d'albums destinés, soit à l'enfance ou encore, à la jeunesse. Après un long moment de réflexion, l'éditeur se leva et s'approcha de ses visiteurs. « Donnez-moi encore un peu de temps, dit-il. Revenez dans trois jours, à la même heure ».

Les mois qui suivirent, ces créateurs prometteurs, retournèrent plusieurs fois chez l'éditeur. Ensemble, ils parachevèrent une œuvre exceptionnelle. Rien de moins que la publication d'un magnifique album.

Ce matin-là, trois adultes, un adolescent, et un enfant étaient assis autour d'une table de travail. Ceux-là même dont il a été question précédemment. Ils avaient donné suite à l'invitation de l'éditeur, et ils complétaient maintenant l'étape de la conception d'un nouvel ouvrage. L'énorme succès remporté par les titres que chacun d'eux avaient publiés récemment, les motivait à poursuivre ensemble, la réalisation d'une œuvre grandiose. Rien de moins que la conception et la publication du premier titre devant faire partie d'une nouvelle catégorie d'album. Et qui s'accompagnerait d'un répertoire d'activités, jugées passionnantes, captivantes. En bref, un projet très important et qui rejoindrait assurément un très grand nombre de lecteurs.

Aucun membre de ce petit groupe n'a jamais tenté de vérifier si des réponses avaient été données aux questions formulées, précédemment. On dit toutefois, que chacun d'eux en a tenu compte dans l'écriture ou l'illustration des dizaines d'albums qu'ils publièrent ensuite. Un travail d'équipe hors pair.

La page titre de chacun de ces albums, était taillée en deux. Sur la partie supérieure, à l'encre rouge, était écrit : « Une moitié en trop » ? La partie du bas était blanche ! Était-ce une invitation à commenter l'ouvrage ? Ou ne s'agissait-il pas plutôt d'une décision éditoriale ? Ce type de décision qui intrigue parfois, au moins une génération de lecteurs, et qui les incite peut-être à ajouter quelques mots au récit, ou encore, à en débuter un nouveau.

Ainsi sont les albums ! Ils sont engagés, depuis longtemps déjà, sur la voie de l'évolution. Souvent fort étonnante, et parfois déroutante !

IMPORTANCE ET PLACE DE L'ALBUM DANS L'ÉTUDE DE LA LITTÉRATURE D'ENFANCE ET DE JEUNESSE DANS LA FRANCOPHONIE

Les spécialistes de la littérature d'enfance et de jeunesse ont établi une classification des livres écrits à l'intention des clientèles de lecteurs de ces ouvrages, en plusieurs genres : l'album, le conte, le roman, la bande dessinée, le documentaire et la poésie. Parmi eux, l'album occupe une place fort importante. En effet, chaque année plus de 2 000 albums sont publiés dans les pays de la francophonie. À propos de ces chiffres, le spécialiste avisé ajoutera sans doute que bon nombre de ces ouvrages ont d'abord été publiés dans une autre langue que le français. Parmi les pays qui publient des albums dans une autre langue que le français, il est admis sur le plan international que l'Angleterre se distingue par une production de grande qualité, ce qui permet aux éditeurs de partout comme aux éditeurs francophones d'y sélectionner des titres de qualité. Ce qu'ils font régulièrement.

Doit-on regretter cette situation ou se réjouir du fait que cette réalité puisse ajouter à la richesse de la production francophone ? Cette question, toute simple en apparence, fait surgir des avis fort partagés. Par exemple, on rend souvent cette situation tributaire d'une diminution du nombre de productions d'écrivains d'origine francophone, à qui on préfère, des œuvres déjà produites en langue étrangère. Par contre, on se réjouit de la publication de traduction ou de coédition de titres dont les coûts de production élevés pourraient représenter un risque financier pour l'éditeur et de ce fait, priverait les lecteurs d'ouvrages importants. C'est le cas notamment, de certains albums documentaires qui portent sur des sujets inédits et complexes qui exigent la collaboration de spécialistes chevronnés, tant pour la transmission des connaissances que pour la réalisation d'illustrations.

Le tableau rapide brossé ici décrit deux situations extrêmes, intimement liées à la production littéraire actuelle. La première, présente une situation heureuse et se rapporte à des auteurs, voire à des éditeurs qui vendent des droits d'auteurs à des maisons d'édition étrangères. Par conséquent, ces traductions sont lues par des lecteurs de plusieurs pays. La deuxième est au contraire catastrophique à plusieurs égards. Elle met en cause ces autres écrivains, qui bien qu'ils aient du talent, se voient refuser l'accès à la publication d'un livre, simplement en raison du coût de sa production alors que ce dernier est publié pour une première fois.

En bref, la production littéraire de chaque pays, compte-t-elle actuellement tous les écrivains talentueux qu'on devrait y retrouver ? Ou des talents prometteurs ne sont-ils pas parfois sacrifiés au profit de préoccupations purement économiques ? Il conviendrait sans doute que les décideurs s'interrogent sur les enjeux à long terme, qui pourraient découler de l'incrustation de cette tendance dans le secteur de la production littéraire : autant celle destinée aux jeunes lecteurs, que celle qui s'adresse aux adultes.

Et vive la vie en mots et en images !

Pendant longtemps, plusieurs ont cru que la totalité des albums produits rejoignaient infailliblement les jeunes lecteurs : ceux des garderies, des maternelles ou du primaire. À ce jour, certains en demeurent persuadés. Ceux-ci pourraient bien être fort étonnés de savoir qu'un grand nombre de titres d'albums s'adressent aussi aux adolescents, et même aux adultes, sinon à ces deux groupes de lecteurs[2]. Des ouvrages qui reprennent des récits d'auteurs célèbres, immortalisés par le passage du temps et la fidélité des lecteurs, des œuvres contemporaines également qui assurent une lecture du texte et de l'image adaptée aux adolescents, sinon souvent aux jeunes adultes. Aux albums de petit, moyen ou grand format destinés aux tout-petits et aux jeunes enfants s'ajoutent désormais dans la production annuelle de plusieurs pays du monde, celle de titres incontestablement produits à l'intention des lecteurs qui maîtrisent l'art de lire.

---

2. *En 1992, Sally LODGE publiait dans Publisher's Weekly,* 239 (23 Nov). p. 39-42, un article intitulé « The Making of a Crossover : One Book, Two Markets », qui s'attarde à analyser cette réalité contemporaine du monde de l'édition.

Livre-miroir, dis-moi qui je suis

On peut identifier dans la production récente d'albums, l'exploitation de nombreux thèmes, ainsi que l'expression de valeurs puisées dans la réalité quotidienne des jeunes lecteurs. Conscients de l'importance d'une présence judicieuse d'ouvrages appartenant à ce genre dans le développement de la personnalité des enfants et des adolescents, les auteurs, les illustrateurs et les éditeurs deviennent le miroir de l'enfance ou de l'adolescence, à travers ce type de publication.

Une nette évolution dans les thèmes abordés dans plusieurs genres de la littérature d'enfance et de jeunesse, dont l'album, a sans conteste marqué la production de ces ouvrages. Depuis combien de temps, peut-on lire des albums qui abordent le thème de la vieillesse et/ou la mort ? Et la séparation des parents, le divorce ? Et la vie dans l'univers, l'existence des dinosaures, ces notions complexes que le tout jeune enfant peut comprendre, et que l'adolescent peut approfondir, grâce au support des albums, notamment.

Grâce au travail extraordinaire d'auteurs et d'illustrateurs, tout aussi passionnés que les lecteurs par les sujets qu'ils développent, les médiateurs des livres sont désormais assurés de trouver dans ces ouvrages, la richesse, la variété, la diversité, la qualité. Autant d'aspects positifs qui favorisent la rencontre, souvent déterminante, entre les lecteurs et la littérature écrite pour eux.

Ah ! Mais quelle imagination ![3]

L'imaginaire compose le menu quotidien de la grande majorité des contenus d'albums que l'on retrouve actuellement sur le marché. En effet, qui oserait douter que l'écriture et les illustrations des contes, des ouvrages de poésie, etc., sont des œuvres dans lesquelles tous les lecteurs peuvent côtoyer et savourer l'imaginaire exprimé par les auteurs et les illustrateurs de ces ouvrages. Et en même temps, y retrouver plusieurs aspects présents dans leur propre réalité imaginaire ; cela, sans égard à l'âge du lecteur, pourvu qu'il accepte de s'engager sur la voie fréquentée par l'imaginaire. Plus de frontières, plus d'horaire, plus de contraintes, l'imaginaire des créateurs des albums ayant déjà fait son œuvre.

Il suffit ensuite que le lecteur accepte de se dégager de sa propre réalité ; c'est-à-dire qu'il laisse pendant le temps consacré à la lecture, la fascination de la découverte des lieux et des personnages de l'album, opérer une œuvre inégalée. Celle de rejoindre les lieux, les personnages et la réalité décrite dans l'ouvrage. Se retrouver maintenant dans un autre temps et un ailleurs, tout simplement. Revivre pourtant des moments qui, à bien y réfléchir remontent, jusqu'au moment de leur création par l'auteur et l'illustrateur. Ce qui peut signifier plusieurs décennies, dans certains cas.

---

3. *Tous les genres de la littérature d'enfance et de jeunesse sont concernés par l'imagination. Différents aspects se rapportant à cette notion seront précisés dans les chapitres de cette partie de l'ouvrage.*

Le pouvoir magique et éternel de l'imagination se dédie sans fin à l'évolution et au bonheur des lecteurs. Principalement de ceux qui ne se préoccupent pas de l'âge qu'ils ont, tellement les voyages qu'ils font dans l'imaginaire, et grâce à celui retrouvé dans les livres, dont les albums, sont extraordinaires. Ils sont persuadés, que pour le lecteur qui a gardé son âme d'enfant, le bonheur de lire est synonyme d'ouverture et d'aventures merveilleuses dans l'imaginaire.

Des bibliothèques sans albums, récents et variés, pas question !

Les albums destinés aux lecteurs du primaire et du secondaire, font désormais partie des collections que possèdent les bibliothèques scolaires et municipales, du Québec et d'ailleurs dans la francophonie. Ainsi, tous les milieux scolaires et parascolaires sont concernés par le rôle de connaissance de soi et d'ouverture à la vie que jouent les albums auprès de ces clientèles.

Il semble toutefois que des limites d'ordre économique ou qui sont la résultante de décisions internes de nombreuses institutions, viennent freiner le développement des collections de plusieurs bibliothèques. Plus d'un médiateur des livres auprès des jeunes s'interroge sur l'importance qu'accordent les décideurs à contribuer efficacement au développement des lecteurs qui formeront la société du prochain millénaire. Quelles sont les priorités de ces derniers ? Les choix qu'ils font comptent-ils pour négligeable la place qu'il convient d'accorder à la littérature dans l'évolution du monde ? Ont-ils compris l'importance de respecter les droits des jeunes ? Alors, quel regard convient-il de jeter sur l'avenir : celui des éternels optimistes, ou au contraire, celui des pessimistes ? Ou enfin, celui des indifférents qui acceptent sans réagir l'évolution ou la dévolution de la société ? Seul le médiateur éclairé ou le lecteur avisé sauront tendre à trouver des réponses satisfaisantes à ces questions. Il leur suffira ensuite d'agir.

DÉFINITION

On demanda un jour à Tomi Ungerer, auteur-illustrateur, célèbre dans le monde entier, quelle profession il exerçait. « *Si l'on me demande ma profession, je dis que je fais des livres. Je pourrais aussi dire que je suis artiste, dessinateur, publicitaire, sculpteur, et que j'écris des histoires. Je pourrais aussi dire que je suis auteur. Non. Je « fais » des livres, je les conçois, tout comme on conçoit un enfant* »[4]. Voilà la définition d'une profession qui est intimement liée à celle de l'album.

Le mot album prête à confusion car on peut lui donner une double signification. Quand on parle d'album, au sens très large du terme, on se réfère alors à une caractéristique formelle de l'objet du livre. Le mot album peut donc s'appliquer à tout ouvrage où l'image occupe une place importante : le conte, la bande dessinée, le documentaire, etc. Il recouvre ainsi un large éventail de la littérature écrite à l'intention des enfants, ainsi qu'à celle destinée aux lecteurs adolescents.

---

4. Citation tirée d'un numéro spécial consacré à Tomi UNGERER, dans *La revue des livres pour enfants*. N° 171. Septembre 1996, p. 103.

Mais on peut aussi parler d'album dans un sens plus restrictif, en se référant à un type distinctif de publication qui est une innovation relativement récente, laquelle a donné lieu à l'apparition d'un nouveau genre spécifique. Il s'agit alors de ce qu'on appelle aussi le livre d'images. C'est un type de publication où le contenu est principalement transmis par l'image bien que le texte ait aussi sa place. La plupart du temps, ces albums s'adressent aux enfants non-lecteurs ou encore à ceux qui font leurs premiers pas dans l'apprentissage de la lecture.

On retrouve dans ce type de livres, la coexistence d'éléments littéraires et d'éléments plastiques, c'est-à-dire la coexistence de deux formes d'art ayant chacune ses lois et critères propres et qui s'associent et se complètent pour transmettre le message.

UN REGARD ÉCLAIRANT SUR LA CLASSIFICATION DES CATÉGORIES D'ALBUMS

Pour contribuer à l'étude judicieuse de cette littérature spécifique, pour favoriser des choix éclairés également, et enfin pour mieux se situer par rapport à l'évolution du vaste éventail de livres d'enfance et de jeunesse publiés chaque année, les spécialistes et les médiateurs concernés ont établi une classification en catégories distinctes, des ouvrages appartenant à chaque genre[5]. Bien entendu, les catégories sont différentes d'un genre à l'autre, puisqu'elles s'appuient sur les contenus des ouvrages en cause. Dans l'album, l'image et le contenu ont un impact majeur sur l'identification de chaque catégorie, et des classifications qui en découlent.

Classification : Albums et genres

LES ALBUMS AU SENS LARGE				
Regroupent tous les genres dans lesquels l'image occupe une place importante :				
Albums de conte	*Albums* de B.D.	*Albums* documentaires	*Albums* de poésie	Tous les livres qui racontent des histoires et qui n'entrent pas dans la classification précédente mais qui sont illustrés sont nommés **ALBUMS AU SENS STRICT**

---

5.   Des exemples de titres appartenant aux différentes catégories d'ouvrages propres à chaque genre sont proposés dans une bibliographie sélective complémentaire au présent ouvrage.

CLASSIFICATION PAR RAPPORT À L'IMAGE

Dans les albums, l'illustration est une aventurière, invitée à s'exprimer dans un langage personnel, débordant de couleurs et de formes. Une autre écriture ! Si l'on regarde de près l'éventail des livres auxquels le mot album peut s'appliquer, on se rend compte que dans les faits, les ressources de l'image sont utilisées dans des proportions extrêmement variables. Le dosage texte-image peut devenir si subtil qu'il est alors difficile d'établir des distinctions précises. Mais dans l'ensemble, spécialistes et critiques s'accordent pour reconnaître les points de repères suivants par rapport aux multiples façons d'utiliser l'image.

L'album sans texte

C'est le livre où l'image se suffit entièrement à elle-même pour transmettre le contenu. Sur les pages du livre, aucun mot n'est écrit. Que des illustrations ! Comme une incitation à raconter à haute voix ce que le créateur de l'illustration aurait pu choisir d'écrire.

Le véritable livre d'images (L'album d'images)

Dans ces livres, la présence de l'image est prépondérante. Celle-ci domine sur le plan de l'espace physique du support. Pas étonnant alors, qu'on y retrouve un grand nombre d'illustrations. Dans tous les titres regroupés dans cette classification, l'image apparaît comme étant le mode d'expression privilégié de l'artiste. Le texte, souvent réduit au minimum, est cependant nécessaire pour assurer l'intelligence du récit lui-même.

Le livre illustré

Ici, le rapport des forces est inversé. C'est maintenant le texte qui domine. L'écrit occupe la plus grande surface du support qu'offre la page. Il est aussi premier dans l'ordre de la création et se suffit à lui-même. L'image vient alors illustrer le texte mais elle est toujours très présente. On peut trouver dans cette catégorie des albums destinés à des lecteurs adolescents pour ne pas dire adultes. La production récente d'albums compte un bon nombre de textes illustrés, ou de livres illustrés.

Classification : Albums et images

LES ALBUMS AU SENS STRICT DU MOT		
L'album sans texte	**Le véritable livre d'images** (L'illustration est prépondérante)	**Le livre illustré** (Le texte domine mais l'image est encore présente)

CLASSIFICATION PAR RAPPORT AU CONTENU

Auteur-illustrateur de plusieurs albums, Arnold Lobel [6] a su « *apprendre aux tout-petits comme aux tout-grands à accepter les chagrins et les pleurs, à inventer des joies et des réconforts, à prévenir les douleurs, à calmer les angoisses par l'humour. Ses livres attendrissent tout de petits traits suaves et de leurs couleurs douces. Ses livres rythment les chemins de leurs comptines et de leurs rimes. Ses livres nous disent tous la même chose : le monde est encore beaucoup plus beau que tout ce que vous pouvez croire, pour peu que vous l'observiez vraiment. Ils nous disent que notre besoin de consolation est possible à rassasier* »[7].

Tous les albums en disent-ils autant ?

L'album est un livre à fonctions multiples. Il répond à différents besoins du lecteur, de par son contenu varié. Aussi, est-il utile de pouvoir situer les différentes sortes d'albums dans un certain nombre de catégories.

Classification : Albums et contenus

LES ALBUMS AU SENS STRICT					
CLASSIFICATION PAR RAPPORT AU CONTENU					
Histoires de tous les jours	*Contes*	*Documentaires*	*Bandes dessinées*	*Poésie*	*Hors catégorie*
Puisées dans la réalité du jeune enfant : le premier jour d'école, la visite chez le dentiste, etc.	Aventures imaginaires, récit de fiction (souvent présence de merveilleux).	Contenu informatif sur la science, les arts, la nature, etc.	Contenu historique, classique, moderne, science-fiction, etc. souvent humoristique.	Comptines, poèmes, récits versifiés de la poésie traditionnelle ou moderne : expression de sentiments, d'émotions, etc.	Contenus variés : originaux et inédits : jeux, manipulations diverses, découvertes, etc.

Histoires de tous les jours

Ce sont des histoires à contenu humain qui mettent le lecteur en contact avec les événements de sa vie quotidienne. Sa vie peut lui être racontée directement, mais aussi sous un déguisement.

---

6. La renommée de Arnold LOBEL, dépassa bien avant sa mort en 1987, les frontières de son pays, les États-Unis. Les titres qu'il a publiés rejoignent désormais, ceux nommés les classiques de la littérature d'enfance et de jeunesse.
7. Citation tirée de *L'album des albums* : 41 portraits d'auteurs-illustrateurs de L'école des loisirs : Paris, L'école des loisirs, 1997, p. 35.

Beaucoup d'histoires d'animaux entrent dans cette catégorie, et ce principalement dans les albums écrits à l'intention des jeunes lecteurs. Dans ces histoires, les animaux se comportent comme des humains. Ils sont en réalité des enfants et expriment des sentiments d'enfants.

Besoins :

Dans cette catégorie d'albums, le lecteur souhaite retrouver l'image de lui-même et retrouver aussi les événements de sa propre vie. Les spécialistes et les médiateurs de la littérature écrite à l'intention des jeunes, s'accordent pour reconnaître la valeur affective des histoires regroupées dans cette catégorie d'albums qui révèlent chaque lecteur à lui-même.

Albums-contes

Les contes sont des récits d'aventures imaginaires comportant le plus souvent un élément merveilleux. Une grande variété de contes se retrouve sous forme d'albums, à la fois des contes populaires (issus de la tradition orale), modernes ou littéraires. La production actuelle de contes propose un grand nombre d'ouvrages qui s'adressent aux jeunes lecteurs, comme aux lecteurs plus vieux.

Besoins :

Dans les contes, récits symboliques qui s'adressent à son inconscient, le lecteur peut trouver satisfaction à des besoins affectifs en même temps qu'il s'initie à la vie, découvrant les mystères de l'âme humaine et partageant les grandes émotions de l'humanité.

Albums documentaires

Les ouvrages appartenant à cette catégorie ont pour but de transmettre de l'information sur un sujet donné. Les albums documentaires sont aussi de nature variée.

Besoins :

L'enfant et l'adolescent ont besoin de retrouver le monde environnant pour s'y situer, satisfaire leurs besoins d'ordre intellectuel : connaissance, curiosité, compréhension, intégration.

Bande dessinée

Dans ce type d'album, le lecteur se retrouve face à un véritable déploiement de l'image qui envahit non seulement chaque page, mais également toutes les pages de l'album. Chaque page ou planche, est remplie par des séquences de petites scènes, lesquelles constituent un récit en images. Le texte est généralement inclus à l'intérieur de vignettes dont les fonctions sont variées.

Besoins :

Agir, découvrir, s'évader de la réalité, s'identifier à un personnage sont au nombre des besoins des lecteurs. auxquels répondent généreusement les albums de bande dessinée.

Albums de poésie

Sur les pages d'un certain nombre d'albums, on retrouve des comptines, des poèmes, des récits versifiés, etc., puisés au répertoire de la poésie traditionnelle et moderne destinée aux lecteurs, petits et grands. La variété, la diversité, l'originalité s'y côtoient pour le plus grand plaisir de chacun.

Besoins :

La poésie favorise la découverte par les lecteurs de la fonction symbolique du langage, souvent de façon humoristique. Dans ces ouvrages, les auteurs expriment des sentiments et des émotions qui rejoignent les jeunes lecteurs.

Albums hors catégorie

Ces albums aux contenus variés utilisent le texte ou l'illustration, souvent les deux pour créer un univers magique, de jeu et de découverte. La présentation matérielle de chacun est unique, souvent très originale. Chaque année, quelques ouvrages appartenant à cette catégorie sont publiés.

Besoins

Cette catégorie d'albums rejoint le lecteur dans son besoin de découverte de différentes possibilités qu'offrent les contenus et les illustrations d'un album. De ce fait, ces livres favorisent la compréhension, sinon l'intégration de contenus proposés de façon différente dans d'autres ouvrages. Le jeu et la manipulation matérielle d'objets sont proposés sur les pages de la majorité des titres appartenant aux albums *hors catégorie*.

ÉLÉMENTS CONSTITUTIFS DU LIVRE D'IMAGES

À l'origine de tout album, il y a un contenu qui est véhiculé par un texte ou des images, ou encore par le texte et l'image, sous une présentation matérielle variable. Cependant, l'examen de plusieurs catégories d'albums permet d'affirmer que bon nombre d'entre eux comportent des caractéristiques spécifiques[8].

C'est pourquoi, l'explication des éléments constitutifs de l'album précisés ci-après sera faite en considérant principalement le livre d'images, soit des

---

8. Les éléments constitutifs du conte, de la bande dessinée, de la poésie et du documentaire seront étudiés dans les chapitres portant sur chacun de ces genres.

ouvrages habituellement écrits à l'intention des très jeunes lecteurs, souvent même avant qu'ils sachent lire.

Contenu

L'éventail des sujets que l'on retrouve dans les livres d'images est grand : l'amitié, l'amour, les joies quotidiennes, la mort, etc. De ce fait, la classification par rapport au contenu permet d'entrevoir la variété, la diversité et l'originalité des thèmes pouvant y être abordés.

La simplicité du récit textuel et visuel appartenant à cette catégorie d'albums est de rigueur. L'intrigue, souvent peu élaborée, s'attarde à l'essentiel. Sa construction est concise et condensée.

Texte

Le texte du livre d'images présente certaines caractéristiques. C'est un texte généralement court. Comme il est souvent lu à haute voix, le rythme prend donc de l'importance. On peut y retrouver des répétitions de phrases ou des refrains. La sonorité des mots doit être agréable pour l'oreille.

Ainsi, le principe qui prédomine dans le style des albums d'images est la simplicité qui s'allie à la phrase rigoureuse et au mot qui fait l'image. Mots et images en fête dans la tête !

Illustration

Univers différent de celui du texte où l'auteur compose avec les mots, l'image appartient au monde des arts graphiques et de la communication visuelle[9].

L'illustrateur dispose d'une surface (page ou double page du livre) qu'il doit animer pour transmettre son message. Deux aspects sont à considérer :

° Image-unité

L'artiste travaille avec les couleurs, la matière et les formes. L'image est la résultante de l'arrangement qu'il fait de ces divers éléments.

° Récit visuel

Les images sont organisées en une suite cohérente qui constitue le récit. La succession logique des images, les liens établis entre elles et le récit visuel qui en résulte impliquent une notion de durée, le récit se déroulant dans le temps.

Présentation matérielle

Quand on parle de présentation matérielle, on se réfère à l'ensemble des qualités matérielles du livre : son format, la page de couverture avec le titre, les

---

9. L'importance de l'illustration dans l'album justifie qu'on y accorde une attention spécifique. Le chapitre qui suit y sera consacré.

pages de garde. Depuis peu, la quatrième page de couverture de certains livres d'images propose le résumé du récit. À ces aspects, il est nécessaire d'ajouter la mise en pages, la typographie, le papier et la reliure.

La présentation matérielle est particulièrement importante dans le livre d'images. Elle doit être en accord avec le contenu de l'ouvrage et contribuer à le mettre en valeur. Constituant le *design* du livre, c'est elle qui assure en grande partie la cohérence et l'unité de l'œuvre.

Une attention particulière est accordée à la mise en pages qui est l'organisation de l'espace visuel déterminé par le format du livre, en l'occurrence, la répartition de l'image et du texte dans la page ou la double page.

Dans l'album, le texte, c'est-à-dire le pavé typographique, est traité comme un élément plastique. Il est intégré à l'ensemble que constitue la page et doit être en harmonie avec l'image.

La mise en pages donne lieu à beaucoup de recherche de la part des concepteurs actuels de livres d'images.

Conclusion

Longtemps avant qu'un album soit publié, la réflexion, les priorités, un regard scrutateur sur les intérêts, les attentes des lecteurs, ont incité le créateur d'albums à entreprendre une importante démarche créatrice. Un sujet, des personnages, des situations, des lieux mis en mots et en images sont nés, dans sa tête, et sur papier ! Le créateur d'album a déjà débuté le travail qui conduira son œuvre entre les mains de lecteurs passionnés par la vie, et le monde.

Mais au fait, s'agit-il de parler du créateur ou plutôt des créateurs d'un album ? À regarder les pages couverture, on constate que certains parmi ces créateurs, sont écrivains, que d'autres préfèrent mettre en images ce que les auteurs ont écrit. D'autres enfin, sont auteurs et illustrateurs.

Tous les créateurs d'albums dignes de ce nom, s'expriment, travaillant en solitaire ou en complémentarité. Peu importe finalement la démarche qu'ils privilégient. De plus, on a pu maintes fois vérifier que tout ce qui assure la production d'albums passionnants, et qui feront grandir les lecteurs est permis et admis.

On affirme que tous les auteurs et les illustrateurs, créateurs d'albums aux contenus et aux illustrations de qualité, sont convaincus de l'importance de leur contribution à l'essor de la littérature d'enfance et de jeunesse. À l'épanouissement des jeunes lecteurs de ces albums également. Cette grande nécessité remonte à leur propre enfance. Celle qu'ils ont vécue. Celle qu'ils auraient peut-être souhaité vivre. Des rêves d'enfance et d'adolescence réalisés ! Et offerts aux enfants et aux adolescents contemporains ! Des cadeaux combien nécessaires au développement intellectuel, social, culturel et imaginaire des lecteurs.

Notes complémentaires

Étude de l'album [10]

Le format
- Un format pour chaque livre
- Le format suggère le contenu
- Le format commande
  - le calibrage de la page
  - la conception de l'illustration,
  - la disposition et la typographie du texte
- Le format prend son importance dans
  - la préhension du livre
  - le régime de lecture

La taille
- *Petit*
  - rend intime
  - accentue le côté secret
  - livre précieux
  - traitement artistique d'une extrême minutie
- *Grand*
  - met à distance le sujet du livre qui devient spectacle ; grand livre = beau livre, livre d'art.
  - association prestigieuse : grands albums = grands auteurs

La Forme
- *Rectangulaire en hauteur*
  - le plus courant
  - pas de signification particulière
  - convient à l'équilibre du texte et de l'image
- *Rectangulaire en largeur*
  - se dit format à l'italienne
  - choix fréquent par mimétisme avec le sujet de l'album
  - paysage allongé = espace
- *Carré*
  - le plus abstrait, le plus moderne
  - formule féconde :
    - pouvoir de concentration spectaculaire du texte comme de l'image
    - emploi du carré double : rectangle

---

10. La partie de texte qui suit est tirée de BOURGIGNON, J.C., GROMER, B. et al. *L'album pour enfants. Pourquoi ? Comment ?* publié à Paris, chez Armand Colin Bourrelier, en 1985.

La page couverture
- première accroche du livre
- importante promotion du livre
- caractère distinctif du texte et de l'illustration

La page de garde
- neutralité
- variété, originalité dans plusieurs albums

La mise en page
- page de gauche pour le texte, ,- page de droite pour l'image }   pratique très courante
- page de droite pour l'action
  - la plus chargée de sens
  - la plus importante, surtout dans l'album sans texte
  - est dévolue à l'action
  - les détails se prolongent sur la page de gauche
- effet de redondance
- alternance page droite, page gauche, double page
  - génératrice d'effets de suspense
  - à elle seule, constitue déjà un récit
- alternance page droite, page gauche, contraste
  - à gauche = réalité concrète
  - à droite = rêve, imagination
- rythme et répétition
- rôle figuratif de la page de droite et de la gauche
- symétrie

Le fond de la page
- fond blanc signifiant espace abstrait :
  - sans profondeur
  - fournit à l'action un champ très vaste
  - met en évidence l'objet montré
- fond blanc signifiant espace concret :
  - ici le blanc a une signification précise
- fond de couleur signifiant espace concret :
  - ex. : la nuit descendante, le bleu est de plus en plus foncé
- fond de la page par rapport à l'image encadrée :
  - le fond constitue un "hors-texte", un autre espace de lecture
- fond noir :
  - rarement employé
  - très spectaculaire, transforme le livre en une forme de théâtre
- fond coloré :
  - délibérément décoratif
- fond coloré lié au contenu de l'illustration :
  - fond diversement coloré selon les pages

– rapport fond – cadre – Image cadrée
– rapport fond – cadre – Sortie du cadre :
  • toute tentative de sortie signale un effet supplémentaire

La figuration du texte

L'écrit mis en scène

– Histoire à onomatopées
  • le texte se propose à lire comme une image
  • animation du lettrage en fonction de l'action exécutée
– L'écrit se dessine, se peint ou s'inscrit
  • l'écrit se présente d'une façon imagée qui manifeste l'importance du texte comme message

Repères de lisibilité

– Calibrage du texte
  • plus le texte est court, plus son style dramatique ou poétique importe
– Position du texte dans la page
– Disposition du texte
  • disposition horizontale, linéaire, en forme de légende, sous ou à côté de l'image
  • disposition verticale, en colonne en face de l'image

La typographie

– Choix de caractères
  • capitale = aspect monumental
  • script = clair, fonctionnel
  • italique = servant à la citation + multitude de variantes et d'emplois particuliers
  • écriture manuelle = auteur
  • écriture simulée = personnage
  • emploi humoristique = expressions familières en capitales
– Typographie signale l'époque sinon le lieu d'origine de l'écrit

– Combinant divers emplois à l'intérieur du même livre, la typographie indique des niveaux différents du texte

Le Rapport texte-image

Image révélatrice du texte

– le texte se prolonge par l'image qui en offre une interprétation
– l'image analyse le récit, en facilite donc la lecture (elle dit même comment s'imaginer les scènes)
– certaines images ont le pouvoir de donner une interprétation globale de l'histoire, une synthèse du récit

L'image dit autre chose que le texte

– l'image est à lire pour elle-même, indépendamment du texte : images à fouiller, à reconstituer, à scruter ;
– l'image s'inscrit en décalage par rapport au sujet ou au texte qu'elle illustre ;

– l'image donne le point de vue du récit qui est resté implicite dans le texte ;
– l'image montre l'invisible, ce que l'on n'a jamais vu.

Les catégories

Album avec texte
  – avec récit
  – sans récit

Album sans texte
  – avec récit
  – sans récit

Relations entre le texte et l'image

– équivalente
– prédominante
– exclusive

Les thèmes

– Vie quotidienne
  • relations familiales
  • événements marquants
  • monde des sentiments et des émotions
  • qualité de vie, environnement
– Monde de l'imaginaire
  (rêves, fantasmes, ami imaginaire)
– Histoires fantaisistes, humoristiques, jeux
  (le plus souvent sans récit)
– Situations d'apprentissage

Grille d'analyse

L'ALBUM

Contenu

1. À quelle(s) catégorie(s) d'album appartient ce livre ?
2. Quel est le thème de l'histoire ? Comment est-il présenté ?
3. Dans quelle mesure l'histoire est-elle bien construite, originale, cohérente, compte tenu du cadre réel ou imaginaire établi par l'auteur ? (intrigue, personnages, localisation...)
4. Est-elle de nature à maintenir l'intérêt du lecteur ?
5. Le livre transmet-il certaines valeurs sociales, morales ?
6. À quels besoins de l'enfant cet album est-il susceptible de répondre ?

Texte

7. Le texte de cet album est-il davantage descriptif ou narratif ?
8. Est-ce que le vocabulaire, la longueur et la structure des phrases, les comparaisons sont adaptés aux lecteurs ?
9. Les dialogues sont-ils naturels, vraisemblables ?

Illustrations

10. Quel emploi l'illustrateur fait-il des couleurs, des formes et de la matière ? Ont-elles une signification particulière dans l'histoire ?
11. Comment peut-on caractériser le style de l'illustrateur ?
12. Comment les images révèlent-elles l'action de l'histoire, l'atmosphère, les caractéristiques des personnages et leurs sentiments ?
13. Quelles sont les relations existant entre le texte et les illustrations ?[11]

Présentation matérielle

14. Que faut-il penser du format, de la couverture, du titre, des pages de garde, de la typographie, du papier et de la reliure de l'album ?
15. Comment se présente la mise en page ?

---

11. On peut compléter l'analyse des illustrations de l'album en administrant le questionnaire sur l'étude de l'image proposé au chapitre suivant.

Chapitre 6

L'ILLUSTRATION

*... comme un phare, dont la lumière éclaire les couleurs
et les formes de la réalité et de l'imaginaire...*

En guise d'avant-propos

De chaque côté du long corridor, l'artiste avait soigneusement suspendu les dessins, les aquarelles, les collages et les tableaux ayant appartenu à ses grands-parents. Maintenant qu'ils lui avaient légué en héritage cette demeure deux fois centenaire, il avait choisi d'y résider en permanence. Il avait déjà décidé que le grenier servirait d'atelier, le salon et les corridors, de salle d'exposition, et puis... Depuis plusieurs jours, l'illustrateur réfléchissait !

Quel était son style, son approche de l'illustration ? Lui qui dessinait des personnages, savait-il glisser ses pinceaux, ses crayons, ses plumes jusque dans l'âme des protagonistes auxquels il s'était donné pour mission de donner la vie ?

L'illustrateur possédait un talent fou pour le dessin et l'emploi des coloris. Toute sa vie, il avait évolué dans un monde haut en couleurs. Au souvenir des grands-parents admirant la récolte de carottes, de choux et de betteraves qui formaient des bouquets à l'entrée du potager, l'artiste ne put s'empêcher de revivre la scène où sa grand-mère, sourire aux lèvres, avait dit :

« Derrière chez nous, le monde vit en couleurs. » Dans l'imagination du jeune illustrateur qu'il était déjà, ce décor d'arbres, de rochers, d'arbustes et de fleurs tardives, étaient déjà devenus l'esquisse d'une magnifique illustration.

Ce jour-là, l'illustrateur entreprit une longue démarche d'observation qui le conduisit par monts et par vaux, de paysages familiers en des lieux imaginaires. Il y rencontra mille et un personnages, humains et animaux, des objets parfois doués de la parole. À la longue, il apprit à connaître profondément les uns et les autres. Ainsi, il développa sa propre vision du monde. Il devint créateur d'images exceptionnelles.

Dans les corridors et le salon de la maison ancestrale reçue en héritage, l'illustrateur a choisi d'exposer les originaux de ses plus belles œuvres. Un *hommage à ses grand-parents. Toutes ont servi à illustrer des livres d'enfance ou de jeunesse.*

L'ILLUSTRATION, LE GENRE DE L'ÉCRITURE EN IMAGES

Il suffit d'ouvrir des ouvrages appartenant à différents genres de la littérature d'enfance et de jeunesse pour constater, que dans la majorité d'entre eux, l'illustration occupe un espace important du support visuel de la page, sinon de la double page. D'un titre à l'autre, se côtoient une profusion et une variété de teintes, de formes, et de styles. Mais aussi, l'expression personnalisée, la compréhension du thème abordé, l'expérience, l'originalité de chaque illustrateur. En somme, l'écriture des différentes composantes du dessin et de la couleur qu'utilise l'artiste. Rien de moins que sa manière unique et souvent novatrice de déployer en images, son regard et sa compréhension du contenu d'un ouvrage. Sa signature !

Au fil des siècles, spécialistes et chercheurs de l'écriture en images destinée aux jeunes lecteurs ont scruté à la loupe plusieurs aspects du langage iconographique proposé dans cette production spécifique. Si bien, qu'on peut vérifier à ce jour, que les illustrateurs et les multiples aspects qu'ils proposent dans les illustrations sont devenus un champ d'étude et d'analyse importants. Toutes ces illustrations et leurs contenus respectifs régis par des lois et des caractères communs de l'écriture en images, ne s'adressent-ils pas aux jeunes lecteurs et aux adultes médiateurs concernés ?

Dans la perspective privilégiée ici, étudier l'image signifie entreprendre un voyage passionnant, conscient qu'il importe de s'y engager humblement, avec des yeux d'enfants, sans cesse ouverts à l'émerveillement. La route est invitante et foisonnante de formes et de couleurs. À plusieurs carrefours, se croisent de grands axes de questionnement. S'y engager, c'est opter pour la perspective de tendre à développer son propre sens critique, celui des jeunes lecteurs également. Et savoir que seuls ceux qui ont complété ce voyage et qui par conséquent, ont acquis des connaissances judicieuses de l'image, peuvent prétendre porter un jugement éclairé à propos des différents aspects présents dans ce genre littéraire illustré.

L'illustration, sur la table à dessin de la grande famille de l'édition

Lire ou raconter des ouvrages de littérature d'enfance ou de jeunesse ou encore les utiliser dans le cadre d'activités d'échanges et de discussions, de promotion, d'exploitation signifie nécessairement qu'une sélection s'appuyant sur des critères rigoureux a préalablement été complétée. Parmi eux et pour chaque ouvrage : la qualité, la pertinence du contenu textuel et visuel et l'originalité. À ces égards, la responsabilité et la démarche des éditeurs, des auteurs et des illustrateurs sont grands. Ne sont-ils pas ceux qui ont la responsabilité d'offrir aux lecteurs, des ouvrages puisés à la réalité ou à l'imaginaire, où les illustrations se distinguent par l'intérêt et la réflexion qu'elles suscitent au moment de leur lecture, sinon longtemps après ? Questionnement qui invite à effectuer d'autres lectures, grâce au support de l'image.

Somme toute, les illustrations expriment des réponses d'auteurs, d'illustrateurs, d'éditeurs aux questions qui leur semblent prioritaires. Chacun à leur manière, et selon leur manière de faire ! Et qui scrute ces illustrations à la loupe, y découvre que par le biais des thèmes, des formes et des couleurs exprimés, les créateurs invitent chaque lecteur à parcourir la distance nécessaire à la connaissance, et à la compréhension du contenu iconographique de l'ouvrage, mais aussi d'eux-mêmes et du monde qui les entoure. L'illustration, le genre où loge en des millions d'images, la réalité quotidienne et imaginaire de l'enfance et de l'adolescence. Les multiples facettes de son univers !

DÉFINITION

Le petit Robert, dictionnaire alphabétique et analogique de la langue française, édition 1997, définit l'illustration comme étant le genre artistique, l'ensemble des techniques mises en œuvre pour illustrer des textes, dont ceux des livres d'enfants et d'adolescents.

Mais encore

La simplicité ou la complexité de chaque illustration s'avère fréquemment dépendante de l'âge du lecteur auquel le livre est destiné.

Une définition, comme une ouverture sur un débat à ce jour inachevé.

L'ILLUSTRATION ET SES MULTIPLES FONCTIONS[1]

Le rôle caractéristique de chaque illustration s'avère déterminant des fonctions qu'on lui attribue. Ici, des choix s'imposent entre l'identification de l'image au service du texte ou l'image autonome[2] qui ne peut ni ne veut plus être la servante ni la suivante du texte et qui peut exister sans le support de l'écrit. Mais aussi, des livres où le texte et l'illustration ont des fonctions complémentaires, voire opposées.

En somme à quoi servent les illustrations, sinon à transmettre leur propre message, à permettre aux lecteurs de faire des associations entre le texte et l'image, à compléter le texte, parfois également à proposer des éléments contradictoires, selon les objectifs poursuivis par l'auteur et l'illustrateur. Sans oublier que l'illustration invite souvent le lecteur à s'engager sur la voie de la réflexion et de la découverte pouvant le conduire bien au-delà du contenu qu'offre le support physique du livre.

---

1. Des exemples d'ouvrages puisés au répertoire des livres d'enfance et de jeunesse se rapportant aux différentes fonctions de l'image décrites ici sont proposés dans une bibliographie sélective qui accompagne le présent ouvrage.
2. Cette partie de texte reprend des notions abordées dans un chapitre intitulé « Comment adapter le livre aux besoins des enfants » de l'ouvrage écrit par Claude-Anne PARMEGIANI : *Les petits français illustrés (1860-1940).* et qui a été publié à Paris en 1989, aux éditions du Cercle de la Librairie. p. 241-285.

Différentes fonctions peuvent être attribuées à l'illustration dans les livres d'enfance et de jeunesse. Souvent plusieurs fonctions de l'image peuvent être identifiées dans chaque illustration proposée dans un même livre. Elles sont l'expression des priorités, des intérêts, des intentions des créateurs envers les lecteurs. Ne sont-elles pas souvent le reflet des temps forts, de l'originalité et de l'humour de la personnalité des créateurs de mots mis en images ?

Éducative

Depuis que l'enfant[3], a rencontré le livre d'images, soit depuis le X1Xᵉ siècle[4] au sens large, toute image présente dans un livre transmet de l'information assurant la formation et le développement du lecteur, que ce soit par son contenu, par la technique, le choix et le mélange des couleurs, etc.

Historique

La connaissance et l'analyse de la production actuelle de livres pour enfants et adolescents permettent d'y retrouver des ouvrages favorisant l'acquisition de connaissances liées à un événement ou à une suite d'événements passés. Ici, l'auteur et l'illustrateur ont la responsabilité de respecter les faits, les lieux, l'atmosphère liés à l'histoire générale, à celle d'un peuple, d'un homme, etc., abordés dans l'ouvrage. Dans le type de récit s'attardant sur la fonction historique, l'illustrateur reprend, précise et développe habituellement des notions présentées dans le texte. Il contribue de ce fait, à éclairer le message véhiculé dans l'ouvrage ou à inciter le lecteur à sélectionner d'autres titres lui permettant d'acquérir un plus grand nombre de connaissances liées à l'histoire.

Sociologique

Différents aspects se rapportant à des faits sociaux sont abordés dans les livres destinés aux jeunes. Sociétés d'ici ou d'ailleurs, humaines ou animales y sont décrites et étudiées par le texte et l'illustration, très souvent avec le souci de mieux les faire connaître aux lecteurs.

Culturelle

Chaque civilisation se reconnaît aux aspects culturels que sa vie intellectuelle véhicule dans sa réalité ou dans les documents s'y rapportant. L'illustration devient ainsi un moyen fort approprié pour reproduire l'ensemble, ou des éléments particuliers propres à la culture familière ou étrangère aux lecteurs de tous les pays du monde.

---

3. Il s'agit ici du mot qui englobe à la fois, l'enfance et l'adolescence ou le lecteur non adulte.
4. Citation tirée de *Images d'enfance : Quatre siècles d'illustrations du livre pour enfants*, écrit par Jean-Paul GOUREVITH, publié à Paris, aux Éditions Alternatives, en 1994, p. 17.

Didactique

Habituellement, en littérature d'enfance et de jeunesse, l'auteur et l'illustrateur s'efforcent d'instruire le lecteur sous une forme à la fois passionnante et agréable. Les notions enseignées peuvent ainsi être proposées dans les différents genres étudiés, qu'il s'agisse du conte, du roman, du documentaire, etc. Souvent associée ou complémentaire à d'autres fonctions en cause ici, la fonction didactique peut favoriser de nombreux types d'apprentissages chez les jeunes.

Esthétique

L'harmonie et la beauté de la représentation iconographique du contenu de plusieurs ouvrages pour enfants et pour adolescents font actuellement partie intégrante des préoccupations de la majorité des illustrateurs contemporains. Si bien qu'on peut identifier bon nombre d'illustrations se rapprochant sensiblement de véritables œuvres d'art auxquelles ces créateurs consacrent leur talent, ainsi que beaucoup de temps et d'énergie.

Humoristique

La réalité ou l'imaginaire exprimés dans les illustrations d'un grand nombre de livres du secteur jeunesse revêtent un caractère fantaisiste, insolite, voire farfelu. Le dessin humoristique, caractéristique de certains illustrateurs, permet au lecteur d'identifier les éléments qui le constituent mais aussi de comprendre et de poursuivre une démarche personnelle découlant de l'humour proposé dans ce type d'image.

Ludique

Activité très appréciée des jeunes, le jeu, grâce au support d'illustrations claires et stimulantes, offre au lecteur, l'intéressante possibilité de compléter les étapes d'une démarche clairement indiquée par l'illustrateur, ce dernier faisant souvent preuve d'habileté d'imagination, etc.

Ouverture sur l'imaginaire

Domaine privilégié pour favoriser une démarche dans le monde imaginaire, la littérature d'enfance et de jeunesse, par le biais du langage iconographique, permet à l'illustrateur de s'exprimer en regard du monde imaginaire qui lui est propre. Ce faisant, le jeune lecteur peut le découvrir et en réutiliser les différents aspects selon l'étape de développement de sa personnalité à laquelle il est parvenu. Ainsi, les illustrations de chaque livre représentent en soi une ouverture sur l'imaginaire, certaines étant toutefois plus caractéristiques de ce fait.

LANGAGE DE L'IMAGE

Qu'est-ce qui est exprimé par l'illustration ? Et comment procède-t-elle ? Voilà deux questions qu'on peut se poser.

Il importe de préciser ici qu'habituellement, ce sont d'abord les illustrateurs[5] qui, sur la base d'un récit textuel donné, et le plus souvent en l'absence de l'auteur, déterminent les éléments qui seront illustrés. Ainsi, une illustration devient le reflet de son expression personnelle. À chaque illustrateur de proposer les personnages qui la constitueront, les situations à décrire visuellement, les liens entre les différents aspects qu'il choisira de mettre en image. En somme, il lui revient d'y exprimer ce qui le caractérise comme artiste soucieux de créer des illustrations uniques et révélatrices d'un récit donné. Des illustrations qui sont caractéristiques de sa personnalité, de son expérience de vie, et du regard qu'il porte sur la jeunesse. Somme toute, des images qui reflètent le caractère particulier du contenu de chaque livre, et qui ajoutent un caractère distinctif à chaque ouvrage.

LECTURE DE L'IMAGE

Au même titre que le texte, l'illustration peut être lue. Toutefois, plusieurs étapes sont nécessaires afin de réaliser une lecture de l'image qui permette d'identifier et d'apprécier les aspects qui la composent. En somme, qui sait vraiment lire les illustrations dans un livre d'enfance ou de jeunesse, tout comme les œuvres d'art destinées aux adultes ? Les premières se retrouvent dans bon nombre de livres écrits à l'intention des jeunes lecteurs, alors que les secondes sont parfois des œuvres d'art réalisées à l'intention des jeunes et qui viennent ajouter à la richesse des collections regardées et analysées par les adultes. Pour leur plus grand plaisir, et pour parfaire leur culture, sans doute !

Comprenons-nous l'image, ce qu'elle représente, mais aussi peut-on tendre à y retrouver l'intention de l'illustrateur qui l'a créée ? Est-ce que l'illustration véhicule clairement le sens, les liens entre le texte écrit et l'image, la portée du texte illustré ? L'illustration ajoute-t-elle des éléments au récit de l'ouvrage ? Présente-t-elle peu d'éléments intéressants ? À ces quelques pistes de questions, il conviendrait sans doute de rechercher dans les images, les éléments permettant de mieux connaître chaque illustrateur, son style, ses orientations, les facteurs pouvant motiver le choix des couleurs, l'articulation de l'image, l'atmosphère recherchée dans la conception des illustrations, leur disposition, leur nombre dans chaque ouvrage, etc.

Les lecteurs d'images développeront des habiletés leur permettant de comprendre et d'apprécier le monde de l'illustration, s'ils peuvent appréhender, poursuivre au-delà de ce qui est proposé dans les livres d'enfance et de jeunesse. Pour ce faire, il convient d'accorder toute l'attention nécessaire à chaque illustration, à chaque détail qui la constitue. Bref, apprendre à bien la lire. N'est-ce pas apprendre aussi à mieux lire dans sa vie ?

ÉLÉMENTS CONSTITUTIFS[6]

Le recours à des éléments constitutifs nombreux et variés s'avère dépendant de la conception et de la perception qu'a l'illustrateur des situations, des lieux, de

---

5. Bien entendu, l'auteur-illustrateur d'un ouvrage franchira sensiblement les mêmes étapes que l'illustrateur dans la réalisation d'un projet d'illustration d'un livre.
6. Des exemples visant à illustrer des notions proposées dans cette partie de texte, sont regroupés dans une bibliographie sélective complémentaire au présent ouvrage.

l'atmosphère du récit qu'il souhaite mettre en images, mais aussi des sentiments, des émotions des personnages qu'il privilégie. Une conception et une perception exprimées par un artiste de talent. L'insistance sur tel élément constitutif plutôt que de tel autre permet souvent à un illustrateur de se distinguer des autres. Seule une étude approfondie de l'illustration assurerait l'acquisition de connaissances appropriées de tous les aspects s'y rapportant. Sans pouvoir nous y consacrer trop longtemps, attardons-nous tout de même aux principaux éléments de l'image, ceux qui se retrouvent le plus souvent présents dans les albums destinés aux jeunes.

Style

Chaque illustrateur aspire sans doute à traiter la matière de façon originale et particulière, créant ainsi son style : personnel, original et esthétique. Découvrir et développer un style caractéristique de sa personnalité signifie pour l'artiste, parvenir à exprimer dans chaque œuvre qu'il crée sa représentation du monde, son interprétation de la réalité, le reflet exact de ses sentiments, de ses émotions en regard du sujet sélectionné. Un style que le lecteur d'images a le choix d'apprécier ou non. S'attarder aux constituantes de celui d'un illustrateur, c'est souvent apprendre à mieux connaître l'être humain créateur d'images, à suivre son évolution artistique et personnelle. Un apprentissage débordant de découvertes capitales !

Bien entendu, l'évolution de l'art au cours des siècles derniers a donné naissance à des œuvres appartenant à un très grand nombre de styles différents. Les illustrations des livres d'enfance et de jeunesse ne font pas exception à ce fait.

Ce fut, dit-on un jour inoubliable

Partagés entre la sélection d'un illustrateur de style naïf, caricatural ou impressionniste, on décida de les inviter tous les trois. Après leur départ, tous les participants à cette rencontre inoubliable furent unanimes à affirmer que le style des œuvres de chacun d'eux était unique. Et qu'à bien les regarder, à tendre à mieux les comprendre, chacun pouvait reconnaître sa réalité, à travers toutes les formes et les couleurs de la vie offertes au regard par les trois authentiques illustrateurs.

Formes

L'apparence extérieure des personnages, des objets, etc., souvent définies par le tracé de lignes, permet de faire ressortir les caractéristiques importantes pour chaque artiste. Sachant exploiter de façon originale, voire surprenante, la configuration visible d'un aspect important ou d'un détail structurant, une illustration offre au lecteur d'images contemporain une grande variété d'interprétations d'une même réalité ou de réalités complémentaires, selon le cas.

Mise en scène

L'organisation matérielle des illustrations par rapport au texte représente une tâche importante pour l'illustrateur. Disposition, mouvement, jeu des personnages tendent à exprimer, grâce au support de l'image, la compréhension du récit que l'illustrateur souhaite faire ressortir et qui assurent la transmission du langage écrit.

Rapport texte-image

L'illustration en dit-elle plus ou moins que le texte ? Les éléments qui la constituent expriment-ils la même chose ou le contraire du récit écrit ? Quelle place occupe l'illustration par rapport au récit textuel ? Actuellement, les ressources de l'image sont utilisées de multiples façons, pour répondre aux priorités de chaque illustrateur et pour proposer une conception personnelle du rapport texte et image, qui peut devenir très subtil. C'est pourquoi, il peut être parfois difficile d'établir des distinctions précises entre la relation du texte et de l'image, de telle page et de telle autre, de plusieurs illustrations entre elles, de plusieurs images d'un même illustrateur, etc. Ainsi une analyse spécifique de certains albums peut révéler un travail surprenant de l'illustrateur à propos du rapport texte-image, allant parfois jusqu'à un véritable dialogue entre les deux médiums.

Cadrage

La disposition de l'image sur le support qu'est le livre, nécessite que l'illustrateur sélectionne les éléments du récit qu'il souhaite mettre en images, ceux qui lui semblent primordiaux, et ceux qu'il qualifie de secondaires. Leur mise en place dans l'illustration, soit en avant-scène ou en arrière-scène, les proportions accordées à chacun, les angles exploités, la forme, le format, etc. de chaque image sont partie des décisions prises par l'artiste au moment d'illustrer un ouvrage destiné aux jeunes. Le résultat obtenu peut être un facteur déterminant du message transmis par l'illustration et de la compréhension qu'en aura le lecteur.

Éclairage

Caractéristique du point de vue de l'illustrateur sur telle ou telle image, l'éclairage contribue à mettre en évidence un personnage, une situation particulière, un détail important d'une scène. Il contribue également à créer l'atmosphère qui se dégage de chaque illustration ou de certaines d'entre elles par rapport à d'autres. Par exemple : impression de mystère inquiétant, présence d'un personnage dangereux, etc.

Subtil ou omniprésent, l'éclairage peut également favoriser la compréhension d'un récit, par exemple, le passage progressif du jour à la nuit ou réciproquement.

Ce fut, dit-on, une découverte pour le lecteur d'images

Partagé entre le choix de l'ombre ou de la lumière pour mettre en évidence la beauté d'un personnage et l'intensité d'une situation qu'il vivait, l'illustrateur décida de privilégier l'emploi du clair-obscur. Et pour la première fois de sa vie de lecteur d'images, le jeune vit le clair et l'obscur exprimés côte à côte sur la page d'un livre. L'atmosphère créée par l'illustrateur l'enveloppa et le rejoignit profondément. Jamais il ne put dire, combien de temps s'écoula avant qu'il se décide à tourner la page.

Plan

La notion de plan dans l'illustration du livre d'enfance et de jeunesse se rapproche sensiblement de celle utilisée au cinéma. Où se situe la scène de l'action par rapport à l'illustrateur ? Sous quel angle est-il préférable de la voir, pour mieux apprécier les couleurs, les détails significatifs, l'atmosphère, les gestes, l'expression de tel personnage par rapport à tel autre ?

Perspectives de plongée, de contre-plongée, de plan normal, de personnages situés loin ou près, devant ou derrière l'œil de l'illustrateur sont autant de variantes qui peuvent être rendues par le jeu du point de vue dans les illustrations.

Couleur

Présente dans la majorité des livres écrits pour la jeunesse publiés récemment, la couleur s'avère déterminante de l'impression visuelle que l'illustrateur souhaite transmettre au lecteur d'images. L'application de chaque couleur permet à l'artiste de fixer l'apparence extérieure du sujet de l'illustration. De plus, l'utilisation judicieuse des couleurs précise le degré et l'intensité des émotions et des sentiments vécus par les personnages et exprimés par l'illustrateur.

Aussi, la grande variété de couleurs pouvant être créées par différents mélanges offrent à l'illustrateur la possibilité de reproduire les objets, les personnages, les jeux de lumière, etc., de manière identique ou différente d'une illustration à l'autre, mais aussi dans les autres ouvrages qu'ils peuvent illustrer au cours de leur carrière.

Faut-il pour autant ignorer de se pencher sur l'absence ou la présence de l'utilisation du noir et du blanc par les illustrateurs contemporains ? Fréquemment illustrés en noir et ses dégradés, en mélange de noir et de blanc, les livres publiés au début du siècle ont progressivement cédé la place à une production d'ouvrages en couleurs. Ainsi, des générations d'illustrateurs sont devenus maîtres dans l'art d'utiliser les incalculables couleurs découlant de savants mélanges. D'autres ont affirmé leur préférence pour l'emploi du noir et du blanc. Et d'autres... Des choix d'illustrateurs qui invitent le lecteur d'images à préciser ses préférences.

Technique

Procédé de travail mis au point par l'artiste illustrateur, la technique lui permet d'appliquer son savoir-faire, souvent de façon inédite au moment de la réalisation des originaux à reproduire dans les pages illustrées du livre.

On remarque dans la production récente de livres d'enfance et de jeunesse, l'utilisation de techniques simples, et d'autres qui sont très variées. Celles-ci combinent habituellement l'emploi de médiums différents. Les mélanges, les superpositions des uns et des autres aboutissent souvent à la création d'images très particulières, parfois surprenantes. Le parachèvement d'un processus d'une grande complexité, souvent difficile à décrire. Des illustrations, comme le reflet d'une recherche d'identité de l'illustrateur et de l'expression de sa signature iconographique.

C'est plutôt les principales techniques de base de l'illustration qui seront brièvement décrites ici.

Le coffre des crayons à dessin

« Dessine moi un mouton », dit un jour le Petit Prince[7]. On aurait pu lui demander alors : Et avec quel type de crayon ? Un crayon de plomb, de couleur, un crayon feutre, à l'encre, un bâton de fusain, de pastel, ou encore ? Interminable labeur, que celui de tendre à compléter la description de toutes les catégories de crayons servant à dessiner. Et plus encore de leurs utilisations distinctes !

Par contre, il est permis d'affirmer qu'à peu d'exceptions près, tous les membres de cette grande famille sont nés pour tenir dans la main d'un artiste. Tous servent à écrire, que ce soient des mots ou des images. Le papier, le carton, le tissu, sont souvent les lieux où ils préfèrent séjourner, pour mieux faire voir toutes leurs couleurs à l'artiste.

Tous les membres de la grande famille des crayons à dessin, qu'ils soient secs, gras ou mouillés offrent à chaque illustrateur une magnifique façon de s'exprimer et d'offrir ainsi des moments passionnants de lecture.

Le coffre de la peinture

Habituellement appliquées au pinceau, plus rarement à la plume, les techniques de la peinture à l'eau, de l'aquarelle, de la gouache, de l'encre de Chine, de la peinture à l'huile, de l'acrylique sont fréquemment utilisées dans l'illustration des livres écrits pour les jeunes.

Selon la quantité utilisée, la peinture à l'eau permet d'obtenir des résultats variés, allant du dessin presque transparent au dessin opaque. En séchant, la surface du papier prend une apparence mate.

Les couleurs douces et transparentes de l'aquarelle permettent d'obtenir des illustrations d'où se dégage une grande légèreté. Par opposition, la gomme ou poudre blanche ajoutée à la préparation des matières colorantes de la gouache permettent d'obtenir des couleurs opaques, créant un effet d'épaisseur, lorsqu'elle est appliquée généreusement.

L'encre de Chine appliquée au pinceau ou à la plume permet la réalisation de dessins aux couleurs riches et variées. On peut y ajouter de l'eau pour créer un effet différent, réserver la plume pour préciser les contours des objets et des personnages. On retrouve sur le marché, des fixatifs qui, appliqués après que l'illustration est complétée et séchée, permettent d'ajouter et de prolonger la brillance et l'éclat des couleurs.

---

7. Citation tirée de la bande originale de la cassette vidéo intitulée *Le Petit Prince,* écrit par Antoine de Saint-Exupéry et produite par Festival, no. 661174.

La peinture à l'huile et à l'acrylique se retrouvent dans une grande variété de coloris. L'artiste peut privilégier l'emploi des couleurs offertes sur le marché, ou encore obtenir des couleurs inédites par le mélange du contenu de plusieurs tubes de couleur. Aussi, sa connaissance de la couleur, alliée à celle de l'illustration ou du tableau qu'il souhaite compléter, lui permettent d'effectuer des mélanges uniques et diversifiés.

Mélangées sur la palette de l'artiste, les couleurs s'appliquent habituellement au pinceau ou à la spatule. Le plus souvent sur un canevas. Le temps de séchage de la peinture à l'huile dépendra en grande partie de l'épaisseur de la peinture appliquée et de la quantité d'huile présente ou ajoutée dans le mélange de couleurs. La composition chimique de l'acrylique offre l'avantage ou le désavantage, de sécher rapidement. La brillance des tableaux réalisés à l'acrylique est souvent supérieure à celle de ceux complétés à la peinture à l'huile.

Le coffre du bricolage

Des papiers découpés, déchirés, bouchonnés, du papier d'emballage, de la colle, du tissu, de la laine, de la ouate, de la dentelle, de la pâte à modeler, etc., sont utilisés par plusieurs illustrateurs de livres destinés aux enfants et aux adolescents. Souvent faciles à identifier, ces matériaux favorisent la création d'illustrations originales, aux couleurs éclatantes et aux textures fort variées. La créativité et l'habileté manuelle des créateurs d'images de ce type ont permis à certains parmi eux d'acquérir une réputation mondiale.

Le coffre de la photographie et de l'ordinateur

Alors que la photo est depuis quelque temps déjà, fréquemment utilisée dans l'illustration des documentaires, il apparaît de plus en plus évident que les multiples possibilités offertes par l'utilisation de l'ordinateur favorisent la production d'ouvrages dont la qualité ne cesse de croître. Ces techniques ont désormais permis de briser des barrières visuelles que peu de lecteurs avaient pu franchir jusqu'ici. Ainsi, des pas importants dans l'illustration de bon nombre d'ouvrages appartenant à différents genres, notamment des documentaires ont pu être franchis.

Le coffre aux mille possibilités

Plusieurs illustrateurs se plaisent à exploiter plus d'une technique dans les illustrations qu'ils créent. La très grande variété des possibilités offertes : mélanges, superpositions, etc. mérite d'être observée attentivement, pour qui veut acquérir des connaissances judicieuses et peut-être tendre à les appliquer, dans le cadre de ses propres réalisations.

Mise en pages

La mise en pages révèle l'organisation du récit graphique et visuel. Parfois réalisée en collaboration avec l'auteur et l'éditeur, cette étape vise à déterminer de quelle façon seront placés les éléments du texte et de l'illustration dans la page ou la double page du livre. Où et comment ?

Différents types de mises en pages sont utilisés dans la production d'ouvrages contemporains. Dans une mise en page traditionnelle, on retrouve le texte sur la partie gauche de la double page et l'illustration sur celle de droite, ou encore, l'illustration est placée en haut du texte. Les mises en pages plus travaillées sont celles où le texte est fondu ou inséré dans l'illustration pleine page ou double page.

La recherche de caractères typographiques particuliers (forme et couleurs) et la disposition originale du texte : lignes arrondies suivant la forme de l'image, juxtaposition de mots, d'expressions, etc. sont au nombre des particularités identifiées dans la production récente.

L'importance et le sens accordés à l'illustration en regard du texte sont des facteurs primordiaux dont il importe de tenir compte dans la production d'un livre d'enfant, ou de jeunesse, puisqu'ils permettront l'analyse des rapports entre le texte et l'image.

Conclusion

Il a semblé important de proposer quelques notions concernant la pédagogie du visible et du lisible dans l'illustration. À celles précisées ici, pourraient s'ajouter plusieurs autres auxquelles il conviendrait sans doute de s'attarder avant de prétendre posséder une connaissance judicieuse de tous les aspects faisant partie des préoccupations et des orientations, des artistes contemporains et de ceux qui assurent la publication de leurs œuvres.

Les lecteurs contemporains ont la chance de découvrir toute la richesse, la variété des illustrations créées à leur intention, dès qu'ils sont mis en présence des livres écrits et illustrés pour eux. À ce propos, la responsabilité de l'adulte est grande, puisque souvent c'est à lui qu'incombe la sélection et la présentation des ouvrages destinés aux lecteurs du primaire, voire à ceux du secondaire. Responsabilité donc pour l'adulte médiateur du livre, de compléter ses choix personnels en fonction de ses intérêts, et des objectifs qu'il poursuit, mais également en fonction de la nécessité de proposer aux jeunes un grand nombre d'ouvrages leur permettant à leur tour d'effectuer des choix personnalisés.

Visons une éducation qui contribue au développement du désir et du plaisir de lire l'image qui favorise grandement celui du sens critique qui s'affirme et s'affine toute la vie durant. Et évitons la présentation exclusive d'illustrations banales, stéréotypées ou reflétant uniquement la culture « dessins animés américains ».

Grille d'analyse

L'ILLUSTRATION

Contenu de l'image

1. Comment sont représentés les personnages, les situations et l'environnement ?
2. Les animaux sont-ils représentés comme des humains ?
3. L'image correspond-elle à une certaine réalité ?
4. L'illustrateur se préoccupe-t-il des détails ?
5. Seront-ils facilement perçus par le lecteur ?
6. Le contenu fait-il appel aux expériences des enfants ?
7. Retrouveront-ils leur milieu de vie ?
8. Les illustrations révèlent-elles un certain statut social ?
9. Sont-elles humoristiques, sévères, caricaturales, violentes, réalistes, irréelles, etc. ?

Couleur, matière et forme

10. Comment peut-on caractériser l'emploi de la couleur, des formes, des proportions et des règles de la perspective ?
11. Comment l'utilisation de ces éléments révèle-t-elle l'atmosphère de l'histoire, l'action et les sentiments des personnages ?

Techniques et style

12. Quel médium (ou quelle combinaison) a été utilisé ?
13. Comment l'illustrateur les a-t-il exploités ?
14. Comment peut-on décrire le style de l'illustrateur ?

Mise en pages

15. Quelles sont les principales caractéristiques de la mise en pages (utilisation de la page ou de la double page, texte et image bien intégrés, mise en pages variée, régulière, équilibrée, originale, etc.) ?
16. Quel espace occupe l'illustration dans cet album ?

Relations texte et image

17. Quels sont les rapports qui existent entre le texte et l'image ?

Lisibilité de l'image

18. Les éléments de l'image seront-ils facilement perçus par le jeune lecteur ??

Chapitre 7

LE CONTE, LE MYTHE, LA LÉGENDE
ET LA FABLE

« *Nous voulons bien apprendre tout ce qu'on enseigne*
à l'école mais, de grâce, laissez-nous les songes ».

Paul Hazard

En guise d'avant-propos

Assis sur des marches usées par le temps et le passage de plusieurs
générations d'humains venus des quatre coins du monde, quatre personnages se
dévoraient des yeux. Jusqu'à ce matin, ils ne se connaissaient pas. Pourtant on
affirmait qu'ils étaient tous parents. Ils ignoraient pour quelles raisons obscures
ils se retrouvaient là, assis au milieu d'une foule de gens qui épiaient leurs
moindres gestes et notaient les rares mots qu'ils avaient échangés jusqu'ici.

Après quelques minutes qui semblèrent aussi longues qu'une éternité, l'aîné
des quatre personnages se leva et se dirigea vers un chêne dont la ramure semblait
rejoindre l'infini. Arrivé au pied de l'arbre centenaire, il fit trois pas en direction
de l'ouest. C'est précisément là, qu'il s'assit et s'endormit. Emporté par le rêve,
au-delà de l'autrefois, il se laissait déjà bercer par un récit mythique dont il était
le héros.

C'est à ce moment précis que le deuxième personnage s'adressa à la foule
qui commençait à s'impatienter devant le mutisme des trois invités n'ayant pas
encore quitté les lieux. Il parla du conte, de la légende et de la fable. Il insista
sur la permission accordée à l'un de leurs descendants, le conte moderne de puiser
à la source de leurs récits respectifs pour rejoindre eux aussi à leur manière,
l'imaginaire des petits et des grands. Puis, dans un geste solennel, le personnage
tira un parchemin en lambeaux de sa poche. Il lut : « Il était une fois, l'humain ».

À n'en point douter, ils étaient des personnages de récits fictifs, dont certains
très anciens. Sur tous les tons, et dans toutes les langues, on en avait fait l'analyse.

On les avait réunis dans des livres. On leur avait prêté toutes sortes d'intentions :
des plus nobles aux plus symboliques.
Et déjà, bien avant aujourd'hui, ils étaient devenus des récits d'éternité.

UNE AFFAIRE DE FAMILLE

Les récits mémorables sont ceux que tous les peuples de la terre ont transmis à leurs descendants, par le biais des mythes, des contes, des légendes et des fables et qui ont survécu au passage de plusieurs siècles, voire de millénaires. Pour chaque conteur, il s'agissait alors d'exprimer ses préoccupations, ses aspirations, ses doutes, ses espoirs, et de captiver ainsi chaque auditeur. Car de tout temps, et en tous lieux de la terre, hommes, femmes et jeunes, furent convaincus qu'il s'agissait de récits-reflets de leur propre personnalité en devenir.

Sont-ils des récits passéistes, actuels ou résolument tournés vers l'avenir ? Doit-on s'y intéresser aujourd'hui ? À chaque auditeur et lecteur, fasciné par les voyages intérieurs, d'y regarder de plus près, de tendre à découvrir la signification profonde du contenu des contes, et de préciser s'il souhaite y accorder de l'importance dans sa vie. Encore faut-il que le rendez-vous entre le conte et le jeune s'actualise, alors qu'on s'attarde à l'importance de transmettre ce patrimoine culturel et par là même, à offrir la possibilité aux jeunes personnalités d'y puiser la nourriture dont elles ont besoin pour grandir de façon équilibrée.

Comme dans toute structure familiale connue et reconnue par la société, certains de ces récits sont les ancêtres des autres. L'étude de chacun d'eux contribuera sans doute à le préciser. Feindre d'ignorer l'un des membres de cette famille universelle, ou en rejeter l'étude reviendrait en quelque sorte à trahir et à renier un héritage universel exceptionnel. Les contemporains qui feraient ce choix accepteraient d'être les témoins, les complices ou les instigateurs de l'extinction d'une famille. Et d'une famille à une autre, d'une race toute entière.

Dans le présent chapitre, des regards attentifs et distincts seront portés au conte, au mythe, à la légende, et à la fable.

1. LE CONTE

IMPORTANCE DU CONTE EN ÉDUCATION

Le conte est objet d'étude et d'analyse de spécialistes de plusieurs disciplines. Ainsi, on remarque que bon nombre de folkloristes, d'ethnologues, d'historiens, de littéraires, de psychologues, de psychanalystes notamment, reconnaissent l'importance du conte dans leurs champs d'étude respectifs. Toutefois, le contexte éducatif étant privilégié dans le cadre du présent chapitre, l'étude du conte se limite au point de vue de l'éducation.

La présence du conte dans les milieux éducatifs contemporains n'est aucunement le fruit du hasard. Mais plutôt la résultante positive de prises de conscience d'éducateurs, de chercheurs et de spécialistes, passionnés par l'étude du conte et soucieux de l'épanouissement des jeunes. Ils reconnaissent l'importance d'offrir aux lecteurs ou aux auditeurs de ces récits, la possibilité d'effectuer différents apprentissages nécessaires, heureux et harmonieux intimement liés à leur croissance. Tous s'accordent pour affirmer qu'au sens large, les contenus de contes regroupés en catégories, proposent différentes formes d'initiation et d'intégration à la vie en société. Les différents milieux éducatifs s'avèrent des lieux privilégiés pour y parvenir efficacement. D'où, une présence du conte indissociable du désir et du plaisir de découvrir la richesse et la profondeur de l'humain qui se raconte.

L'absence des contes dans les milieux éducatifs est une forme de privation du lecteur en regard de cette nourriture essentielle de l'esprit, de l'imaginaire, de la connaissance de soi et de la vie. Mais aussi, le rejet ou la méconnaissance injustifiée et injustifiable d'un genre littéraire qui assure la rencontre entre l'individualité et l'universalité de tout être humain avec son destin.

L'usage fréquent d'albums et de recueils de contes populaires, littéraires et modernes sont autant d'actions qui, placées sur la route de l'évolution des jeunes leur permettent de franchir tous les pas les menant de lieux ténébreux en oasis ensoleillés. Ainsi, grâce à la rencontre avec le conte vécue en milieu scolaire ou parascolaire, chacun d'eux découvrira le temps du récit ou de la lecture d'un conte, les lieux qu'il souhaite habiter. Et qui sait, le temps d'une vie, peut-être.

Actuellement à l'étude dans les programmes de français du primaire et de troisième secondaire du ministère de l'Éducation du Québec, le conte fait partie intégrante du cursus éducatif de la majorité des jeunes du Québec, mais aussi d'ailleurs dans le monde. Puiser abondamment au corpus des œuvres de qualité regroupées dans ce genre littéraire, s'avère essentiel pour les éducateurs engagés dans une démarche de contribution à la croissance harmonieuse des enfants et des adolescents.

DÉFINITION[1]

Le conte peut se définir ainsi : il est pure fiction. C'est un récit bref, souvent merveilleux, dont les personnages, qu'ils soient des humains, des animaux, ou des objets, ne sont pas individualisés, c'est-à-dire qu'on ne sait jamais de qui il s'agit exactement : ils sont décrits simplement par un état particulier (un roi qui vivait dans un château, un pauvre qui habitait au cœur d'une forêt. Mais où ? Et quand ? etc.), ou un trait de caractère dominant (méchant, jaloux, naïf, etc.). Ils vivent de très nombreuses aventures qui sont situées dans un temps et un espace indéterminés. La conclusion des contes est habituellement heureuse.

Mais encore

Selon Péju[2], le conte est une histoire assez courte qui se termine bien. Il peut s'y passer des événements merveilleux (le surnaturel allant de soi), bizarres

---

1. Cette partie de texte est tirée du livre intitulé *Peur de qui ? Peur de quoi ? Le conte et la peur chez l'enfant* publié par l'auteure aux Éditions Hurtubise HMH, en 1991, p. 18.
2. Spécialiste du conte, Pierre PÉJU ajoute à la définition du conte, dans un ouvrage intitulé : *La petite fille dans la forêt des contes* publié en 1981, chez Laffont, à Paris.

ou fantastiques. Les références historiques en sont absentes, tout comme les données géographiques. Sur un fil narratif marchent des personnages qui restent plutôt schématiques, et la plupart du temps, les héros se transforment au cours du récit.

Ces deux définitions précisent un ensemble d'éléments constitutifs qui sont présents dans tous les contes. Nous le verrons plus loin.

ORIGINE DES CONTES

L'histoire a décidé que le conte survivrait aux millénaires et franchirait les obstacles géographiques pour rejoindre en parole ou en écrits les jeunes d'aujourd'hui, et sans doute ceux qui formeront les générations futures. Dans tous les pays du monde, les contes véhiculent une tradition souvent équivalente par les thèmes exploités, par la richesse et la profondeur de leur contenu, mais aussi combien différente quant à la saveur locale dont se sont imprégnés, au fil du temps, ces récits fort anciens que l'on aime toujours écouter ou lire aujourd'hui. Avec la certitude de ne pas s'égarer, on peut affirmer que les contes s'inventent et se transforment au fil des différentes versions dont ils sont l'objet : formes orales traditionnelles, éditions lettrées ou populaires...[3]

Les racines du conte remonteraient à la mythologie grecque. Cependant, Bruno Bettelheim[4] rapporte qu'on a identifié une version de *Cendrillon* qui date de la Chine du IXe siècle avant J.-C. et que cette version avait déjà un passé. Tour à tour, les troubadours du Moyen Âge, les soldats des conquêtes gallo-romaines et plusieurs autres furent les ambassadeurs des contes tout au long de leurs voyages.

Ces quelques données historiques permettent de réfléchir à l'importance des contes dans l'évolution de tous les peuples de la terre et à l'importance de leur présence encore aujourd'hui en éducation.

A. CLASSIFICATION SELON L'ORIGINE

L'étude et l'analyse d'un grand nombre de contes permettent d'effectuer quelques distinctions entre deux classes de contes connues.

Le conte issu de la tradition orale

L'origine du conte oral se perd dans l'histoire de l'humanité. Il n'a pas d'auteur connu ; il est oral ; il est vivant encore aujourd'hui ; il fait partie du folklore. On l'appelle aussi conte populaire, traditionnel ou folklorique.

Un livre peut avoir été écrit à partir d'un conte issu de la tradition orale. C'est en fait une version d'un conte populaire fixée sur papier. On connaît parfois des dizaines, voire des centaines de versions d'un même conte appartenant à cette

---

3. Citation puisée à *L'histoire des contes* écrit par Catherine VELAY-VALLANTIN et publié aux éditions Fayard : Paris, 1992. (Quatrième de couverture).
4. Bruno BETTELHEIM s'est intéressé à l'étude psychanalytique du conte dans un ouvrage intitulé *Psychanalyse des contes de fées* publié à Paris, chez Laffont, en 1976.

classe. Par exemple, il existe plusieurs versions de la *Belle au bois dormant*, dont l'une attribuée à Charles Perrault et une autre aux frères Grimm.

Spécificité du conte issu de la tradition orale

Un certain nombre de caractéristiques sont propres au conte populaire, folklorique ou traditionnel. Elles favorisent la classification de ces récits selon leur origine :

- ◦ Il est pure fiction.
- ◦ C'est un récit qui appartient à la littérature de type narratif qui relate des faits se rapportant à une quête, qui ont un début, un développement et une conclusion dans le temps du récit proposé.
- ◦ Il n'a pas d'auteur connu.
- ◦ Il n'est pas daté
- ◦ On ignore souvent l'origine exacte de la première version écrite.
- ◦ Son oralité première peut donner naissance à de nouvelles versions.
- ◦ Il puise sa source dans la réalité quotidienne et imaginaire d'humains réels ou fictifs, ou encore dans la forme animale ou à celle d'objets (personnifiés), eux aussi réels ou fictifs.
- ◦ Plusieurs parmi eux débutent et se terminent par une formule consacrée.

Notion de version dans le conte issu de la tradition orale

Qui n'a pas entendu ou lu un conte qui reprend sensiblement le même récit qu'un autre, sans pour autant qu'ils soient identiques ? Un personnage, une action, des lieux peuvent être différents de l'un à l'autre. Il s'agit alors de versions distinctes d'un même conte. Étant issu de la tradition orale, ce conte a pu être raconté des centaines, voire des milliers de fois avant qu'on décide d'en produire une version écrite, d'où certaines différences.

D'autres distinctions concernant ces récits sont attribuées aux conteurs auprès de qui ils ont été recensés à l'origine. Ainsi Charles Perrault ou Jacob et Wilhem Grimm ont pu recueillir des versions différentes de plusieurs contes célèbres ou bien connus. Par exemple, dans le cas de *Cendrillon* : elle est habillée par une fée pour aller au bal dans la version de Perrault et aidée par des oiseaux pour prendre l'allure de princesse dans la version des frères Grimm. De plus, l'épisode de l'essayage de la pantoufle de vair (verre) comporte des différences notoires, d'une version à l'autre.

Il importe de tenter de retrouver des versions de contes se situant près du contenu et de la forme proposés par les transcripteurs originaux de ces récits. Le symbolisme étant un facteur primordial transmis par ces récits, lire ou raconter à des jeunes une version édulcorée d'un conte ne contribue aucunement à favoriser le développement de leur personnalité.

CHARLES PERRAULT, LES FRÈRES GRIMM, PIONNIERS DE RECENSIONS DE CONTES ISSUS DE LA TRADITION ORALE EN EUROPE

De nombreux livres de contes sont publiés en Europe. L'étude de ces ouvrages permet de dégager que plusieurs titres sont attribuables à des pionniers qui, au fil des siècles, ont effectué un gigantesque travail de cueillette de contes et qui les ont transcrits. Un grand nombre de ces récits ont survécu jusqu'à aujourd'hui et continuent à être appréciés des enfants, des adolescents et des adultes.

Charles Perrault

Né à Paris, le 12 janvier 1628, Charles Perrault était philosophe et promoteur d'idées nouvelles. Haut fonctionnaire du ministère de Colbert, sous le règne de Louis XIV, il fut chargé de mettre en route une réforme de l'orthographe de la langue française. Charles Perrault s'impliqua dans la querelle entre les Anciens et les Modernes. Il fut partisan des seconds, dont Racine contre ceux du parti de Boileau, et a été reconnu comme étant un écrivain polémiste ce qui lui valut de devenir membre de l'Académie française.

On a cru longtemps que Perrault avait complété lui-même la cueillette de tous les contes traditionnels qu'il a publiés. Toutefois, il semble qu'il n'en est rien. C'est plutôt son fils, Pierre Darmacour-Perrault, qui effectua ce travail dans la majorité des cas. Charles Perrault retravaillait ces récits, les enjolivait. Il publia son premier récit en vers : *La patience de Grisélidis* en 1691. Un second conte en vers, *Les souhaits ridicules* paraît en 1693, et *Peau d'âne* en 1694. Ce sont toutefois les *Histoires ou contes du temps passé* ou *Contes de Ma Mère l'Oye*, recueil préfacé par Pierre Darmacour et publié en 1697, qui rendirent Charles Perrault célèbre. Il a alors près de soixante-dix ans. On y retrouve huit contes en prose[5]. Celui-ci fut publié en anglais dès 1720.

Charles Perrault est décédé à Paris, le 15 mai 1703.

Il importe d'ajouter que si les contes de Perrault sont bien connus aux États-Unis, notamment par l'utilisation qu'en fit Walt Disney, l'homme par contre l'est beaucoup moins. Ainsi, il arrive fréquemment que l'on confonde l'œuvre de Perrault avec celle des frères Grimm. Ou encore que l'on soit persuadé que c'est Walt Disney qui a inventé ces récits !

Jacob et Wilhem Grimm

C'est à Hanau, en Allemagne, que naquirent Jacob Grimm, en 1785, et son frère Wilhem, l'année suivante. Après des études en philologie (étude d'une langue

---

5. Il convient de noter que la majorité des titres les plus connus de ce recueil sont énumérés dans le chapitre 1 portant sur l'historique de la littérature d'enfance et de jeunesse. Ce sont : *La Belle au bois dormant, Le Petit Chaperon rouge, La Barbe-Bleue, Le Chat botté, Cendrillon* et *Le Petit Poucet.* Deux titres moins connus complètent ce recueil. Ce sont : *Les Fées* et *Riquet à la houppe.*

par l'analyse critique des textes), ils s'installent à Kassel en 1807. À ce moment, ils ont déjà rassemblé un grand nombre de chansons et de poèmes anciens. Par la suite, ils développent leurs recherches et se tournent de plus en plus vers les contes et les légendes.

Leur grande aventure de cueillette de contes débute par l'écriture de récits qu'ils connaissent. Ensuite, ils recueillent des récits auprès d'amis, de paysans et de correspondants. La plupart de ces derniers appartiennent à la bourgeoisie de l'époque.

Enfin, ils parcourent la région de la Hesse où ils font une incroyable moisson de contes. La route qu'ils suivent alors, *La route des contes de fées allemands,* existe encore aujourd'hui. Elle s'étend sur 600 km, de Hanau jusqu'à Brême, en passant par Kassel. On y retrouve le château où grandit, dit-on, la *Belle au bois dormant,* la forêt que traversa le *Petit Chaperon rouge,* Brême, la ville natale des *musiciens de Brême,* tous des lieux et des personnages de contes bien connus.

Pour la Noël 1812, les deux frères publient le premier volume des *Contes de l'enfance et du foyer* qui contient quatre-vingt-six contes. Un deuxième volume de soixante-dix contes paraît en 1815. En 1819, une seconde édition complète des contes est publiée. Ces livres connaissent un vif succès et sont traduits en anglais dès 1823. Plusieurs autres éditions remaniées de contes des Grimm sont publiées entre 1837 et 1857. L'édition définitive de ces contes propose 200 titres. Aujourd'hui, on les retrouve dans plus de 120 langues.

Inséparables toute leur vie durant, Jacob continue à habiter chez Wilhem même lorsque celui-ci se marie. Wilhem Grimm meurt en 1859 et Jacob en 1863.

Le premier tome du monumental dictionnaire de la langue allemande auquel ils consacrèrent temps et énergie fut publié en 1960.

Pour Pierre Péju[6], il ne fait aucun doute que les frères Grimm ont su sauvegarder la tradition orale et écrite de l'Allemagne dans ce qu'elle a de plus éternel. En effet, les personnages, les contenus, les lieux se retrouvant dans leurs contes n'ont pas d'âge. Le principe de ces hommes était celui de la fidélité à l'esprit même du conte, à la préservation des détails [...]. Tout récit, affirmaient-ils, est inséparable d'une langue dans laquelle il se forge [...]. La fidélité consiste à donner ce qu'on trouve, comme on le trouve. Et cela, au contraire de Charles Perrault qui transformait les contes pour qu'ils servent mieux ses préoccupations morales ou didactiques,

Parmi les contes qu'ils ont publiés : *Blanche Neige, Hänsel et Gretel (Jeannot et Margot), Le Petit Poucet, Les musiciens de la ville de Brême, Le pêcheur et sa femme, Cendrillon, Le vaillant petit tailleur, Les sept corbeaux, Neigeblanche et Roserouge.*

---

6. Propos de Pierre PÉJU, spécialiste du conte, dans *La revue des livres pour enfants,*. N° 107-108, printemps 1986, p. 52-53.

Le conte littéraire

Il ne faudrait pas passer sous silence une autre forme de contes, dits littéraires ou mondains, qui datent du XVIIe et du XVIIIe siècles. Ce genre fut surtout pratiqué par les dames. Madame d'Aulnoy publie *Les contes de fées* en quatre volumes entre 1696 et 1698 et *Les contes nouveaux ou les fées à la mode,* en 1699 qui formeront les huit tomes de *Le cabinet des fées.* Inspirés principalement de la tradition orale, ces contes au style précieux et complexe, tombèrent rapidement dans l'oubli, exception faite de quelques titres, dont : *La chatte blanche, L'Oiseau bleu,* et de la *Belle aux cheveux d'or.*

Pour sa part, Madame Le Prince de Beaumont fait publier en 1757 *Le magasin des enfants.* À sa mort, en 1780, elle laisse à la postérité un ensemble de soixante-dix volumes, dont des contes pour enfants et pour adultes. Parmi eux, le célèbre conte *La Belle et la Bête.*

Spécificité du conte littéraire

Inspiré du conte de tradition orale ou se rapprochant du conte moderne proprement dit, le conte littéraire se caractérise plus par son style, et parfois sa longueur que par les éléments constitutifs qu'il développe. Associés à une période spécifique de la littérature européenne, ils se distinguent par conséquent des contes à portée littéraire que l'on retrouve actuellement sur le marché, ces derniers étant regroupés plutôt sous l'appellation de contes modernes.

Le conte moderne

Par contes modernes, on entend généralement les contes écrits depuis le milieu du XIXe siècle. Plusieurs parmi eux sont nommés contes merveilleux modernes. Jean-Marie Gillig[7] poursuit en disant que ce sont en fait des contes dont la structure est à peu près identique à celle des contes issus de la tradition orale. Ils sont consacrés à la relation d'une quête, partant d'un méfait ou d'un manque et aboutissant, à travers des péripéties où interviennent des auxiliaires ou des adversaires, à une fin heureuse. Celle-ci représentant la réparation du manque ou du méfait et un état terminal toujours plus satisfaisant que l'état initial.

Spécificité du conte moderne

Tout comme le conte issu de la tradition orale, traditionnel ou folklorique, le conte moderne possède des caractéristiques particulières qui permettent d'en effectuer la classification en regard de leur origine.

- ◦ Il a un auteur connu.
- ◦ Il est écrit.
- ◦ Il est daté.
- ◦ Il ne varie plus.
- ◦ Il est souvent fantaisiste, humoristique.
- ◦ Il puise sa source dans la réalité quotidienne y ajoutant l'imaginaire, caractéristique de ces récits.

---

7. Citation tirée de Jean-Marie GILLIG : *Le conte en pédagogie et en rééducation.* Un ouvrage qui fut publié à Paris, en 1997, aux éditions Dunod. p. 30.

Les premiers contes correspondant à cette classification sont ceux de Hans C. Andersen, dont *La petite sirène* ou *Le vilain petit canard,* ou encore à *Pinocchio* de Collodi. *Les aventures d'Alice au pays des merveilles* et *De l'autre côté du miroir* de Lewis Carroll appartiennent aussi à cette classification.

Plusieurs auteurs de contes modernes vivant encore aujourd'hui publient des ouvrages qui respectent la structure des contes anciens, y abordant les mêmes thèmes universels. D'autres auteurs privilégient le conte parodique, sarcastique, ou l'anti-conte. L'humour et la fantaisie comptent parmi les caractéristiques reconnues à ces contes.

Le conte moderne adopte souvent les mêmes personnages que les contes issus de la tradition orale. Toutefois, on remarque que les rois recherchent le bonheur plutôt que la capacité à gouverner rationnellement, que les sorcières sont devenues plus gentilles que dans les contes populaires, que les princesses ont cessé de devoir plaire à tout prix, que les géants pleurent, etc.

Bref, les auteurs de contes modernes expriment les sentiments, les émotions qui ont façonné leur enfance et qui peuvent rejoindre le jeune public contemporain.

Notion d'adaptation dans le conte moderne

Alors que la notion de version est habituellement attribuée aux contes populaires, traditionnels ou folkloriques et qui par définition sont issus de la tradition orale, il peut arriver qu'on retrouve dans la production actuelle des adaptations de ces récits. À ces occasions, les auteurs, ou les adaptateurs de ces contes reprennent des personnages, des actions ou des lieux et les adaptent à la réalité ou à l'imaginaire des jeunes contemporains. Ici encore, il importe de respecter la richesse et la profondeur originelles des récits.

HANS CHRISTIAN ANDERSEN, AUTEUR DES PREMIERS CONTES MODERNES

Hans Christian Andersen voit le jour à Odense, au Danemark, le 2 avril 1805, dans une famille très pauvre. Il n'a que dix ans lorsque son père décède, le laissant avec une grand-mère détestable, une mère alcoolique et une sœur prostituée. À l'âge de 14 ans, Hans Christian Andersen part à Copenhague tenter sa chance. Il trouve un protecteur dans la personne d'un haut fonctionnaire danois qui obtient pour lui une bourse d'étude. Il commence son cours secondaire à 18 ans, alors que les autres élèves n'ont que 12 ans.

Dès qu'il obtient son diplôme, cinq ans plus tard, il commence à écrire des poèmes, des récits humoristiques, mais principalement des contes. Sa réputation s'élargit rapidement, notamment auprès des enfants qui souhaitent écouter ses récits quotidiennement.

En 1835, à l'âge de 30 ans, il publie un premier recueil de contes largement inspiré de la tradition orale et intitulé *Aventures contées aux enfants,* plus connu sous le titre *Contes pour enfants.* Ces récits connaissent un succès immédiat. Parmi eux, *La princesse au petit pois* ou *Les habits neufs de l'empereur.* Ce dernier reprend certains éléments constitutifs d'un conte de la tradition orale et ridiculise, de façon humoristique, la grande société de Copenhague.

À partir de 1843, Andersen, qui se souvient de son enfance misérable, invente lui-même des contes dans lesquels il exprime ses propres sentiments et ses émotions à l'égard des malheureux. Parmi les titres les plus connus, on peut relever : *La Bergère et le ramoneur, L'intrépide soldat de plomb, Le vilain petit canard, La petite fille aux allumettes, La petite sirène,* ou encore *La reine des neiges.* Ces contes sont identifiés comme étant les premiers contes modernes qui ont été publiés. Ils n'ont pas d'équivalent dans la littérature de tradition orale.

Au cours de sa vie, Hans Christian Andersen publie cent cinquante-six contes et récits. Il meurt à Copenhague, le 4 avril 1875.

> Le 2 avril de chaque année, date anniversaire de la naissance de Hans Christian Andersen, on célèbre le jour anniversaire de la littérature d'enfance et de jeunesse partout dans le monde. À cette occasion depuis 1956, The International Board on Books for Young People (IBBY) honore un auteur pour l'ensemble de son œuvre en lui décernant le prix Hans Christian Andersen (biennal). Depuis 1996, cette distinction est également remise à un illustrateur.

LE CONTE QUÉBÉCOIS

Voyons maintenant comment les contes arrivent au Québec et comment avec le temps, ils s'adaptent à leur nouvelle terre d'accueil.

Le conte arrive en Nouvelle-France en même temps que les premiers Européens. Le plus souvent, ces derniers ne faisaient alors que transmettre des versions orales de récits qui se racontaient depuis des siècles, voire des millénaires en Europe. À preuve, le conte *Bâton Tape,* récit d'un bâton magique qui sauve la vie d'un garçon, se trouve dans la tradition orale québécoise et en deux versions distinctes dans le répertoire des frères Grimm, recueillies par eux, en Allemagne au XIXe siècle.

Toutefois, le conte a beaucoup évolué depuis. Il s'est acclimaté au contexte québécois, petit à petit, ces récits ont pris la couleur locale et se sont même mêlés au patrimoine autochtone ; de nouvelles versions sont nées. Certaines parmi elles ont voyagé partout au Canada-français. En outre, naquirent des personnages tels Ti-Jean, les princesses québécoises, mais aussi tous les contes de bûcherons.

Comme tous les pays du monde, le Québec est concerné par la production de contes modernes. La voie tracée par Hans Christian Andersen, Lewis Carroll, Collodi et quelques autres, a favorisé la production québécoise de contes modernes. Discrète au début du XXe siècle, cette production connaît maintenant un développement un peu plus appréciable.

B. CLASSIFICATION SELON LE CONTENU[8]

> « *Le conte est le lieu de transmission des savoirs : savoir-faire, savoir-vivre (P. Léon), peut-être aussi un savoir constater (G. Jean) et un*

---

8. Une bibliographie d'ouvrages de contes pour jeunes complémentaire à cet ouvrage offre des exemples de titres correspondant aux différentes catégories étudiées dans la classification des contes selon leur contenu. Cette bibliographie tient également compte de l'origine de ces récits et de l'âge des lecteurs auxquels les différents titres s'adressent.

savoir-revu. Sous la protection du merveilleux, le conte décrit les relations humaines et tout particulièrement les relations conflictuelles.

Un des messages récurrents des contes est l'exigence de réciprocité qui préside, telle une loi incontournable, aux relations interpersonnelles au sein d'un groupe social : ce qu'on fait aux autres, nous revient d'une manière ou d'une autre.

Le conte présente une société régie par les apparences, les réactions superficielles censurées dans le moindre détail par les conventions sociales, renforcées même par les moyens du merveilleux, puis, c'est la traversée dans la forêt, le tremblement de terre, la descente dans le puits qui oblige à lâcher prise, à l'abandon des conventions de surface, à la mort du paraître qui conduit jusqu'au devenir sorcière ; pour enfin grâce aux yeux et au secours de l'autre, dans la réciprocité de Ti-Jean et de la vieille femme de la forêt, trouver le chemin de son individualisation et de sa transfiguration, comme Propp avait si bien nommé ce moment »[9].

Dans cette citation, se trouvent regroupés plusieurs points déjà mentionnés sous les rubriques de contes de tradition orale ou de contes modernes et d'autres qui seront étudiés ci-après, soit l'étude des catégories de contes, de leur structure, des aventures, des personnages en général, du héros, etc.

Les catégories de contes

Les principales catégories de contes que l'on trouve dans la littérature destinée aux jeunes sont les contes d'animaux, d'objets personnifiés, les contes merveilleux, romanesques, explicatifs, sans fin et quelques autres. Il est très important de noter dès maintenant que des contes appartiennent souvent à plus d'une catégorie à la fois.

Contes d'animaux

○ Les contes d'animaux mettent en scène des animaux personnifiés. Les bêtes ressemblent plus à des humains qu'à des animaux : ils parlent, travaillent, jouent, rient, éprouvent des sentiments, des émotions, et ce tout particulièrement dans les contes modernes.

○ Les traits humains sont parfois exagérés.

Dans la production actuelle de contes, on pourrait facilement identifier un très grand nombre de contes d'animaux destinés à la clientèle de 3 à 8 ans. Toutefois, il arrive que des lecteurs plus âgés puissent s'y intéresser, même si les contes d'animaux n'ont pas été écrits à leur intention.

---

9. Extrait de l'Introduction de *Contes et apprentissages sociaux*, 1989. Québec : Musée de la Civilisation, Université Laval. (Actes du Celat). p. 1 et 2.

Contes d'objets personnifiés

> ◦ Cette catégorie de contes peut mettre en scène une grande variété d'objets personnifiés : les objets parlent, travaillent, dansent, rient, ont peur, etc., ils sont souvent magiques.

Il arrive fréquemment que les objets mis en scène soient sélectionnés dans la réalité quotidienne des lecteurs. Ainsi, bon nombre de ces objets semblent favoriser le phénomène d'identification inhérent au développement de chaque enfant. De là, le lecteur ou l'auditeur d'un conte d'objet personnifié peut se laisser emporter dans des aventures captivantes dont l'intrigue se situe dans l'imaginaire.

À cela, il convient d'ajouter que le conte d'objets personnifiés s'avère être un élément fondamental des attentes du tout-petit lorsqu'il traverse sa période d'animisme, phénomène qui caractérise une étape de la croissance.

Contes merveilleux

> ◦ Le conte merveilleux met en scène de bonnes ou mauvaises sorcières, des génies, des ogres, des géants, etc.
>
> ◦ Les métamorphoses, les miracles, les sorts, les enchantements y sont fréquents.
>
> ◦ Le conte merveilleux n'est pas présenté comme vrai, ni d'ailleurs comme faux.

Le merveilleux est une caractéristique importante du conte. Aussi, il n'est pas étonnant de retrouver dans la production actuelle, un grand nombre d'ouvrages qui abordent ce thème. Ils répondent à un besoin fondamental des jeunes (cf. les fonctions du conte).

Contes romanesques

> ◦ Le héros doit prouver sa bravoure ou son habileté.
>
> ◦ Les personnages vivent souvent une intrigue amoureuse. Souvent séparés, les amoureux doivent surmonter des difficultés avant de se retrouver.

Très souvent, les contes romanesques comportent des éléments de merveilleux qui favorisent ou tentent de nuire au succès du héros ; la réussite amoureuse et le bonheur de toute la vie des protagonistes de ces contes en dépendent.

Contes explicatifs

> ◦ Ce type de conte propose une explication d'un phénomène naturel, d'une particularité animale, explication qui n'est pas toujours valable ni rigoureuse.

Savez-vous pourquoi les chiens ont le bout du nez froid, pourquoi les feuilles rougissent en automne, pourquoi il existe des tirelires en forme de cochon ? Des contes issus de la tradition orale et des contes modernes tendent de répondre à ces questions et à de nombreuses autres, souvent avec originalité et humour.

Contes sans fin

○ Ces contes se terminent sans se terminer vraiment, il est toujours possible d'en poursuivre l'histoire au-delà du texte proprement dit.

○ La structure du conte sans fin est souvent répétitive ; elle peut aussi être cumulative.

Les contes appartenant à cette catégorie invitent le lecteur ou l'auditeur à ajouter des épisodes personnalisés au récit, favorisant ainsi l'ouverture sur l'imaginaire.

D'autres catégories de contes peuvent être identifiées en littérature d'enfance et de jeunesse. Parmi elles, le conte religieux et le conte à rire. Toutefois, ces deux derniers se retrouvent principalement dans le répertoire destiné aux adultes. D'autre part, en littérature pour enfants et adolescents, bon nombre de contes à rire ou facétieux se retrouvent insérés dans différentes catégories de contes déjà nommés. Les principales caractéristiques de ces derniers sont brièvement énumérées ci-après.

Contes religieux

○ Les contes religieux présentent des personnages religieux dans des situations variées.

○ Ils sont souvent drôles.

○ On les retrouve peu souvent dans les collections pour jeunes.

Contes à rire ou facétieux

○ Le conte à rire vise avant tout à faire rire le lecteur.

○ Les personnages et les situations sont souvent burlesques.

○ L'intrigue est habituellement peu développée.

ÉLÉMENTS CONSTITUTIFS DU CONTE

Quatre éléments constitutifs sont étudiés dans le conte. Le schéma qui suit présente chacun d'eux.

Les éléments constitutifs du conte

Les personnages dont le héros	Les aventures
LES ÉLÉMENTS CONSTITUTIFS DU CONTE	
Les valeurs	Les lieux

Les personnages

De nombreux personnages sont souvent présents dans le conte. Leurs caractéristiques peuvent aussi bien se retrouver chez les personnages secondaires que chez les héros. Ils peuvent prendre les formes d'un personnage surnaturel (fée, sorcier, sorcière, magicien, magicienne, enchanteur, ogre, ogresse, géant, nain, animal fantastique), ou être présentés sous forme humaine (roi, reine, prince, princesse, garçon ou fille pauvre), ou encore revêtir la forme d'un animal doué de pouvoirs magiques, d'un objet lui aussi magique.

Dans le conte moderne, même le type de héros traditionnellement dangereux ou épeurant (ogre, dragon, monstre, etc.) est parfois, voire souvent sympathique ou amusant. Les personnages du conte sont dessinés à grands traits ; les détails, à moins qu'ils ne soient très importants, sont laissés de côté. Tous les personnages correspondent à un type, ils n'ont rien d'unique. Il existe plusieurs types de personnages :

Les êtres surnaturels

– Les fées : souvent présentes aux naissances, elles font des dons, jettent des sorts ou prédisent l'avenir. Elles font apparaître des personnages, devinent les pensées et transforment les êtres et les choses.

– Les sorciers et les sorcières : ils ont acquis des pouvoirs en vertu d'un pacte avec le diable.

– Les magiciens et les enchanteurs : ils ressemblent aux humains et sont doués de pouvoirs extraordinaires.

– Les ogres et les ogresses : de mœurs féroces, ils mangent leurs victimes.

– Les géants et les nains : les géants peuvent parfois se confondre avec les ogres. Les nains présentent une grande diversité. D'esprit malin, ils rendent volontiers des services aux hommes tout en faisant des farces.

Les animaux

- Les animaux fantastiques : par exemple, les dragons se présentent sous plusieurs formes, ont souvent plusieurs têtes.

- Les animaux dotés de pouvoirs surnaturels : ils préviennent le héros du danger, indiquent la route à suivre, font des prophéties.

- Les animaux présentant des caractères humains : ils parlent, ont les mêmes désirs et les mêmes passions que les humains. Ils peuvent avoir leur roi.

Les êtres humains

- Les rois : ils ne tiennent pas toujours un grand rôle dans le conte.

- Les princes et les princesses : les princesses imposent souvent des épreuves à leurs prétendants. Les princes secourent les jeunes filles en détresse.

- L'homme ou la fille pauvre : ils réussissent dans la vie grâce à leur habileté ou à une aide surnaturelle.

- Le stupide qui prend tout à la lettre.

- Les caractères opposés : par exemple, le bon et le méchant, le courageux et le peureux.

Le héros, personnage principal du conte

Le héros est par définition le personnage le plus important dans les contes. Plus il est bon, simple et direct, plus le jeune s'identifie à lui et rejette le méchant. Il s'identifie au bon, non pas en raison de sa vertu, mais parce que la situation du héros trouve en lui un écho profond.

Pour le héros du conte, toutes les forces en présence s'unissent afin d'apporter des effets bénéfiques qui mèneront à une conclusion heureuse, ce qui n'est pas toujours le cas dans la réalité de l'enfant ou de l'adolescent. Ainsi, il n'est pas rare de constater que les jeunes peuvent, par plaisir, nier l'ordre établi d'un monde dans lequel ils ne se sentent pas à l'aise. En s'identifiant au héros du conte, les jeunes peuvent parvenir à leurs fins, plaisir dont la découverte ne se fait que de façon sporadique dans la vie. Et quand ils s'identifient au plus faible qui réussit, cela leur assure une victoire dans l'imaginaire.

Les aventures

Les aventures vécues par les personnages se situent le plus souvent à une époque très éloignée, car le recul du temps est un élément qui appelle plus facilement l'adhésion de l'auditeur ou du lecteur. Certains types de situations se retrouvent fréquemment dans le conte :

- Les séries d'épreuves : affrontées volontairement par le héros pour épouser la princesse ou faire cesser un enchantement.

- Les fuites et les poursuites : qui peuvent être accompagnées de métamorphoses.
- Les déplacements : instantanés dans le temps et dans l'espace.
- Les enchantements et les dons.
- Les prédictions : que l'on essaie de détourner.
- Les métaphores.
- Les reconnaissances : à partir d'un objet, comme la pantoufle de *Cendrillon.*
- Les mariages : avec des époux surnaturels ou enchantés.
    Ex. : *La Belle et la bête.*
- Les friponneries, les drôleries, les substitutions de fiancés : spécialement dans les contes facétieux ou contes à rire.

Les lieux

Les endroits les plus courants, caractéristiques de l'univers du conte , sont les suivants :

- Les châteaux : avec des tours, des souterrains, des chambres secrètes ; ce sont parfois de véritables palais.
- Les chaumières : qui évoquent le cadre familial.
- Les grottes et les cavernes : qui recèlent souvent un trésor ou qui abritent des êtres surnaturels.
- La forêt : souvent pleine de mystères et de maléfices.

On retrouve certains objets propres au monde des contes :
- Les bottes de sept lieues.
- La baguette magique, l'anneau qui rend invisible, l'arme invincible.
- Le rouet.
- Etc.

Les valeurs

Un certain nombre de qualités humaines sont mises en évidence par l'intermédiaire des personnages et des situations du conte. On trouve principalement le courage, l'amour, la bonté, la persévérance ; l'envers de ces qualités est aussi dépeint : la haine, la lâcheté, etc. Ces valeurs sont la plupart du temps exagérées.

On assiste souvent à la victoire d'un héros moins puissant sur un plus puissant que lui. Cela rejoint la situation de l'enfant ou de l'adolescent dans le monde des adultes. Le jeune sympathise avec ce type de héros qui lui permet de se rassurer et d'entrevoir que lui aussi, un jour, trouvera sa place au soleil.

CONTENU DU CONTE

Le conte a une structure particulière qui fournit la charpente sur laquelle s'appuie le narrateur ou l'écrivain. Elle facilite la compréhension et la mémorisation. Il faut noter cependant que la structure caractéristique du conte peut être plus ou moins modifiée dans le conte moderne.

La structure spécifique du conte se manifeste dans l'intrigue, au moment de l'introduction et de la conclusion mais principalement au niveau du développement.

L'introduction

– Elle débute en général par une formule du genre : « Il était une fois, il y a bien longtemps », etc.

– Elle est toujours brève.

– Elle présente généralement le personnage principal, le temps, le lieu où se situe l'action, le problème qui doit être résolu ou le conflit qui est au cœur de l'action.

Pour le lecteur ou l'auditeur d'un conte, la brièveté de l'introduction fait le charme de ces récits. Un minimum de descriptions suffit pour obtenir leur attention.

Le développement

Il se déroule selon un certain rythme soit binaire ou ternaire, soit énumératif, cumulatif ou répétitif.

Les nombres deux et trois déterminent fréquemment la structure des contes. On y trouve généralement deux ou trois épisodes bâtis sur le même schéma. Lorsque le schéma est différent, il y a alors des effets de parallélisme ou d'opposition.

Dans le conte, certaines phrases ou formules peuvent être répétées plusieurs fois.

On peut rencontrer plusieurs autres possibilités dans l'utilisation des structures des contes. Les jeunes trouvent dans ces structures les points de repère dont ils ont besoin pour comprendre et retenir le récit. Dans le développement d'un conte, les dialogues sont souvent utilisés, l'emploi des formulettes est fréquent, beaucoup d'actions se produisent. Le conte se déroule de façon logique visant à atteindre sans détours la conclusion ; on évite de s'attarder aux détails.

La conclusion

– La conclusion se déroule rapidement et comporte peu de détails ; elle est aussi courte que l'introduction.

– Elle se termine souvent par une formule consacrée du genre : « Ils se marièrent et eurent beaucoup d'enfants » pour le conte merveilleux, « et c'est depuis ce temps-là que... » pour le conte explicatif, etc.

- Elle comporte souvent une morale : la vertu est toujours récompensée, les bons gagnent, les mauvais perdent.

Le schéma qui suit propose une synthèse des parties constituantes du conte.

CONTENU DU CONTE

INTRODUCTION	DÉVELOPPEMENT	CONCLUSION
Il était une fois...	Rythme bien défini	Sans détails
Brève	*** soit binaire ou ternaire**	Brève
Situe les éléments essentiels	*** soit énumératif, cumulatif, répétitif**	Souvent formule consacrée
	Emploi de dialogues Utilisation de formules	Parfois présence de morale

LA VALEUR DE SYMBOLE DU CONTE

Selon Jean-Marie Gillig[10], le désir de vivre et de bien vivre, de réussir notre destinée ici-bas, participe d'abord à un rêve avant de devenir réalité. Si nous étions immortels, ce à quoi nous rêvons dans les songes qui verticalisent notre rapport à un hypothétique dieu [...], à quoi servirait le merveilleux, puisqu'il est naturel d'être merveilleux quand on est immortel ? Le merveilleux est une réponse de l'homme à son incomplétude, et les inventions que suscite cette réponse, de l'ordre du mythe ou du conte, sont des productions qui ont valeur de symbole. Le merveilleux n'est jamais dans le réel quotidien, mais dans l'imaginaire et le symbolique.

À cela, l'auteur ajoute l'idée que le conte traduit d'une manière symbolique les aspirations de l'homme [...]. Quête du héros, désir de réussir, fantasme d'omnipotence, dépassement du conflit, et toutes autres modalités de la réalité psychique sont les matériaux qu'utilise le conte merveilleux, et ce sont en partie les mêmes que dans le rêve puisqu'il s'agit là également de la réalisation d'un désir.

Selon différentes approches privilégiées, qu'elles soient didactiques, pédagogiques ou psychanalytiques, le symbolisme présent dans les contes permet de faire la lumière sur l'aspect de l'universalité des contes mais aussi sur la signification intime d'un personnage, d'un lieu, d'une situation pour chaque lecteur ou auditeur d'un récit de conte.

---

10. Jean-Marie GILLIG. Op. cit. p. 56.

Jean-Lucien Rousseau[11] précise que le symbole est un miroir à facettes qui se meut sur la pente de l'affectivité, totalisant en une vision unique les images qu'il a captées. Toutes ces images d'apparence diverses ont un dénominateur commun : la réalité de l'aspect qui commande souverainement à l'imagination.

En bref, le symbolisme des contes favorise l'atteinte de l'équilibre de la personnalité. Il permet à l'être humain de mettre de l'ordre dans sa maison intérieure et d'appréhender le monde de façon positive et personnelle. De là, il est permis d'entrevoir la force et l'impact des liens existant entre les fonctions du conte et le symbolisme qu'on reconnaît à ce genre littéraire.

LE CONTE, UN RÉCIT AUX MULTIPLES FONCTIONS[12]

Un grand nombre de spécialistes[13] du conte et du développement de l'enfant et de l'adolescent ont étudié les fonctions du conte. Par fonction d'un conte, l'on entend le rôle que joue le conte, dans son entier ou dans l'un de ses éléments constitutifs, face à un besoin exprimé ou ressenti par le destinataire du récit. Les fonctions du conte peuvent ainsi jouer un rôle sur différents aspects de la personnalité de l'enfant ou de l'adolescent, à travers les différentes étapes de son développement psychologique, notamment.

De la lecture et de l'analyse des différentes données connues se rapportant aux fonctions du conte, se dégagent des constantes dont il importe de tenir compte. Parmi elles, la possibilité de regrouper celles qui sont attribuées au conte, en trois fonctions principales, soit : aider les jeunes à mieux se connaître et se comprendre, aider les jeunes à établir des liens entre eux et le monde extérieur et enfin, aider les adultes à mieux connaître et comprendre les enfants ou encore les adolescents. Un regard attentif sur chacune des fonctions énumérées précédemment ajoutera sans doute à la compréhension de ces concepts.

Le conte, comme une aide dans la connaissance et la compréhension de soi

« *Connais-toi toi-même* », a dit Socrate. Avait-il déjà réfléchi aux conséquences temporelles et psychologiques d'une affirmation comme celle-ci, dans la vie de chaque humain ? Avait-il déjà identifié que le conte pouvait contribuer à y parvenir efficacement ? Et si oui, comment ?

Les jeunes qui fréquentent les milieux éducatifs sont sans cesse confrontés à la difficulté et à l'ambiguïté de parvenir à la connaissance éclairée et à la compréhension de la majorité des attendus des milieux scolaire parascolaires, familial, etc., de leurs enjeux, (soit la réussite ou l'échec), ainsi que du rôle social

---

11. Citation tirée de l'ouvrage de Jean-Lucien ROUSSEAU intitulé *L'envers des contes*, publié en 1988 à St-Jean-de-Braye : Dangle, p. 32.
12. Des extraits du livre intitulé *Peur de qui ? Peur de quoi ? Le conte et la peur chez l'enfant*, sont utilisés dans la présente partie de texte afin d'apporter un éclairage sur la notion de fonctions des contes. Op. cit. p. 20-23
13. Georges JEAN, Marc SORIANO, Bruno BETTELHEIM et Pierrre PÉJU comptent parmi les spécialistes qui ont défini et précisé les notions essentielles à une meilleure connaissance et à la compréhension des différentes fonctions du conte. La bibliographie proposée en fin d'ouvrage énumère quelques études et essais en littérature d'enfance et de jeunesse publiés par ces auteurs.

qu'on leur attribue. Aussi, ont-ils rarement l'occasion de s'arrêter et de chercher en eux des réponses personnelles aux décisions formelles que différents intervenants leur proposent, et leur imposent souvent. À ces occasions, comment s'étonner de l'indifférence ou encore des réactions négatives, et souvent incompréhensibles manifestées par ces jeunes ? Et comment, l'adulte peut-il parvenir à y apporter des correctifs appropriés ?

L'universalité des contes et l'expérience qu'ils transmettent éclairent le lecteur ou l'auditeur sur lui-même. Ils l'aident à stimuler son imagination, à développer son intelligence, à explorer le monde de ses expériences personnelles. Les contes expriment des émotions qu'il vit, lui permettent de récupérer des vérités qu'il sent, mais qu'il ne peut ou ne sait dire. En somme, ils parlent aux jeunes de leurs pressions intérieures. En outre, la sélection judicieuse de contes qui tient compte des différentes étapes du développement de l'enfant et de l'adolescent, favorise l'identification au héros qui vit des problèmes identiques ou semblables à ceux que ces jeunes doivent affronter et tendre à résoudre tout au long de leur croissance.

À cela, Fédida et Guérin[14] ajoutent que non seulement les contes mettent en figuration le monde interne de l'enfant mais encore, qu'ils le lui restituent après une transformation qui le rend tolérable et internalisable, c'est-à-dire que le sujet peut le faire pénétrer dans son espace psychique et l'intégrer à son fonctionnement psychologique.

D'où la connaissance et la compréhension de soi, qui revêtent une grande importance pour les jeunes en quête d'épanouissement personnel, et par là même, la nécessité de la présence assidue du conte dans leur vie.

Le conte, comme une aide dans l'établissement de liens
avec le monde extérieur

Les philosophes Barrière et Roche[15] affirment qu'on ne peut se connaître seul. Le sujet pensant, détaché du monde ou isolé parmi ses semblables, ne saurait être la seule réalité. Il n'est pensant que parce qu'il est en rapport avec le monde qu'il domine progressivement, et avec autrui qui ne cesse de le remettre en question. L'étude des personnages des contes, *sujets pensants* de récits ayant fait l'expérience du monde et des rapports avec autrui permet d'affirmer qu'ils peuvent favoriser la création et la qualité de liens privilégiés entre le lecteur contemporain et les êtres humains qui l'entourent. D'où leur présence nécessaire dans les milieux familial, scolaire et parascolaire.

Qui étudie les contes constate que la majorité d'entre eux répondent à un besoin de merveilleux, qu'ils encouragent la rêverie et la fantaisie, qu'ils ouvrent

---

14. Dans « Une fonction du conte : un conteneur potentiel », in KAËS, R. et al. *Contes et divan* publié à Paris, aux éditions Dunod, en 1994, p. 81-156, Christian GUÉRIN appuie les propos de Pierre FÉDIDA publiés dans « Le conte et la zone d'endormissement », in *Psychanalyse à l'université 1,* No. 1, 1975, p. 111-151.
15. Cette citation est tirée de *Miroir ô Miroir : Se connaître,* écrit par Jean-Jacques BARRIÈRE et Christian ROCHE publié aux Éditions du Seuil, dans la collection Philo Seuil, en 1996, p. 70.

de nouvelles dimensions de l'imagination, qu'ils amènent le jeune à reconnaître et à comprendre un monde d'enfants, d'adolescents et d'aînés dont bon nombre d'entités et de règles lui échappent. Somme toute, un monde réel qu'il comprend mal et qu'il ne peut découvrir seul, mais qu'il doit pourtant conquérir. Une conquête déterminante qui peut souvent lui apparaître parsemée d'obstacles et que le conte contribue à franchir positivement.

La forme et la structure des contes, leur caractère fantastique également, ont l'immense bénéfice de proposer aux jeunes des images qui leur offrent la possibilité de se familiariser avec ce qui se passe dans leur inconscient mais aussi de comprendre ce qui se passe dans leur être conscient. Sans oublier que le conte peut les aider à satisfaire leurs besoins intellectuels et affectifs, à affirmer leur personnalité. Le conte permet à chaque jeune de prendre conscience de sa valeur, de maîtriser ses problèmes intérieurs et ceux provenant du monde extérieur.

Déjà, le jeune a franchi, en compagnie des contes, plusieurs étapes le menant à l'ouverture positive et consciente à autrui et au monde.

Le conte, comme une aide pour les adultes à mieux connaître et comprendre les jeunes

S'interrogeant sur l'étrange destin des contes populaires qui ont parcouru des siècles pour parvenir jusqu'à nous et qui contribueront sans doute encore longtemps, désormais sous la forme orale et écrite, à accompagner le passage de l'état d'enfant à l'état d'homme, Jean-Marie Gillig[16] pose les questions suivantes : Comment expliquer leur succès (des contes), autrement d'abord que par l'enchantement qu'ils exercent sur les enfants ? Mais comment expliquer ensuite que l'enfant devenu à son tour un homme, ait besoin de continuer à faire croire à ses propres enfants que les contes, dont ceux appartenant à la catégorie des contes de fées leur sont indispensables ?

Les adultes ne savent-ils tout simplement pas déjà que les contes offrent un lieu localisable, à la fois hors du quotidien et dans le quotidien, où l'on peut toujours retourner et d'où l'on pourra toujours partir ? Ils sont révélateurs de l'enfance qui se cherche en nous et que parfois nous recherchons encore, même parvenus à l'âge adulte. Leurs contenus peuvent aider l'adulte à comprendre les comportements parfois inexplicables, mais toujours motivés des humains, dont les enfants et les adolescents, par le moyen du merveilleux et de l'imaginaire symbolique exprimés, sinon révélés dans ces récits. Rien ne pourrait se bâtir, faute d'investissement affectif, faute de l'exercice de la fonction d'imagination exprimée par les protagonistes des contes.

ANALYSE STRUCTURALE DES CONTES

Selon Jean-Marie Gillig[17], il est important que l'adulte qui souhaite rendre désirable le goût du conte aux jeunes soit lui-même suffisamment imprégné des

---

16. Ces propos sont tirés de l'ouvrage intitulé *Le conte en pédagogie et en rééducation,* écrit par Jean-Marie Gillig et publié aux Éditions Dunod en 1997, p. 54.
17. De larges extraits du chapitre portant sur l'analyse structurale des contes sont repris dans cette partie de texte. Ibid. p. 33-53.

dimensions historiques, littéraires et folkloriques du conte. Connaître en tant qu'adulte les différentes versions du *Petit Chaperon rouge*, en particulier celle de Perrault et celle des Grimm, mais aussi les versions modernes parodiques et détournées est une activité fort enrichissante. Elle lui permet de pouvoir repérer la variabilité des motifs, condition nécessaire à un travail sur la thématique de l'interdit et de la transgression, ou sur l'image du loup et sa symbolique dans les contes et autres récits qui le mettent en scène. Et de là, la connaissance et l'utilisation éclairées de ces récits auprès des jeunes.

L'auteur poursuit en affirmant que sauf exception et don particulier, on ne produit bien que si l'on est imprégné et capable de décoder l'objet de cette imprégnation dans ses règles fondamentales. C'est dire que l'imprégnation culturelle ne représenterait qu'une modeste valeur si la capacité d'analyse ne venait la compléter et la rationaliser, et par là même donner paradoxalement de nouvelles perspectives à l'imaginaire. D'où la nécessité d'aborder ci-après, quelques-unes des principales notions se rapportant à l'analyse structurale des contes complétée par différents spécialistes de ce domaine.

FOLKLORISTES ET NOTION DE CONTE-TYPE, DE VERSION, DE VARIANTE, ET D'ARCHÉTYPE

Au début du XXᵉ siècle, des folkloristes et des ethnologues d'Europe et d'Amérique du Nord sont animés par la nécessité, voire par l'urgence de sauvegarder une oralité en voie de disparition. Ils entreprennent de répertorier et d'inventorier ces récits. Catherine Velay-Vallantin[18] précise que les folkloristes de l'école finnoise distinguent des notions prioritaires, dans la classification historico-géographique des contes, mise en œuvre par Antti Aarne et Stith Thompson et qui fit l'objet en 1928, de la publication du célèbre *Aarne-Thompson*, la première édition du catalogue des versions de contes de partout dans le monde. Ce sont les notions de *conte-type, de version, de variante et d'archétype*.

Ainsi, les récits dont les ressemblances l'emportent sur les différences appartiennent au même *conte-type*. Chaque *version* attestée constitue un texte, dont les épisodes particuliers peuvent être considérés comme des *variantes* par rapport au *conte-type*. Antti Aarne et Stith Thompson postulent également l'existence pour chaque *conte-type* d'un *archétype,* c'est-à-dire d'une forme originelle du conte d'où dériveraient toutes les *versions* attestées et aussi, sans nul doute, certaines perdues en cours de route. À cet *archétype* ils assignent une existence historique, estimant que chaque *conte-type* est né dans un endroit unique, à partir duquel il s'est diffusé. Il suppose que les contes se transmettent sans transformations importantes, pendant des durées longues, de génération en génération, tant qu'ils restent dans la même aire ; dès qu'ils émigrent vers d'autres aires géographiques, ils se modifient pour s'adapter au nouveau contexte culturel.

En France, *La Société d'ethnologie française* est fondée en 1946. Au sein de cette Société, un groupe de chercheurs, autour de Paul Delarue se spécialisent

---

18.   Des extraits de l'introduction de l'ouvrage intitulé *L'histoire des contes* sont repris ici. Op. cit. p. 11-41.

dans l'étude du conte. Ce dernier rassemble une documentation précieuse qui fournit la base de son catalogue national publié en 1957 et intitulé *Le conte populaire français. Catalogue raisonné des versions de France et des pays de langue française d'outre-mer*, un ouvrage majeur dans ce domaine. Après la mort de Paul Delarue, sa collaboratrice, Marie-Louise Tenèze étend les recherches entreprises sur les contes merveilleux, en s'attardant également à l'étude et à l'analyse des contes d'animaux et des contes religieux.

Au Québec et au Canada, un magnifique travail de recension des contes fut réalisé par des folkloristes. Pour ne nommer que les pionniers, mentionnons Marius Barbeau et Luc Lacourcière qui, pendant plusieurs années, ont visité des régions du Québec, de l'Acadie et d'ailleurs au Canada, principalement à la recherche de contes imprégnés de la saveur locale du langage des conteurs rencontrés. Au cours des récentes décennies, ces travaux ont donné lieu à plusieurs publications.

De plus, jusqu'à maintenant, plusieurs dizaines de milliers de contes, légendes, chansons et comptines issus de la tradition orale ont été recensés et bon nombre sont consignés aux archives de folklore de l'Université Laval.

DES MODÈLES D'ANALYSE STRUCTURALE DES CONTES

Au XXe siècle, des spécialistes du conte originaires de différents continents ont tenté d'éclairer l'approche théorique du conte. Propp, Greimas, Brémond et Larivaille comptent parmi ceux qui ont développé des modèles d'analyse structurale de ces récits et qui sont utilisés dans bon nombre de milieux éducatifs contemporains.

Un bref regard sur quelques composantes majeures des travaux conduits par chacun de ces chercheurs favorisera une meilleure connaissance de la structure du conte, ainsi qu'une exploitation éclairée de ces récits.

L'analyse morphologique de Propp

Le folkloriste Vladimir Propp fut le premier à étudier les formes du conte. Considérant le conte comme une superstructure, il se propose de retrouver dans des contes puisés à la tradition orale, les systèmes de production de ces contes, ou plutôt les régimes sociaux correspondant qui ont favorisé la création de ces récits. Ainsi, il s'appuie sur le fait que les contes merveilleux contiennent des vestiges de croyances et de rituels.

En 1928, Vladimir Propp publie en Russie, un ouvrage intitulé *Morphologie du conte*. Ce folkloriste[19] privilégie l'étude morphologique du conte. Il définit la morphologie comme étant une description des contes selon leurs parties constituantes et des rapports de ces parties entre elles et avec l'ensemble. La méthode d'analyse qu'il applique à une centaine de contes merveilleux russes est *inductive*, c'est-à-dire que l'étude des parties constitutives de chaque conte de ce corpus lui permet d'esquisser un modèle général de description et de

---

19. Citation tirée de l'ouvrage de Vladimir PROPP, intitulé *Morphologie du conte* publié aux éditions du Seuil, à Paris, en 1973, p. 28.

fonctionnement des formes du conte, et d'établir une classification des contes, non selon leur sujet, mais plutôt selon leurs structures. Il voit dans les motifs[20] des contes merveilleux des éléments qui mettent en jeu des variables : les noms et les attributs des personnages, et des constantes : les actions qu'ils accomplissent. Pour Propp, seule importe pour la structure du conte, la fonction, c'est-à-dire l'action des personnages, définie du point de vue de sa signification dans le déroulement du récit, quelle que soit la manière dont ces derniers remplissent leur fonction. Ce folkloriste dégage de ses travaux que les contes merveilleux russes sont constitués d'une suite syntagmatique de trente-et-une fonctions, liées par un rapport d'implication. Des fonctions qui s'enchaînent dans un ordre identique. C'est le développement invariable de ces fonctions qui constitue le schéma canonique du conte merveilleux.

Les trente-et-une fonctions de Propp[21]

---

1. Absence ou éloignement. 2. Interdiction. 3. Transgression. 4. Interrogation / demande de renseignement. 5. Information ou renseignement reçu. 6. Tromperie. 7. Complicité involontaire. 8. Méfait. 8 a). Manque. 9. Appel ou envoi au secours. 10. Début d'entreprise réparatrice. 11. Départ du héros.

* Ici, un nouveau personnage (donateur) entre en scène pour aider le héros.

12. Première fonction du donateur. 13. Réaction du héros. 14. Réception de l'objet magique. 15. Transport dans l'espace entre les deux royaumes. 16. Combat. 17. Marquage. 18. Victoire. 19. Réparation. 20. Retour. 21. Poursuite. 22. Secours.

(23). * Ici peut débuter un autre récit qui donne lieu à une seconde séquence redémarrant à la fonction 8 pour une nouvelle quête.

24. Arrivée incognito. 25. Tâche difficile. 26. Accomplissement de la tâche difficile. 27. Reconnaissance. 28. Découverte. 29. Transfiguration. 30. Punition. 31. Mariage.

Selon Jean-Marie Gillig, la répartition des fonctions entre les personnages précisée par Propp présente également un grand intérêt. Les fonctions peuvent alors être regroupées en sphères d'action, le conte merveilleux étant défini par Propp comme un récit à sept personnages.

---

20. Dans le conte, un motif signifie tout élément significatif.
21. Les notions théoriques proposées dans les tableaux 1 et 2 sont extraites, en entier ou en partie, de l'ouvrage de Jean-Marie GILLIG. Op. cit. p. 37 et p. 39.

Les sept sphères d'action de Propp

PERSONNAGES	FONCTIONS
1. Sphère d'action de l'agresseur	∘ méfait ∘ combat ∘ poursuite
2. Sphère d'action du donateur	∘ préparation de la transmission de l'objet magique ∘ don de l'objet magique
3. Sphère d'action de l'auxiliaire	∘ transport dans l'espace ∘ réparation du méfait ou du manque ∘ secours ∘ accomplissement ∘ transfiguration
4. Sphère d'action de la princesse, personnage ou objet de la quête	∘ mariage ∘ tâche difficile ∘ découverte du faux-héros ∘ reconnaissance du héros ∘ châtiment ∘ mariage
5. Sphère d'action du mandateur	∘ envoi du héros
6. Sphère d'action du héros	∘ départ en vue de la quête ∘ réaction du héros ∘ mariage
7. Sphère d'action du faux-héros	∘ départ en vue de la quête ∘ réaction du faux-héros ∘ prétention mensongère

Vladimir Propp peut être considéré comme un pionnier d'un renouveau de la recherche en études folkloristes. Encore aujourd'hui, plusieurs spécialistes se réfèrent aux travaux de ce dernier pour appuyer leurs analyses théoriques du conte. Toutefois, certains lui reprochent d'avoir dénié une pertinence structurale au motif, et d'avoir réduit à un seul, les types du conte merveilleux russe. Ainsi, Vladimir Propp est allé au-delà de son but. Et de l'avis de plusieurs spécialistes, il aurait été préférable qu'il conserve les notions de motif et de conte-type et qu'il les légitimise.

Le schéma actantiel de Greimas

Dans un ouvrage de référence faisant état de travaux en analyse structurale, *Sémantique structurale*[22], Greimas élargit le modèle de Propp et propose l'utilisation de concepts permettant l'analyse, non seulement des contes merveilleux, mais plutôt de toute forme de récit. Dans un premier temps, il réduit les trente-et-une fonctions établies par son prédécesseur à vingt. S'inspirant également principalement des fonctions des sept personnages de Propp regroupées en sphère d'action, il introduit la notion d'*actant* déjà utilisée en linguistique, soit le sujet qui fait l'action par le verbe répondant à la question : que fait tel personnage ? Ce dernier étant l'agent ou l'*actant* de l'action que Greimas considère comme le constituant fondamental de la syntaxe du récit.

Reprenant le schéma syntaxique classique : sujet —> verbe —> objet, il extrapole une formulation actantielle nouvelle sous forme d'opposition : sujet *versus* objet, passant ainsi du micro-univers syntaxique au micro-univers sémantique. Il ajoute deux autres catégories à cette première : destinateur *versus* destinataire et adjuvant *versus* opposant, transformant ainsi le modèle des sphères d'action de Propp.

Le schéma actantiel de Greimas

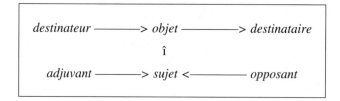

Pour Greimas, les *acteurs* ou personnages, sont variables d'un conte à l'autre. Ils prennent pour la même fonction, qui est invariante, des noms et des attributs multiples. Il définit les *acteurs* comme étant les « expressions occurentielles d'un seul et même *actant* défini par la même sphère d'activité », et par conséquent, chaque fois qu'un *acteur* apparaît dans un conte, l'analyse consiste à identifier à quel *actant* il se rapporte. Les *actants* sont des classes d'*acteurs* renvoyant à un genre, habituellement au conte. Partant de là, il est possible d'identifier les *actants* à partir des sept sphères d'action de Propp.

22. GREIMAS, A.-J. *Sémantique structurale*. Paris : Larousse, 1966.

Les actants selon Greimas

Le destinateur	*On retrouve dans ce concept celui du mandateur. C'est lui qui pousse le héros à accomplir les tâches difficiles, qui l'envoie dans sa quête, qui peut lui imposer une marque.*
Le destinataire	*Il est confondu avec le héros bénéficiaire de l'objet de la quête, qui s'avère être en même temps le sujet mis en mouvement par son pendant logique, le mandateur-destinateur.*
L'adjuvant	*C'est l'auxiliaire magique et donateur à la fois.*
L'opposant	*Simple à identifier, c'est celui qui veut du mal au héros, donc le faux-héros ou l'agresseur.*

Les catégorisations actantielles énumérées précédemment et opérées par Greimas favorisent la compréhension des relations existantes entre les actants du schéma qui précède. Ainsi, la relation sujet *versus* objet traduit l'investissement du désir qui est le moteur de la quête du héros. La relation de désir qui unit le sujet à l'objet dans le conte merveilleux est semblable à celle de l'être humain dans son désir d'aimer, de réussite personnelle, etc.

Dans la catégorie actantielle destinateur *versus* destinataire, Greimas s'appuie également sur l'exemple de la relation amoureuse. Le sujet est le destinataire tandis que l'objet est le destinateur de l'amour. Le sujet-héros est toujours le destinataire dans le conte. Quant au destinateur, c'est la force qui pousse le héros, c'est l'énergie qui le fait avancer vers l'objet de désir, ou encore c'est un personnage qui mandate le héros, comme l'amour qui poussa le Prince charmant à franchir de nombreux obstacles pour trouver la Belle au bois dormant.

Enfin, dans la catégorie actantielle adjuvant *versus* opposant, Greimas voit l'opposition entre le bien et le mal, entre les qualités positives du héros et celles négatives du faux-héros ou de l'agresseur. La notion de combat entre ces protagonistes se dégage clairement de l'analyse effectuée par ce spécialiste.

Claude Brémond et la logique narrative

Continuateur des analyses morphologiques de Propp, Brémond rejette toutefois l'idée des trente-et-une fonctions immuables de Propp, affirmant qu'on peut y retrouver des bifurcations, des alternatives, des rebondissements et que les conteurs de ces récits de tradition orale ne doivent s'astreindre à suivre le trajet unilinéaire formalisé par Propp. Il affirme également que Propp a ignoré les motivations que peuvent avoir les héros des contes, compte tenu que le genre littéraire n'obéit pas qu'aux lois de la causalité linéaires et mécaniques, mais aussi à l'évolution des personnages qu'on y retrouve. Et que par conséquent, il importe d'identifier les liens unissant ces propositions, soit à en isoler les *motifs*. Pour Brémond, ce travail se rapportant aux *motifs* consiste à révéler l'agencement des propositions narratives rencontrées dans la structure du récit qui ne peut être réduite simplement en faisant la somme de ses éléments.

Les résultats qu'il obtient sont publiés dans *L'analyse structurale du récit*[23]. Leur analyse permet de retenir que Brémond est parvenu à identifier une matrice initiale de trois séquences soit : 1. *Dégradation-Amélioration* 2. *Mérite-Récompense* et 3. *Démérite-Châtiment*.

On relève également qu'il conserve la fonction de Propp comme unité de base. La séquence obtenue devient une triade qui correspond à trois phases donnant lieu à une alternative :

○ une fonction qui ouvre la possibilité du processus sous forme de conduite à tenir ou d'événement à prévoir ;

○ une fonction qui réalise cette virtualité sous forme de conduite ou d'événement en acte.

○ une fonction qui clôt le processus sous forme de résultat atteint.

Les travaux de Claude Brémond lui ont également permis de développer le schéma suivant :

La logique des possibles narratifs de Brémond

		1. Succès
	A. Actualisation de la possibilité	
Situation ouvrant sur une possibilité		2. Échec
	B. Possibilité non actualisée	

La démarche de recherche appliquée dans ce tableau permet de relever que Brémond tend à corriger ou à compléter des notions déjà précisées par Propp et

---

23. Voir Claude BRÉMOND. « La logique des possibles narratifs ». *Communications, 8,* in *L'analyse structurale du récit.* Paris : Le Seuil, 1981, p. 66.

Greimas. Par exemple, Brémond corrige l'erreur de Propp de ne pas tenir en compte les aspects moraux et psychologiques des personnages de ces récits. Mais surtout, Brémond permet de dégager que les types narratifs mis en lumière par ses prédécesseurs dans le cadre de l'analyse structurale du récit, ne sont pas uniquement déterminés par la logique causale et la succession chronologique des événements, mais que la culture, les croyances, les religions, voire les idéologies les différencient.

On peut également relever que ni Propp, ni Brémond n'abordent la question de l'origine des contes dans les travaux de recherche qu'ils ont menés, laissant sans doute à la psychanalyse le soin de se pencher sur ces aspects fascinants et complexes étroitement liés à l'étude du conte.

Larivaille et son modèle

Dans des travaux consacrés à l'exploitation des schémas narratifs, Larivaille s'inscrit dans une démarche amorcée par les recherches de Propp, de Greimas et de Brémond. Ainsi, il se penche sur l'étude morphologique du récit, révise le schéma canonique des trente-et-une fonctions de Propp et les réduit à une série de cinq séquences de nature identique qui s'enchaînent logiquement et chronologiquement, pour devenir les cinq fonctions d'une séquence élémentaire du récit. Selon Larivaille[24], la progression du récit s'opérerait suivant un axe logique conduisant d'un état initial dégradé à un état final amélioré.

Des schémas proposés par Paul Larivaille, celui portant sur la transformation dynamique des deux états du récit mérite d'être repris. La simplicité et l'intérêt de différentes applications pédagogiques peuvent en découler. Sans compter que la plupart des contes peuvent être analysés sur la base de ce schéma.

Les états du récit de Larivaille

I. Avant *État initial* équilibre	*II. Pendant* *Transformation (agie ou subie)* processus dynamique		*III. Après* *État initial* équilibre
1	*2. Provocation* (détonateur) déclencheur	*3. Action*	*4. Sanction* (conséquence)

Le découpage linéaire proposé par Larivaille permet de délimiter clairement les parties de chaque récit analysé. L'état initial et l'état final se distinguent clairement de l'entre-deux des actions qui débute avec une rupture, nommée provocation ou déclencheur par l'auteur du schéma. Un moment important du conte qui introduit un changement dans le temps des verbes du récit, allant souvent

---

24. Voir Paul LARIVAILLE. « L'analyse (morpho)logique du récit ». In *Poétique* 19, 1974.

de l'imparfait au passé simple, dont le médiateur doit tenir compte au moment de la présentation du récit auprès des enfants et des adolescents, voire des adultes.

Mais encore

Cette partie portant sur l'analyse structurale du récit anticipait la connaissance et la compréhension de certaines notions précisées par différents chercheurs. D'où une conscientisation à l'intérêt de s'attarder à l'étude du conte. Bien entendu, l'analyse exhaustive de l'ensemble des aspects étudiés par ces spécialistes, et par d'autres dont il n'a pas été question ici, nécessiterait qu'on s'y arrête plus longuement. Néanmoins, la présente démarche saura peut-être ouvrir la voie à de nouvelles recherches qui permettront d'utiliser judicieusement les contes auprès des jeunes qui fréquentent les différents milieux éducatifs.

2. LE MYTHE

Bien qu'un nombre limité d'ouvrages abordant des récits mythiques soient publiés dans la production d'ouvrages récents destinés à l'enfance et à la jeunesse, il appert que l'intérêt qu'ils suscitent auprès du jeune lectorat, et leur appartenance à la grande famille des contes justifient qu'on s'y attarde, ne serait-ce que le temps d'en préciser quelques aspects caractéristiques. D'autant plus que leurs contenus, les personnages qu'on y retrouve, les situations qui y sont proposées rejoignent chaque lecteur ou auditeur dans sa quête de connaissance et de compréhension de l'univers et de lui-même.

ET L'HOMME DÉCOUVRIT QUE LE MYTHE S'ABREUVAIT À LA SOURCE DE LA VIE DANS L'UNIVERS

Depuis l'aube de l'humanité, l'homme a cherché à mettre en place et en ordre les différents éléments de l'univers, afin de tendre à se situer face à l'infiniment grand. Une quête qui devait lui permettre de se rassurer sur la nécessité de son existence et de sa présence dans un monde dont plusieurs facettes lui étaient inconnues ou incomprises. Ce sont les récits des mythes que les hommes ont interrogés pour trouver des réponses satisfaisantes à des questions telles que : Pourquoi sommes-nous sur la terre ? Que nous arrive-t-il après notre mort ? Comment le monde a-t-il été créé ? Par voie de tradition orale, les personnages, les situations, les lieux présents dans les mythes ont répondu aux questions de chacun pendant des siècles. Par la magie des mots, ces récits ont également pu susciter d'autres questions, reflet de la recherche incessante de l'homme à propos de lui-même et du monde dans lequel il évolue.

En étudiant ces récits, les mythologues, les anthropologues, les folkloristes notamment, ont découvert que les mythes avaient franchi les frontières du temps et plusieurs aires géographiques, pour s'introduire jusque dans les chaumières et les palais existant alors, précisément là où les adultes et les jeunes attendaient les récits mythiques qui les guideraient dans leur quête incessante les conduisant à la découverte de la vérité. Les mystérieux inconnus qui avaient contribué à mettre au point les mythes avaient accompli une œuvre majestueuse. Elle expliquait à l'homme pourquoi et comment il était au nombre des êtres évoluant sur la scène grandiose d'univers insondables : celui du cosmos et celui de sa propre condition humaine. Et sans doute, parce que la vie du mythe semble étroitement liée à la dimension éternelle de l'humain, on s'en souvient encore aujourd'hui.

DÉFINITION

Le Petit Robert définit le mythe comme étant un récit fabuleux souvent d'origine populaire, qui met en scène des êtres incarnant sous une forme symbolique des forces de la nature, des aspects de la condition humaine.

Pour sa part, Gillig[25] précise que le mythe est un récit imaginaire d'exploits réalisés par des personnages considérés comme ayant des pouvoirs quasi divins, en tout cas hors du commun des mortels. Ainsi en est-il des mythes grecs contant les exploits sur terre et sur l'Olympe, des dieux et des demi-dieux.

À cela, Pierre Péju[26] ajoute que les premiers récits mythiques étaient constitués de personnages, de situations et de lieux qui mettaient en scène les éléments de la nature. Ceux-ci étaient personnifiés et tendaient à remplacer le *Chaos*, lui-même un personnage mythique, par l'*Univers* et les éléments que l'homme y retrouve.

Mais encore

Alors que les définitions qui précèdent se réfèrent à des récits très anciens, il est permis de constater que dans la société moderne constituée fort différemment des sociétés ancestrales, ce terme peut être défini de façon différente. Ainsi, le Petit Robert précise aussi que le mythe est une image simplifiée, souvent illusoire, que des groupes humains élaborent ou acceptent au sujet d'un individu ou d'un fait et qui joue un rôle déterminant dans leur comportement ou leur appréciation.

Cette dernière définition du mythe tend à démontrer que plusieurs éléments caractéristiques de ces récits ont survécu jusqu'à présent, et les transformations qu'ils ont connues sont une preuve culturelle et historique de leur importance dans l'évolution de chaque être humain. La création, l'acceptation ou la croyance en un personnage ou en une situation mythique contemporaine, mettent en évidence la perception souvent subjective que peuvent avoir les jeunes ou les adultes en regard d'individus ou de situations. Des traits humains qui survivent au passage des millénaires et des individus. La présence du mythe au sein de la société contemporaine peut aussi signifier le besoin profond de l'homme d'accorder de la crédibilité, voire de tendre à s'identifier à des personnages et à des situations souvent inaccessibles. Ou encore, opter pour le rejet de cette présence mythique. Et démontrer ainsi que le mythe est vivant, encore aujourd'hui.

---

25. Dans une partie de texte du livre intitulé *Le conte en pédagogie et en rééducation*, portant sur l'origine des contes, Jean-Marie GILLIG propose sa définition du mythe. Op. cit. p. 12.
26. Des propos de Pierre PÉJU tenus lors d'une conférence donnée dans le cadre de *Fête autour du conte*, au Musée de la civilisation de Québec, en novembre 1990 sont repris ici.

FONCTIONS DU MYTHE

C'est la prise en charge et la mise en place de tous les aspects de l'univers qui se racontent et qui sont racontés à l'auditeur ou au lecteur de mythe. Ces récits relatent les exploits de grands personnages qui vivent d'importants événements, souvent capitaux pour le devenir de l'humanité. Tous les héros des mythes ont pour fonction la mise en ordre de la réalité céleste ou terrestre dont ils ont conscience et qu'ils savent pouvoir parachever. C'est à eux qu'on confie la tâche de tendre à expliquer les mystères de l'univers en termes simples, clairs et accessibles. Qui de l'enfant, de l'adolescent ou de l'adulte ne pourra être sensible aux images et aux symboles rencontrés dans les mythes, pour voir et comprendre la dimension universelle de l'homme et de la vie, au-delà des simples mots exprimés ?

CORRESPONDANCE ET OPPOSITION ENTRE LE CONTE ET LE MYTHE

Les contes populaires et les mythes sont des récits de tradition orale qui ont beaucoup voyagé depuis l'apparition de l'homme sur la terre. Tous deux font partie d'une famille qui privilégie l'imaginaire et les rapports entre ses membres. Ils se caractérisent par l'initiation, la quête, la connaissance, la compréhension de soi et des autres. Imaginés par des humains, ils ont meublé l'imaginaire d'autres humains ayant les mêmes aspirations qu'eux. Le premier raconte la vie de l'homme. Le deuxième puise souvent à la nature divine pour structurer les récits que les hommes éprouvent le besoin fondamental d'entendre. Et bien que les protagonistes des contes soient peu souvent en présence ou confrontés à des personnages divins, on a souvent pu remarquer qu'une simple question de regard sur le monde semblait faire la plus grande différence. Un regard ascendant qui embrasse l'univers et les mythes, ou un regard autour de soi, là même où réside le conte.

La force, la détermination et le courage des personnages du conte sont parfois grandioses, mais habituellement accessibles à la plupart des lecteurs ou des auditeurs de ces récits. La nature humaine et souvent surhumaine des personnages présents dans les mythes et les exploits qu'ils accomplissent sont autant de modèles des aspirations de l'être humain, rarement des exemples de réalisations. La conclusion des contes est habituellement heureuse, le héros étant vainqueur. Plusieurs héros des mythes connaissent une fin tragique ou malheureuse.

Enfin, on peut relever à l'étude et à l'analyse du répertoire des contes et des mythes que bien qu'il arrive qu'on puisse identifier dans les contes, des situations rejoignant celles présentes dans les mythes, ces deux types de récits sont des créations distinctes et autonomes. Les mythes sont des récits sacrés, premiers ou fondateurs dans lesquels les héros sont des dieux et/ou des personnages hors du commun. Originaires de la Grèce, (et repris en modifiant le nom des personnages dans la Rome antique), ou encore de l'Égypte, des pays Scandinaves ou créés par des Indiens d'Amérique du Sud notamment, ils comptaient parmi les rituels de ces sociétés respectives. Ils étaient racontés par des initiés à des moments particuliers et importants de la vie de leur société. Par contre, le conte est un récit profane. Les héros de ces derniers peuvent être des humains jeunes et adultes, des animaux ou encore des personnages imaginaires. Le récit des contes était souvent actualisé par une personne âgée de la famille ou par un conteur.

Somme toute, le conte et le mythe sont des créations de l'humain au service du devenir des humains qui ont choisi de les dire et de s'en souvenir.

3. LA LÉGENDE

Les légendes ne pourraient exister sans la coexistence de l'imaginaire et de la réalité de chaque peuple. Tissés à même la trame de la culture et de l'histoire d'une région, d'un pays, voire d'un continent, ces récits racontent leur propre vérité, à propos de personnages et d'événements le plus souvent porteurs de dimensions réelles et véridiques. Et alors que plusieurs des légendes ont survécu jusqu'à aujourd'hui, on peut constater qu'il n'est pas toujours facile de distinguer les aspects véridiques, de ceux qui ont été ajoutés ou retranchés de la version originale. Les contenus de ces récits ayant souvent été modifiés au cours de plusieurs décennies, voire des siècles de contage avant qu'ils ne soient fixés sur papier.

Les légendes disent-elles presque toute la vérité, toute la vérité ou plus que la vérité ? Bon nombre d'ouvrages francophones écrits à l'intention des jeunes offrent des versions de ces récits et tendent à répondre judicieusement aux interrogations qui précèdent.

DÉFINITION

Jean-marie Gillig[27] définit la légende comme étant un récit d'exploits réalisés par des personnages ayant vraisemblablement existé, mais qui étaient censés disposer de pouvoirs surnaturels, amplifiés par l'imaginaire de ceux qui ont transmis la légende.

Pour leur part, Jean-Pol De Cruyenaere et Olivier Dexutter[28] précisent que la légende suppose une part de réalité, de véritable. Elle est un signe de ce village, de cette contrée, et un moyen d'initier le nouveau-venu ou l'étranger à qui elle s'adresse en priorité. Elle est sensée attirer et repousser à la fois le voyageur aventureux.

Mais encore

La légende se fonde sur quelque fait historique issu de la grande ou de la petite histoire d'un peuple qui a par la suite été déformé par la tradition. Elle est

---

27. Cette citation est tirée de l'ouvrage intitulé *Le conte en pédagogie et en rééducation*. Op. cit. p. 12.
28. Dans un ouvrage intitulé *Le conte. Vade-mecum du professeur de français*, publié à Bruxelles, chez Didier Hatier, en 1990, dans la collection Séquences, ces auteurs donnent cette définition de la légende, p. 8

située dans le temps et dans l'espace. Les personnages sont individualisés. La légende peut également transformer en objets ou en lieux surnaturels, des objets ou des lieux naturels, soit les cavernes, les grottes, etc. Des animaux et des personnages réels ou imaginaires peuvent aussi faire partie du corpus légendaire de chaque pays. Par exemple, le loup-garou et le lutin.

FONCTIONS DE LA LÉGENDE

Le folkloriste Marius Barbeau[29] insiste sur la fonction sociale de la légende en affirmant qu'elle sert à jeter un pont entre le passé et le présent. Et il ajoute que la légende est vivante, qu'elle se meut, qu'elle avance. Comme le caméléon, elle change de couleur suivant son milieu. Ancienne comme le monde, elle se rajeunit à chaque génération. Peu importe l'authenticité de ses thèmes ou les variations dont elle s'enjolive. Elle a souvent pris les atours de la vérité et certains crédules l'accueillaient sans douter de sa véracité.

Marius Barbeau poursuit en précisant que la légende a aussi pour fonction de donner cours à l'imagination, à la fantaisie, au renouveau, même à la souffrance, à la joie, à l'impossible et à l'au-delà.

La légende, comme une réponse au besoin d'appartenance de chacun. À ses propres croyances également. Mais aussi, pour l'enfant et l'adolescent, une réponse à sa quête de vérités personnelles. Ces fonctions déjà attribuées au conte précédemment, s'inscrivent dans les lignes directrices de la légende, comme un appui à la nécessité de l'inscrire au répertoire de lecture des jeunes.

CORRESPONDANCE ET OPPOSITION ENTRE LE CONTE, LE MYTHE ET LA LÉGENDE

L'origine du conte populaire, du mythe et de la légende appartiennent au trésor de la tradition orale. Le conte et le mythe sont des récits purement imaginaires, alors que la légende trouve quelque racine dans la réalité. Ni les contenus des mythes, ni ceux des contes ne permettent au lecteur ou à l'auditeur de pouvoir associer ces récits à une étape précise de l'histoire humaine, ni de les localiser sur un territoire donné. Par contre, la légende prend souvent naissance à un moment précis et daté, en un lieu identifié et facilement identifiable. Bon nombre de personnages rencontrés dans les légendes ont laissé une trace tangible de leur passage sur terre, alors que ceux identifiés dans les contes et les mythes demeurent à ce jour, purement imaginaires.

À l'instar des contes et des mythes, de nombreuses légendes sont connues depuis des siècles déjà. Et au fait, existe-t-il des légendes qui sont en train de naître actuellement ? Le réseau informatif et la technologie ne font-ils pas entrave à cette possibilité ? À moins que les personnages ou les faits qui composent le corpus des mythes modernes dont il a été question précédemment ne soient

---

29. Extrait de texte tiré de *L'arbre des rêves*. publié à Montréal, aux Éditions Lumen, en 1947, p. 7.

eux-mêmes des légendes vivantes, précurseurs des légendes que diront et liront les jeunes du prochain millénaire.

4. LA FABLE

L'origine de la fable semble remonter aux temps immémoriaux où le langage apparut. Karl Canvat et Christian Vanderdope[30] soulignent que près de 2 000 ans avant notre ère, on a retrouvé en Mésopotamie, des collections de tablettes d'écriture cunéiforme évoquant des histoires familières, de renard vantard, de chien gaffeur, de moustique présomptueux, etc. Il faut toutefois attendre les alentours du VIIIe siècle en Grèce, pour identifier la première fable connue et vérifier quelques dizaines d'allusions à ce genre littéraire de cette époque.

On doit à Ésope, né vers –572, plusieurs fables qui furent dit-on, mises en vers par Platon avant sa mort. Ces fables ont survécu au passage de plusieurs générations. D'autres firent également leur apparition au cours des époques successives qui marquèrent l'évolution de l'humanité. Ainsi, le Moyen Âge fut témoin de la création de nombreuses fables, dont le *Roman de Renart* , une création de clercs anonymes ayant vécu au XIIe siècle. Plusieurs des fables attribuées à Ésope semblent avoir largement inspiré l'œuvre de Jean de La Fontaine (1621-1681), qui demeure à ce jour sans doute le fabuliste le plus connu. Au cours de sa vie, il publia trois imposants recueils de fables. Plusieurs des récits inventés ou mis en forme par La Fontaine continuent d'être publiés encore aujourd'hui.

Cette forme littéraire est en décroissance depuis le XIXe siècle, alors que comme le précisent Canvat et Vanderdope[31], la morale prend le pas sur le récit et que le genre se fait édifiant et se spécialise à l'usage des enfants. Identifiée au vers depuis La Fontaine, la fable ne peut trouver de public dans une société où la mécanisation de l'imprimerie a rendu désuète les formes fixes. Ce mouvement ne fera que se confirmer au cours du XXe siècle.

L'étude du corpus de fables écrites à l'intention des enfants et des adolescents permet d'ajouter que les ouvrages récents qui s'y attardent reprennent souvent des titres puisés au répertoire de fables anciennes et connues. Si bien qu'il semble réaliste d'affirmer que cette forme d'expression littéraire par les auteurs contemporains semble vouée à l'oubli, à court ou à moyen terme, si ces derniers n'y redonnent vie.

DÉFINITION

Jean-Marie Gillig[32] précise que la fable est un récit imaginaire mettant en scène des animaux qui parlent et qui servent d'illustration à des préceptes moraux. Les motifs de ces fables sont communs à des contes d'animaux.

---

30. On retrouve dans cette partie de texte des propos tirés de *La fable*. *Vade-mecum du professeur de français* publié en 1993, à Bruxelles, aux Éditions Didier Hatier, collection Séquences, p. 5-22
31. Citation tirée de *La fable*. *Vade-mecum du professeur de français*. Op. cit. p.20.
32. Jean-Marie GILLIG. Op. cit. p. 12.

Des énoncés de Karl Canvat et Christian Vanderdope[33], on retient que la fable est un récit fictif qui, à l'aide de personnages de nature animale, le plus souvent, vise à dégager explicitement une leçon de type moral, ou à représenter sous la forme d'un récit allégorique une vérité proverbiale.

Mais encore

En littérature d'enfance et de jeunesse, on conçoit également que les fables sont habituellement des contes d'animaux qui illustrent les travers humains et se terminent par une morale, exception faite du rare répertoire moderne dans lequel on peut retrouver des personnages humains. Les auteurs contemporains de fables reprennent souvent, sous le couvert de l'humour des récits de situations à portée des jeunes. La morale y est souvent moins évidente que dans les fables destinées aux adultes.

FONCTIONS DE LA FABLE

La fable est un récit qui dit à son lecteur ou à son auditeur qu'il convient d'être sage et obéissant si l'on veut grandir et vivre heureux et serein. Souvent humoristique, elle invite chacun à découvrir les secrets qu'elle recèle. Souvent versifiée, la fable peut également être privilégiée dans l'étude de la poésie.

CORRESPONDANCE ET OPPOSITION ENTRE LE CONTE, LE MYTHE, LA LÉGENDE ET LA FABLE

L'origine de la fable, tout comme celle des contes, du mythe et de plusieurs légendes est très ancienne et trouve ses racines dans l'oralité. Elle s'attarde habituellement à une situation précise qu'elle décrit brièvement, en un seul épisode en quelque sorte, au contraire du conte, du mythe et de la légende qui décrivent une suite d'événements dans les différents épisodes du récit. Les fables, comme les versions originales des contes de Perrault notamment, comportent une morale ; et cela, bien que les comportements des personnages de ces deux récits ne soient pas toujours moraux. À l'instar de plusieurs contes, la fable peut montrer ouvertement la ruse et les tromperies dont font preuve les personnages pour vaincre l'adversaire.

Conclusion

À y regarder de près, on découvre que la famille du conte recèle des trésors inépuisables destinés à enrichir la vie de chacun. Les racines de ces récits ont de tout temps rejoint le cœur et l'âme des enfants, des adolescents et des adultes qui aspiraient au bonheur. La force, et sans doute la présence même de ces récits ancestraux dans la société contemporaine, sont autant de preuves *éternelles* qui tendent à démontrer qu'ils comptent parmi les grands et nobles voyageurs porteurs

---

33.   Karl CANVAT et Christian VANDERDOPE. Op. cit. p. 5.

d'espoir, que l'humanité n'aura jamais connu et ne connaîtra sans doute jamais. Chacun des personnages de la famille du conte, porte à la boutonnière une fleur mystérieuse cueillie en un lieu qu'on sait éternel. Une preuve vivante de l'aller-retour, dans le temps et l'espace infini que font inlassablement les membres de la famille du conte pour dire aux humains qu'il existe des réponses appropriées à toutes les questions qu'ils se posent.

Sans aucun risque de se tromper, on peut affirmer que chaque membre de la grande famille des contes a réalisé une œuvre magnifique dont tous les mystères n'ont certes pas encore été élucidés.

Grille d'analyse

LE CONTE

Questions d'ordre général

1. Quelle ou quelles fonction (s) du conte retrouve-t-on dans ce livre ?
2. À quelle classe ce conte appartient-il ?
3. De quelle catégorie ce conte fait-il partie ?

Contenu

4. L'intrigue

- ○ L'introduction est-elle brève ?
- ○ Présente-t-elle les personnages, le temps, le lieu où se situe l'action, ainsi que le problème qui doit être résolu ?
- ○ Quelle structure l'auteur a-t-il utilisé dans ce conte ?
- ○ Comment utilise-t-il le dialogue ?
- ○ Y rencontre-t-on des formulettes ? Lesquelles ?
- ○ Y a-t-il une morale ? Laquelle ?
- ○ Ce conte se termine-t-il par une formule consacrée ? Laquelle ?

5. Les personnages et le cadre du récit

- ○ Quels types de personnages retrouve-t-on dans ce conte ?
- ○ Quels types d'aventures le héros vit-il ?
- ○ Où se situe l'action ?
- ○ Y a-t-il un ou des objets magiques ? Lequel ou lesquels ?

6. Les valeurs

- ○ Le conte repose-t-il sur des valeurs universelles ? Lesquelles ?

Illustration

7. Tient-elle une place importante ?
8. Rend-elle bien l'histoire ?
9. Est-elle à la portée du lecteur ?

Présentation matérielle

10. Quel est le format du livre ?
11. La page couverture est-elle attrayante ?

Chapitre 8

LE ROMAN ET LA NOUVELLE

« Tous les biographes ont compris, d'une manière plus ou moins complète, l'importance des anecdotes se rattachant à l'enfance d'un écrivain ou d'un artiste. Mais je trouve que cette importance n'a jamais suffisamment été affirmée. Tel petit chagrin, telle petite jouissance de l'enfant, démesurément grossis par une exquise sensibilité deviennent plus tard dans l'homme adulte, même à son insu, le principe d'une œuvre d'art ».

Charles Baudelaire

La quatrième de couverture de quelques romans , comme une invitation à ouvrir à sa pleine grandeur, la porte de l'univers romancier aux jeunes lecteurs...

* « Moi, ce qui me rend différent, c'est mon père : il est en prison. C'est ça qui me rend différent des autres. Des autres garçons de mon âge ».

C'est pourtant parce que Vincent est différent des autres que Chouchou, dix ans et une bonne humeur indestructible, va s'asseoir à côté de lui, sur un banc, devant la cage du vieux loup blanc. Maligne et énergique, elle va partager le secret de Vincent et lui apprendre à regarder la vie en face.

FRESSE, Gilles ; LALONDE, Walther. *L'oreille du loup.* Paris : Casterman, 1996. (Collection Huit & Plus).

* Le moulin de La Malemort est maudit de tous. Son nom signifie mort tragique. C'est pourtant autour de ses ruines que naîtra une histoire d'amour que nul n'aurait pu pressentir : l'histoire de Marguerite, fille de seigneur, et Robert, coureur des bois. Les jeux dans lesquels il vont s'engager, les défis qu'ils vont se lancer, vont lier à jamais leurs destins autour du moulin de La Malemort.

Une histoire d'amour et de haine dans le cadre historique du Québec du XVIIIᵉ siècle.

DUFRESNE, Marie-Andrée. *Le moulin de la Malemort*. Montréal : Hurtubise HMH, 1997. (Atout cœur).

* « Attention ! Mademoiselle Charlotte est de retour ! L'extravagante nouvelle maîtresse est maintenant bibliothécaire. Mais la bibliothèque où elle travaille est pleine d'araignées et de crottes de souris. En plus, les livres qui s'y trouvent sont ennuyants comme la pluie. Il faut faire quelque chose ! Et le maire de Saint-Anatole qui ne veut pas donner un sou... Persuadée que les livres sont essentiels, mademoiselle Charlotte mettra en application *des tonnes d'idées* farfelues pour transformer sa bibliothèque en un véritable coffre aux trésors et donner aux jeunes le goût de lire.

DEMERS, Dominique. *La Mystérieuse Bibliothécaire*. Montréal : Québec / Amérique, 1997. (Bilbo).

* Plusieurs autres titres de romans pour enfants et pour adolescents sont cités dans la bibliographie complémentaire à cet ouvrage.

ROMANS POUR JEUNES LECTEURS CONTEMPORAINS

Il est révolu le temps où les contenus des romans s'adressaient uniquement aux adolescents. La connaissance de la production actuelle d'œuvres romanesques pour jeunes permet de relever qu'un nombre croissant d'écrivains pour la jeunesse, s'intéressent également à la gamme d'âge des lecteurs qui sont encore novices dans l'apprentissage de l'art de la lecture. Les premiers romans ou premières lectures que ces auteurs produisent, racontent des récits variés dans lesquels les personnages tendent à rejoindre ces premiers lecteurs de romans.

L'identification aux personnages, plus précisément au héros qui est caractéristique du développement psychologique des enfants et de la majorité des tranches d'âges associées à l'adolescence, justifie l'existence des milliers de romans proposés dans la production contemporaine. Des personnages qui vivent dans des contenus où on identifie les thèmes et les intérêts du lectorat jeunesse. Des récits où le niveau de langage tient en compte les habiletés et les capacités de lecture des nombreuses clientèles visées.

Comment peut-on définir le roman destiné à l'enfance et à la jeunesse ? Quelles catégories d'ouvrages appartenant à ce genre littéraire retrouve-t-on actuellement sur le marché ? Quelle place les romans écrits à l'intention des lecteurs du primaire et du secondaire occupent-ils dans le panorama littéraire contemporain ? Existe-t-il une spécificité dans les thèmes, la technique narrative, le langage, le style, l'illustration dans les romans ? Etc.

Que répondre aux jeunes qui souhaitent des suggestions de romans qui les enthousiasment et où ils pourront se retrouver ? Comment guider ceux qui souhaitent écrire un roman et qui s'interrogent sur l'exploitation de l'intrigue, des personnages, du temps, des lieux habituellement proposés dans ce genre littéraire ?

Et que savoir, que dire et que faire qui favorise la lecture, l'écriture, la critique de romans chez les enfants, les plus petits, ceux de 7 ans environ, qui commencent à lire ce type d'ouvrages et chez les plus grands déjà devenus des adolescents ?

En somme, un grand nombre de questions peuvent être formulées sur le roman. Intéressons-nous à ce genre littéraire qui prend sa source au cœur de la réalité quotidienne ou imaginaire des jeunes d'ici ou d'ailleurs, et qui favorise l'évolution et l'épanouissement de chaque lecteur.

DÉFINITION

Le petit Robert définit le roman comme étant une œuvre d'imagination en prose, assez longue, qui fait vivre dans un milieu des personnages donnés comme réels, et présente leur psychologie, leur destin, leurs aventures.

Mais encore

L'apparition récente des premiers romans ou premières lectures, soit pour les enfants de 7 ans ou un peu plus, justifie qu'on ajoute à la définition qui précède que ces ouvrages ressemblent aux albums sans en être, qu'ils sont abondamment illustrés, que le texte, bien aéré, s'inscrit en grandes lettres lisibles[1]. En outre, on peut ajouter que dans ces romans, la longueur du récit peut être fort réduite pour correspondre à la capacité de lecture de cette catégorie de lecteurs

IMPORTANCE DU ROMAN DANS LE DÉVELOPPEMENT DU LECTEUR ET EN ÉDUCATION

Ganna Ottevaere-van Praag[2] soutient qu'à travers « son livre, le jeune lecteur demande à découvrir le monde et les hommes. Mieux que nul autre, il s'identifie à un protagoniste — souvent le narrateur _ de son âge [...]. Enfants et adolescents tournés vers l'avenir et en pleine formation cherchent dans le livre une réponse à leur questionnement [...]. Comme Robinson sur son île, le jeune aspire à se construire une existence solide, et c'est probablement dans une narration peut-être pas linéaire, mais claire et logique, qu'il a le plus de chance de trouver un écho à son désir de progresser. En outre, les procédés linguistiques et stylistiques clairs et simples concourent à la compréhension des œuvres.

On peut poursuivre en affirmant que le roman favorise une ouverture sur la vie, un voyage extraordinaire à des époques anciennes, contemporaines ou futures, dans tous les pays du monde, ou même sur d'autres planètes. En s'adaptant aux jeunes qui grandissent, les auteurs des romans favorisent une communication entre les adultes et les jeunes ou entre les jeunes eux-mêmes. Des romans où les protagonistes expriment l'importance de vivre en paix, d'être honnête, de respecter les autres, de vivre en harmonie avec la nature, les animaux. Ou encore, des romans où les personnages dénoncent la guerre, le racisme, le non-respect de l'environnement, la malhonnêteté, etc.

---

1. Ces propos sont tirés de « Sous le portrait du livre, l'image du lecteur ». écrit par Aline EISENGGER et paru dans *La revue des livres pour enfants*, N° 170, juin 1996, p. 62-63.
2. Cette citation est extraite de *Le roman pour la jeunesse : Approches-Définitions-Techniques narratives*. écrit par Ganna OTTEVAERE-VAN PRAAG, publié à Paris, aux éditions Peter Lang, en 1997. p. 137.

Un roman est fait pour être lu par un lecteur seul avec son livre, c'est une lecture intime[3]. Soit, alors que penser du plaisir et de l'importance pour le lecteur de partager à propos de ses lectures ? Et du travail exceptionnel que font les médiateurs des romans pour jeunes pour favoriser la rencontre entre les auteurs, leurs récits et les jeunes ? Disons qu'un livre devient ce qu'on choisit d'en faire : une lecture solitaire, ou une lecture de groupe, qu'on discute, qu'on poursuit par des réflexions se rapportant à soi ou sur la vie. Des moments qu'on souhaite souvent partager avec autrui.

Bien entendu, le contenu du roman s'adapte au lecteur qui grandit. C'est pourquoi il importe d'être attentif à ce lectorat, et face à l'abondante production de romans récents, de choisir les ouvrages qui répondent le mieux aux intérêts et aux préoccupations des lecteurs de chaque groupe d'âge. Accompagner les jeunes qui ont besoin de se reconnaître dans les lectures qu'ils font signifie pour l'adulte médiateur, accepter de s'engager dans un cheminement dont les étapes trouvent leur source au cœur même de la réalité quotidienne de l'enfant ou de l'adolescent.

CATÉGORIES[4]

Le schéma qui suit illustre les catégories de romans identifiées en littérature d'enfance et de jeunesse.

Mœurs familiales et juvéniles	Aventures	Mystères et enquêtes policières	Animaux
Classiques	LES DIFFÉRENTES CATÉGORIES DE ROMANS		Science-fiction et anticipation
Sociaux	Récits de vie	Historiques	Fantastiques et merveilleux

Différentes catégories de romans sont identifiées en littérature d'enfance et de jeunesse. Ce sont les mœurs familiales ou juvéniles, l'aventure, le mystère et l'enquête policière, le roman d'animaux, celui dit de science-fiction et d'anticipation, le roman merveilleux fantastique, historique, le récit de vie, les romans sociaux ainsi que ceux identifiés comme des classiques du genre. Des romans peuvent appartenir à plus d'une catégorie à la fois. Dans ces cas, on les rangera dans la catégorie à laquelle ils s'identifient le mieux.

Romans de mœurs familiales et juvéniles

Cette catégorie regroupe un très grand nombre d'ouvrages habituellement réalistes, dans lesquels les jeunes s'expriment sur leurs activités, leurs

---

3. Aline EISENGGER. Op. cit. p. 64.
4. Des exemples de romans appartenant à chaque catégorie proposée dans cette partie de texte sont regroupés dans une bibliographie complémentaire d'ouvrages pour jeunes.

comportements quotidiens, la place qu'ils occupent dans la famille ou sur tout autre groupe identifié comme tel dans la société où ils évoluent.

L'étude de cette catégorie de romans permet de regrouper les ouvrages appartenant à plusieurs sous-catégories, à savoir : la vie de tous les jours, les relations parents (père, mère, frères, sœurs, grand-père, grand-mère, oncles, tantes, etc.), les relations entre jeunes, celles entre adultes-enfants-adolescents, les sociétés de jeunes et les jeunes en société, les jeunes d'autres pays.

Portée du roman de mœurs familiales et juvéniles

Cette catégorie de romans favorise, chez le jeune, une meilleure connaissance de son milieu de vie immédiat, et celle d'enfants et d'adolescents d'autres pays qui vivent des situations identiques ou différentes de la sienne. S'y reconnaître, s'identifier à des héros, élargir sa vision du monde et poursuivre une réflexion personnelle sur sa famille, ses frères et sœurs, les adultes, qu'il côtoie ou qui vivent dans des pays éloignés, sont autant d'objectifs que la lecture des ouvrages de cette catégorie permet d'atteindre. Chaque jeune y découvrira sans doute que les protagonistes de ces récits éprouvent, comme lui, des joies, du chagrin, du succès, des échecs ; des protagonistes qui, à l'instar de tous les jeunes, éprouvent le besoin fondamental d'aimer et d'être aimé.

La variété des thèmes abordés dans cette catégorie de roman ainsi que la façon de les développer, permettent souvent au jeune lecteur d'entrevoir des solutions à un problème dans le récit de situations vécues ailleurs que dans son milieu immédiat.

Romans d'aventures

L'action est présente et importante à chaque page des romans d'aventures. Les héros y sont investis d'une mission, ils débordent d'énergie et font preuve de courage et d'intelligence, conditions déterminantes de leur succès face aux difficultés et dangers qu'ils rencontrent. Les héros semblent intimement liés à leur destin au cours des nombreuses aventures à suspense qu'il vivent ici ou ailleurs dans le monde.

À cela, Callois[5] ajoute que dans le récit d'aventures, la narration suit l'ordre des événements. Elle va de l'avant à l'après, du prologue au dénouement. Le déroulement de l'intrigue reproduit la succession des faits ; elle adopte le cours du temps.

Ces romans destinés aux jeunes lecteurs diffusent des connaissances historiques, sociologiques, techniques. On y relève que les récits dans lesquels l'action va de soi sont assez courts et proposent une intrigue simple où le ou les héros, doués d'une grande imagination, ont fréquemment le même âge que le lecteur.

---

5. Extrait d'une citation tirée de *Approches de l'imaginaire*. Paris : Gallimard, 1974, p. 178, à laquelle Marc LITS ajoute les notions se rapportant à l'ordre des événemnts, in *L'énigme criminelle. Vade mecum du professeur de français*. Bruxelles : Didier Hatier. 1991. p. 12.

Portée du roman d'aventures

Se réaliser, s'évader souvent dans un ailleurs et y découvrir que l'action des protagonistes détermine la solution à une difficulté identifiée au début du récit, sont au nombre des facteurs qui favorisent, chez le lecteur, l'identification au héros. En outre, ce type de romans favorise le développement des attitudes de partage, de compréhension et de solidarité face aux autres enfants ou adolescents ou dans diverses situations.

Romans mystères, d'enquêtes policières (parfois nommés polar) et d'énigmes criminelles

Dans cette catégorie de romans, le mystère s'associe à l'aventure. Le héros doit découvrir des faits et des indices, conditions essentielles pour résoudre une énigme ou dénouer une intrigue. Des personnages mystérieux, inquiétants ou rassurants peuvent apparaître à chaque page de ces récits. Ils entrent dans l'intrigue pour les besoins d'une enquête ou d'une chasse au trésor.

Au contraire du roman d'aventures, le roman policier semble un film projeté à l'envers. Il prend le temps à rebours et renverse la chronologie. Son point de départ n'est autre que le point d'arrivée du roman d'aventures, le meurtre (ou toute autre solution définitive), qui met fin à quelque drame qu'on va reconstituer au lieu de l'avoir exposé d'abord. Dans le roman policier, le récit suit l'ordre de la découverte[6].

Le roman d'énigme est aussi un texte divisé : le corps de l'ouvrage contient en effet une chaîne d'éléments — les indices — dont la véritable nature ne se révélera qu'à la lumière du dénouement ; la solution ne sera rien d'autre qu'une reconstitution de la chaîne, c'est-à-dire une mise en paradigme d'éléments jusque là disséminés dont elle a fait, du même coup, apparaître la fondamentale duplicité. L'indice est ce qui vaut deux fois et qui, valant deux fois, est susceptible de se retourner. Tout le texte devient dès lors comme l'envers d'un autre texte qu'il faut progressivement devenir capable de lire en dessous du plus visible[7]. Bon nombre d'ouvrages destinés aux jeunes lecteurs proposent des textes qui sont ainsi divisés, sinon en entier, du moins dans certaines de leurs parties. La complexité de l'intrigue peut varier selon les différentes clientèles d'âges, visées.

Caractérisés par l'action ou le suspense, ces romans exploitent l'intelligence, l'astuce, la vivacité et l'esprit de déduction des protagonistes : adultes ou jeunes. Ces derniers peuvent jouer le rôle de détectives et sont alors stéréotypés, fort intelligents et rusés. Ils se comportent habituellement comme des adultes ou collaborent avec eux.

---

6. Ibid. p. 12.
7. Citation tirée de PEETERS, B. « Le secret derrière la page ». in *Le récit d'énigme criminelle*. Louvain-la-Neuve : U.C.L. Document de l'Unité de didactique du français, 1986, p. 27-28.

Portée du roman mystère, d'enquêtes policières et d'énigmes criminelles

Les romans de cette catégorie contribuent au développement de la logique des lecteurs enfants et adolescents (condition primordiale pour assurer la réussite des protagonistes) par l'observation des faits, des événements, des situations pour en dégager les aspects significatifs. Ils stimulent l'observation, la réflexion, la déduction, la compréhension, l'action. Ils procurent également plaisir et fascination.

Romans d'animaux

Bon nombre d'écrivains choisissent un animal comme héros d'un roman. Il peut s'agir d'un animal familier que les jeunes connaissent ou d'une bête à faire peur. On y aborde plusieurs volets de la vie d'animaux, qu'ils soient domestiques ou sauvages, et de leurs relations avec les humains. Certains parmi ces animaux peuvent penser et parler.

Dans certains cas, les animaux sont totalement dépourvus des caractéristiques de leur état et sont en fait, exactement comme des êtres humains.

Portée du roman d'animaux

Cette catégorie de romans aide les jeunes à mieux connaître le monde animal, les conditions de survie et les menaces d'extinction de certaines espèces, leur survie hors de leur habitat naturel. En outre, le roman d'animaux peut répondre à des besoins d'affection ou d'amitié chez les enfants et les adolescents. Il peut enfin contribuer à développer le sens des responsabilités des jeunes envers les animaux, ainsi que la nécessité primordiale de les respecter et de les protéger.

Romans merveilleux

Les protagonistes des romans merveilleux se rapprochent souvent de ceux des contes. Ainsi, il n'est pas surprenant d'y retrouver des humains, parfois des personnages un peu étranges ou surprenants : fées ou diables, esprits ou forces inconnues sur qui reposent la responsabilité de phénomènes étranges et insolites. Dans les romans de cette catégorie écrits à l'intention des plus jeunes lecteurs notamment, on retrouve des animaux en peluche et des objets personnifiés, des animaux ou des objets doués de pouvoirs magiques.

Portée du roman merveilleux

Les ouvrages de cette catégorie représentent sans contredit pour le lecteur une ouverture sur l'imaginaire, une invitation à se transporter dans un ailleurs fascinant, une exploration du plaisir, là où tous ses désirs peuvent devenir réalité, où ses attentes peuvent être comblées. Le contenu contraste donc souvent avec ce que le jeune vit dans sa réalité quotidienne.

Romans fantastiques

Pierre Yerlès et Marc Lits[8] précisent que le fantastique s'infiltre plutôt dans les failles du quotidien, pour jouer sur les ambiguïtés des situations [...]. C'est dans le registre de « l'ici et maintenant » que le fantastique situera presque toujours sa remise en cause des fondements mêmes des principes de non-contradiction sur lesquels repose notre vision organisée du monde [...]. Le fantastique tente de brouiller les catégorisations, en transgressant leur organisation. Le fantastique utilise souvent l'ambivalence pour faire surgir dans un monde rationnel, un élément dérangeant. Mais aussi, le croisement de deux options contradictoires pour faire apparaître un effet de surprise. L'étrange, la peur, l'inquiétude, l'interdit font partie intégrante des romans appartenant à cette catégorie dont la majorité des titres sont destinés aux pré-adolescents et à leurs aînés.

Portée du roman fantastique

Ces romans sont sans conteste une invitation à une forme de liberté individuelle, soit celle qui incite à regarder et à voir le monde autrement qu'avec les yeux des évidences apprises. Ils favorisent la reconnaissance des peurs en les mettant ou les regardant en scène et permettent de les libérer en mots, en phrases, en récits, en histoires. La peur, dès qu'elle est exprimée perd sa force torrentielle, son caractère de panique et devient progressivement un jeu. Ce qui signifie pour les jeunes, tout autant que pour les adultes, augmenter ainsi d'autant ses forces et sa puissance[9].

À cela, ces auteurs ajoutent que le fantastique, et par conséquent les romans appartenant à cette catégorie favorisent les jeux de l'imaginaire et du réel parce que ce sont jeux de plaisir, et que le frisson qu'ils provoquent est autant de plaisir que d'effroi[10].

Mais encore

On dénote certains chevauchements entre la catégorie des romans fantastiques et celle des romans merveilleux, selon qu'il se déroulent dans un monde enchanté, réel, etc.

Ganna Ottevaere-van Praag[11] précise l'évolution de différentes catégories de romans à caractère merveilleux :

L'évolution et la forme variée des romans à affabulation merveilleuse conduit à les diviser en trois catégories selon que l'action se déroule dans un monde enchanté, dans deux mondes parallèles (réel et fabuleux) ou dans le monde réel. Les deux premières catégories comprennent des récits purement merveilleux. Selon

---

8. Pierre YERLÈS et Marc LITS. *Le fantastique. Vade-mecum du professeur de français.* publié à Bruxelles, aux éditions Didier Hatier en 1991, p. 11.
9. Ibid. p. 14
10. Ibid. p. 6-14.
11. Ganna OTTEVAERE-VAN PRAAG. Op. cit. p. 180-181.

la définition de Todorov[12], les éléments surnaturels ne provoquent pas de réaction chez les personnages ni chez le lecteur implicite. Ce n'est pas une attitude envers les événements rapportés qui caractérisent le merveilleux, mais la nature même de ces événements. À la troisième, appartiennent des récits fantastiques-merveilleux : le héros, conscient de percevoir une réalité surnaturelle dans sa vie quotidienne, s'angoisse. Ces trois catégories sont décrites ci-après :

I. L'action se déroule dans un seul univers. Le héros vit d'emblée dans un monde enchanté. Créature fabuleuse ou humaine, il se sert d'instruments magiques. Temps et lieux sont indéterminés. Contes de fées d'auteur, récits de tonalité féerique, récits épiques inspirés par la mythologie et le folklore sont ici prédominants.

II. L'action se déroule dans deux mondes parallèles : la frontière entre le monde réel et le merveilleux n'est pas mise en évidence. Le passage de l'un à l'autre ne constitue pas une épreuve pour le héros.

    a. Le héros quitte le monde quotidien. L'action se déroule presque entièrement dans le pays imaginaire.

    b. Le héros va et vient entre le monde réel et le monde fabuleux. Il entrevoit la réalité de loin à partir du monde fabuleux, ou il la côtoie dans un monde mi-réel, mi-merveilleux, ou encore revient quotidiennement à son foyer.

III. L'action se déroule dans un seul monde, le nôtre : il y a irruption du merveilleux dans le quotidien.

    1. La vie psychique du héros n'est pas affectée par l'élément surnaturel. Le passage de la réalité au merveilleux est clairement perceptible et le héros éprouve tout au plus un léger étonnement.

        *. Les créatures dérangeantes, l'objet magique... s'imposent.

        *. Le héros est doué dans notre monde familier de pouvoirs extraordinaires.

        *. L'aventure procède de la dialectique intime du héros. Celui-ci s'invente un rêve consolateur. La frontière entre la réalité et le merveilleux est incertaine.

    2. Le héros est perturbé par sa prise de conscience de l'élément surnaturel, force magique soit extérieure, soit inhérente à sa nature humaine. Pris d'hésitation, il ne parvient plus à se situer entre réel et irréel. La ligne de démarcation entre le normal et l'invérifiable se fait floue. Cette incertitude est source d'angoisse.

*R*omans de science-fiction et d'anticipation

    Scientifiquement possible ? Qu'il s'agisse de problèmes terrestres, spatiaux ou temporels, ou encore de voyages imaginaires, le contenu de ces romans s'articule à partir de données possibles ou hypothétiques sur l'évolution de l'être humain dans le temps et dans l'espace. La conquête de l'espace s'est vivement

---

12. T. TODOROV. *Introduction à la lecture fantastique.* Paris : Éditions du Seuil, 1970, p. 59.

développée au cours des récentes décennies, aussi n'est-il pas rare de retrouver des notions incorrectes mais romanesques, dans les romans moins récents.

L'utopie caractéristique d'un grand nombre des romans appartenant à cette catégorie, consiste, comme le précise Karl Canvat[13] en la description sociopolitique minutieuse d'un monde imaginaire idéal, accidentellement abordé par le héros [...]. Les effets pervers de la révolution industrielle et du progrès scientifique devaient tragiquement faire apparaître l'envers grimaçant de ces sociétés parfaites, où le bonheur, parce qu'uniforme et programmé, devient proprement insoutenable. Le meilleur des mondes se révélera en fait le pire, le rêve deviendra cauchemar et l'utopie sera remplacée par l'« anti-utopie ». Et l'auteur ajoute que si la vie est un roman, l'histoire de l'humanité est une épopée de science-fiction, dont s'élabore aujourd'hui la énième et incroyable suite.

Portée du roman de science-fiction et d'anticipation

Source de réflexion sur des événements hypothétiques passés ou futurs, cette catégorie de romans offre aux lecteurs, principalement ceux du deuxième cycle du primaire et du secondaire, l'occasion de parfaire leurs connaissances, de s'interroger sur leur responsabilité face au développement de la science dans notre société moderne. Une porte ouverte sur la rencontre fascinante et troublante de l'imaginaire avec la science et la technique que chaque lecteur est invité à franchir.

Mais encore

J. Bellemin-Noël[14] synthétise à partir de ceux déjà énoncés par Todorov, les divers critères servant à distinguer les trois dernières catégories de romans, soit le merveilleux, le fantastique et la science-fiction dont il a été question précédemment. Le tableau qu'il élabore est repris ci-après :

Critères qui distinguent le merveilleux, le fantastique et la science-fiction

	MERVEILLEUX	FANTASTIQUE	SCIENCE-FICTION
Point de vue	Il (=on)	Je/il (moi)	Je/il (il)
Type de narration	« Monodique » et linéaire	Contra-puntique et alternée	Tous types acceptés
Rapport narré/décrit	Pas de description (connotations symboliques)	Fausses descriptions (suggestion « poétique »)	La description domine la narration
Procédés de « réalisation »	Pas d'effet de réel	Coexistence des effets de réel et de la fuite dans l'irréel (= « ? »)	Tout est effet de réel

13. Ces propos de Karl CANVAT sont tirés de *La science-fiction. Vade-mecum du professeur de français.* Bruxelles : Didier Hatier, 1991, p. 6-9.
14. J. BELLEMIN-NOËL « Des formes fantastiques aux thèmes fantastiques », in *Littérature*, N° 2, mai 1972, p. 114.

Légende :

* monodique : se dit du monologue, du couplet lyrique dans la tragédie.
* contra-puntique : se dit d'épisodes de récits qui s'emboîtent ou qui sont superposés.

Romans historiques et récits de vie

a) Les romans historiques

Liée à des événements du passé et à des protagonistes qui ont marqué l'histoire, cette catégorie de romans étudie notamment les mœurs de personnalités universelles connues ou oubliées.

L'appréciation et la compréhension de ces récits qui relatent l'histoire d'ici ou d'autres pays reposent sur la capacité du lecteur à intégrer les notions de temps et d'espace et sur l'exactitude des informations historiques. Le succès ou l'échec de ces ouvrages en dépend. Les enfants ou les adolescents peuvent y tenir des rôles principaux ou secondaires. Cette littérature est habituellement destinée aux lecteurs du deuxième cycle du primaire ou à ceux du secondaire.

b) Les récits de vie

Souvent associé à la catégorie de romans historiques, le récit de vie regroupe des biographies, des autobiographies, des mémoires, des chroniques de vie privée, à propos de personnages qui ont vécu aux siècles derniers ou qui sont des contemporains. Il peut s'agir de gens connus ou tout à fait inconnus, du moins jusqu'au moment de la parution du récit de vie les concernant. Certains peuvent avoir exercé une influence sur le plan historique, culturel, religieux, politique, économique etc., d'une région, d'un pays, voire d'une société. D'autres comptent parmi les oubliés de l'histoire de l'humanité. C'est la vie réelle ou parfois romancée de l'humain qui est au cœur des romans appartenant à cette catégorie. Ils jouissent d'une grande popularité actuellement.

Portée du roman historique et des récits de vie

L'importance de ces romans est indéniable. Sources de culture et de connaissances, ces récits favorisent chez le lecteur une meilleure compréhension des événements passés ou présents, des spécificités de certains pays et des gens autour desquels s'articule la grande ou la petite histoire.

En outre, ils contribuent à ce que les jeunes se forgent une identité, à clarifier des réalités associées au passé ou contemporaines. Ils permettent de faire la lumière sur la véracité et la fausseté d'événements et de personnes donnés. Ils incitent le lecteur à découvrir l'existence de personnages, et de réalités insoupçonnés. Ils favorisent la mise en œuvre de recherches complémentaires et éclairantes à propos des événements et des protagonistes dont il est question dans les romans dits historiques et dans les récits de vie.

Romans sociaux

De plus en plus d'écrivains développent des thèmes « contemporains » dans leurs écrits, tels le divorce, la drogue, le suicide, la maladie, la sécheresse ou la famine. Une grande profondeur de contenu caractérise bon nombre de ces ouvrages où les personnages, les situations et les événements sont le plus souvent vraisemblables ou réalistes. Les protagonistes cherchent à trouver une solution aux problèmes rencontrés.

Portée des romans sociaux

Le réalisme qu'on retrouve dans ces romans favorise la connaissance de soi et des autres. Par la diversité et la pertinence des thèmes souvent contemporains qui y sont abordés, ces ouvrages favorisent l'identification de problèmes exprimés dans ces récits. De plus, ces contenus aident à prendre conscience de réalités dont on hésite à parler ou encore, qu'on néglige ou omet d'approfondir. La solidarité, la compréhension en regard de personnes réelles qui vivent des situations similaires à celles présentes dans ces livres offrent des pistes de création et d'établissement de relations de partage et d'aide.

Romans classiques

Italo Calvino[15] définit ainsi les classiques :

« 1) Les classiques sont ces livres dont on entend toujours dire : « Je suis en train de le relire... » et jamais : Je suis en train de le lire... ». 2) Sont dits classiques les livres qui constituent une richesse pour qui les a lus et aimés ; mais la richesse n'est pas moindre pour qui se réserve le bonheur de les lire une première fois dans les conditions les plus favorables pour les goûter. 3) Les classiques sont des livres qui exercent une influence particulière aussi bien en s'imposant comme inoubliables qu'en se dissimulant dans les replis de la mémoire par assimilation à l'inconscient collectif ou individuel. 4) Toute relecture d'un classique est une découverte, comme la première lecture. 5) Toute première lecture d'un classique est en réalité une relecture. 6) Un classique est un livre qui n'a jamais fini de dire ce qu'il a à dire. 7) Les classiques sont des livres qui, quand ils nous parviennent, portent en eux la trace des lectures qui ont précédé la nôtre et traînent derrière eux la trace qu'ils ont laissée dans la ou les cultures qu'ils ont traversées (ou, plus simplement, dans le langage et les mœurs). 8) Un classique est une œuvre qui provoque sans cesse un nuage de discours critique, dont elle se débarrasse continuellement. 9) Les classiques sont des livres que la lecture rend d'autant plus neufs, inattendus, inouïs, qu'on a cru les connaître par ouï-dire. 10) On appelle classique un livre qui, à l'instar des anciens talismans, se présente comme un équivalent de l'univers. 11) Notre classique est celui qui ne peut pas nous être indifférent et qui nous sert à nous définir nous-mêmes par rapport à lui, éventuellement en opposition à lui. 12) Un classique est un livre qui vient avant d'autres classiques ; mais quiconque a commencé par lire les autres et lit ensuite celui-là reconnaît aussitôt la place de ce dernier dans la

---

15. La définition du roman classique que donne Italo CALVINO est tirée de *Pourquoi lire les classiques*. publié à Paris, aux éditions La librairie du XXe siècle / Seuil et paru en 1993, p. 7-12.

généalogie. 13) Est classique ce qui tend à reléguer l'actualité au rang de rumeur de fond, sans pour autant prétendre éteindre cette rumeur. 14) Est classique ce qui persiste comme rumeur de fond, là même où l'actualité qui en est la plus éloignée règne en maître ».

Bon nombre de romans de cette catégorie sont tirés d'ouvrages publiés à plusieurs reprises au cours des dernières décennies, voire des siècles passés. Toutefois, on peut également retrouver dans le répertoire d'ouvrages nommés classiques de la littérature d'enfance et de jeunesse, des titres qui sont relativement récents, en ce sens qu'ils ont pu être publiés il y a une ou quelques décennies. Ce sont des ouvrages devenus des classiques de cette littérature grâce à l'intérêt et à la qualité de leur production. Par exemple : *Charlie et la chocolaterie* de Roald Dahl, *L'or de la felouque* écrit par Yves Thériault, etc. Bien entendu, les thèmes et les intrigues des ouvrages dits classiques sont variés et diffèrent selon l'époque de leur publication. Toutefois, ils gardent la couleur de ce qui est universel et transgressent toute « mode ».

Portée du roman classique

La lecture de romans de cette catégorie peut divertir, renseigner et amener les jeunes à découvrir des auteurs d'ici ou d'autres pays, des contenus de romans variés et diversifiés. Ils favorisent l'idée de contact avec une lecture de qualité : choc esthétique et littéraire de grande importance. C'est souvent en lisant les classiques qu'on vibre à la lecture d'idées, d'images d'une valeur exceptionnelle et qui font aimer et se nourrir de la « chose littéraire ». En somme, dans ces ouvrages, le lecteur peut enrichir sa vie.

ÉLÉMENTS CONSTITUTIFS

Les éléments constitutifs du roman sont nombreux et variés. La lecture des romans pour la jeunesse nous apprend que, quelle que soit la culture linguistique à laquelle ils appartiennent, la transposition du réel dont ils sont le véhicule repose, quant à l'expression verbale et figurative, sur une grande économie de moyens. Ce n'est pas que les romans adoptés par les jeunes soient nécessairement brefs, mais ils se distinguent par la nécessité de marquer vite, de surprendre (par des intrigues à rebondissements ou des situations sans cesse renouvelées) et d'entraîner le lecteur en avant. Ils sont généralement exempts de longs détours narratifs, d'analyses minutieuses ou encore de commentaires à l'écart du thème central. Le déroulement de l'action n'est retardé ni par des détails superflus, ni par la dilatation excessive d'un seul moment, ni par les redondances du discours[16].

---

16. Ganna OTTEVAERE-VAN PRAAG. Op. cit. p. 13.

LES ÉLÉMENTS CONSTITUTIFS DU ROMAN

Contenu	Cadre du récit – espace – temps
Thème	*Texte* – style
Valeurs	*Perspective narrative* – dialogues – vocabulaire – syntaxe
Intrigue	*Illustration*
Dénouement	*Présentation matérielle*
Personnages	

Le contenu

Si c'est, entre autres, le rôle de la littérature pour la jeunesse de faire contrepoids à la civilisation de l'image et de garantir un goût durable de la lecture, pour préserver le temps de réfléchir aux mots, ne doit-on pas se demander de quels procédés narratifs dépend l'adhésion des non-lecteurs à l'œuvre romanesque ? Quelles spécificités stimulent la coopération du lecteur et contribuent à susciter son engouement ?[17]

En somme lorsqu'un romancier décide d'écrire un ouvrage destiné aux jeunes, il doit décider parmi plusieurs possibilités. Quel thème et quelles valeurs choisira-t-il d'exploiter ? Quels personnages, quels événements, quels lieux, quelle perspective narrative, quel style privilégiera-t-il ? Etc. Il en va de même pour qui étudie le contenu des romans pour la jeunesse dans la perspective de faire un choix éclairé et d'offrir aux jeunes lecteurs, des romans qu'ils apprécieront et qui les conduiront vers des apprentissages langagiers, littéraires et culturels fructueux. Des lectures, comme une ouverture sur la connaissance de soi, des autres et du monde.

Thème

Le thème, c'est le sujet sur lequel portera le roman. Habituellement, on peut identifier un thème principal et plusieurs thèmes secondaires dans chaque roman.

---

17. Ibid. p. 15.

À la lumière des catégories de romans énumérées précédemment et de l'étude d'un grand nombre d'ouvrages, on peut dégager que plusieurs thèmes sont abordés dans ces récits. Le plus souvent, les auteurs de romans tiennent en compte les thèmes qui sont au cœur des priorités et des préoccupations de chaque groupe d'âge des lecteurs auquel chaque titre est destiné.

Dans la production récente d'ouvrages appartenant à ce genre, on identifie plusieurs titres qui développent des thèmes étroitement liés à la vie contemporaine et à l'apparition de phénomènes sociaux tels, le divorce, la guerre, les problèmes liés à l'environnement, etc. Ganna Ottervaere-van Praag[18] souligne également que le champ d'intérêt et de curiosité des enfants et des adolescents est vaste et il qu'il n'y a guère de limites à ce qui peut leur être dit (on parle d'ailleurs de maladie, de vieillesse, de mort, d'inceste).

L'auteure poursuit en précisant qu'enfants et adolescents aiment les romans qui les ramènent à eux-mêmes (à leurs angoisses et à leurs joies, à leurs rapports avec les êtres familiers et les autres), mais aussi les récits dont le protagoniste juvénile les éloigne de leur paysage intérieur sans pour autant les aliéner par rapport à leur être intime. Un très grand nombre de romans contemporains, accueillis par les collections de jeunesse, les initient de la sorte à d'autres civilisations [...] et à d'autres époques historiques [...].

Valeurs

Des valeurs sont exprimées dans la majorité des romans. Aussi, les jeunes lecteurs peuvent facilement identifier dans les contenus des différents ouvrages, principalement par le biais des personnages, bon nombre de valeurs humaines : la bonté, la justice, le respect de soi et des autres, l'honnêteté, l'humilité, etc. Leur mise en contexte par les écrivains de romans représente une source précieuse de réflexion individuelle ou de groupe.

Intrigue

L'intrigue est constituée d'une suite d'actions ou d'événements plus ou moins imprévus (même pour les auteurs parfois), qui s'enchaînent les uns aux autres, se succèdent de façon logique vers le dénouement. Donc, il y a découpage, succession et enchaînement des épisodes qui rendent le récit intelligible.

Dès les premières pages, le lecteur est mis en présence d'éléments accrocheurs essentiels pour susciter son intérêt. Le ton du récit est ainsi donné et devra se poursuivre tout au long du roman. Ganna Ottevaere-van Praag[19] poursuit en affirmant que tout dépend, en réalité, de la façon dont on leur transmet le message. Le ton est essentiel : un ton chaleureux, humoristique ou fantaisiste, qui exprime le goût de la vie. Toute fiction accessible par la langue et la forme, garde ses chances d'activer l'intérêt des jeunes, à condition qu'elle ne soit pas animée

---

18. Ibid. p. 14.
19. Ibid. p. 14.

par une vision résolument négative de la vie qui les découragerait de chercher à évoluer et leur dénierait aussi le droit à une certaine insouciance.

L'intrigue peut être plus ou moins complexe selon l'âge des destinataires. Le développement du récit peut emprunter différentes avenues, être prétexte à péripéties, bifurquer, etc. Une intrigue vraisemblable, originale doit être menée de façon à soutenir l'intérêt du lecteur.

Dénouement

Ganna Ottevaere-van Praag[20] précise que le roman à l'usage de la jeunesse relate essentiellement un voyage initiatique. Le point d'arrivée implique une progression sur la réalité désormais transformée par ses expériences dans un univers appartenant soit à la réalité tangible, soit à l'imaginaire. En aucun cas, l'épilogue ne peut sonner le glas de l'attente juvénile. Il doit s'entrouvrir sur l'espérance, si minime soit-elle, de s'arracher un jour à soi-même et de connaître un renouveau. Il serait cruel de convaincre celui qui a encore la vie devant soi que les jeux sont déjà faits.

La conclusion d'un roman tend à répondre aux principales questions posées au début du récit. Elle doit comporter une part d'imprévu. Habituellement, le dénouement d'un roman est heureux, ou s'il comporte des aspects négatifs ou des situations non résolues, il doit laisser entrevoir au lecteur qu'il a, tout comme le héros du roman, franchi des étapes positives dans l'affirmation de soi par la lecture de ce récit.

Personnages

Dans les romans, la majorité des personnages existent pour eux-mêmes. Ils agissent les uns sur les autres et se révèlent les uns par rapport aux autres.[21] L'écrivain a le temps et la possibilité de les faire vivre devant le lecteur. Il peut présenter plusieurs aspects de leur personnalité (qualités, défauts, réactions). Il les fait évoluer dans un contexte qui existe, qui a déjà existé ou qu'il crée à leur intention.

Dominique Demers[22] précise que le personnage qui reçoit la teinte émotionnelle la plus vive et la plus marquée s'appelle le héros. Le héros est le personnage suivi par le lecteur avec la plus grande attention. Il provoque la compassion, la sympathie, la joie et le chagrin du lecteur.

Le héros du roman est ou pourrait être bien vivant, authentique. Il évolue dans un cadre donné, se comporte habituellement comme un jeune de son âge, s'il est un enfant ou un adolescent. Il vit ses propres expériences de vie, proposant

---

20. Ibid. p. 137.
21. Roland BOURNEUF et Réal OUELLET. *L'univers du roman*. Publié à Paris, aux Presses universitaires de France, en 1975, p. 151.
22. Dans un ouvrage intitulé *Du petit Poucet au dernier des raisins,* publié à Montréal, aux éditions Québec / Amérique en 1994, Dominique DEMERS reprend à la page 193, une citation de B. TOMACHEVSKI tirée de *Théorie de la littérature*. Paris : Éditions du Seuil, 1965, p. 295.

souvent des solutions intéressantes au *problème* abordé. Il est sans doute le personnage le plus important dans ce type de récit. Les personnages secondaires sont là pour l'appuyer, le contredire, ou tenter de l'empêcher de parvenir à ses fins.

Pour sa part, le jeune lecteur n'éprouve pas de difficulté à s'identifier à un héros, saisi dans sa vérité et sa différence, si ce dernier appartient à son monde de référence. Il en devient solidaire parce qu'à travers lui, il peut voir, aimer ou prendre en horreur[23].

Cadre du récit

L'espace et le temps sont les principaux éléments constituant le cadre du récit d'un roman.

Espace

L'espace du récit est constitué principalement des lieux où évoluent les personnages et l'intrigue. L'espace physique, géographique et social sont importants pour assurer au récit sa vraisemblance et sa cohérence.

Ainsi, dès le début du roman, l'auteur précise de façon claire et habituellement concise, le lieu principal où se déroulent les événements. S'il est nécessaire de s'y attarder, d'autres descriptions s'ajoutent à celles-ci. De très nombreux lieux sont proposés actuellement, dans les romans pour jeunes. De là, le lecteur peut apprendre à connaître la géographie et à mieux comprendre les mœurs de protagonistes évoluant dans d'autres pays, ainsi que du sien propre.

Temps

Le temps occupe deux dimensions importantes dans le roman : d'abord l'époque de l'histoire, le passé historique où se situent les personnages et ensuite la durée de l'histoire, du récit, de la progression des événements : le temps de l'aventure. Par exemple, à quelle époque et en combien de temps s'est déroulée cette histoire ? Surtout dans le roman historique, la notion de temps revêt une importance capitale.

Comment l'auteur s'y prend-il pour situer le lecteur dans le temps du récit ? Il date les principaux événements, précise les épisodes les uns par rapport aux autres, à l'aide de formules (« dans deux semaines, ce sera Noël »), il utilise des points de repère (les vacances d'été, les étapes d'une visite, etc.).

Texte

La longueur et la complexité du texte d'un roman varient selon l'âge des destinataires. L'auteur y crée un mouvement et un ton qui lui sont propres. C'est le style de l'auteur.

---

23. Ganna OTTEVAERE-VAN PRAAG. Op. cit. p. 38.

Style

Le Petit Robert définit le style comme un aspect de l'expression chez un écrivain, dû à la mise en œuvre des moyens d'expression dont le choix résulte, dans la conception classique, des conditions du sujet et du genre (ici du roman), et dans la conception moderne, de la qualité personnelle de l'auteur en situation. Le style caractérise chaque écrivain. Le choix et l'agencement des mots est très personnel. Les comparaisons et les métaphores que l'auteur utilise contribuent également à définir son style. Il importe donc de ne pas viser l'uniformisation du style des auteurs contemporains en alignant leurs textes selon les critères spécifiques d'un éditeur ou d'une collection.

Perspective narrative[24]

L'écrivain d'un roman pour la jeunesse a recours au narrateur (lui-même), pour donner vie au récit et conduire le lecteur de l'introduction jusqu'au dénouement de l'œuvre. Afin de rejoindre les jeunes lecteurs et de les motiver à terminer leur lecture de roman, l'écrivain-adulte doit s'attarder à retrouver, sans déborder le point de vue du jeune héros, les perceptions, les sentiments et les idées d'un âge qu'il a quitté depuis longtemps. Certes, il court le risque de se laisser dévier par la moralisation, la nostalgie et l'idéalisation.

La qualité des romans, conçus dans l'optique juvénile, relève de l'authenticité et de la personnalité du héros et de l'auteur. L'adulte y interprète, sans l'amplifier le regard des jeunes, respectant leurs sentiments et leurs pensées. Il sélectionne les visages possibles du protagoniste en fonction des qualités à ses yeux positives (force de caractère, débrouillardise, dynamisme, imagination féconde, penchant à la rêverie...) mais pour en asseoir la crédibilité. Il le laisse évoluer à l'égal de tout autre personnage, au gré des circonstances et de son tempérament propre. Il lui arrive de mettre en scène l'enfant ou l'adolescent qu'il fut dans sa jeunesse, sans anticiper toutefois sur l'adulte qu'il est devenu. Il tente de trouver des réponses à certaines questions. Parmi elles : comment le jeune protagoniste se voit-il ? Comment le héros juvénile voit-il l'adulte ?

Afin d'appliquer dans la narration d'un roman, des éléments de réponses satisfaisantes et qui soient le reflet de la réalité des jeunes, l'écrivain pour la jeunesse tiendra en compte qu'à partir de neuf ans et jusqu'à dix-sept environ, le héros du récit est décrit dans une perspective juvénile, en mal d'identité, à la recherche de l'acceptation de soi. Ce qui n'exclut pas la nécessité de se préoccuper également de son avenir et de la sexualité.

Les jeunes protagonistes réfléchissent aussi sur leur identité morale et sont en quête d'équilibre intérieur. Ils ne cessent, en vérité de s'interroger sur le comportement des grands : ils leur reprochent leur manque de disponibilité d'écoute, ils tendent à faire découvrir progressivement l'adulte par l'enfant, etc.

---

24. Ibid. p. 37-70.

Dialogues

En littérature d'enfance et de jeunesse, rares sont les romans dans lesquels on ne retrouve des dialogues ; ces derniers servant à réduire la distance entre le lecteur et les personnages, rendus très présents par le style direct. De plus, par l'emploi de dialogues, le lecteur a l'impression qu'on s'adresse à lui sans aucun intermédiaire car le narrateur disparaît entièrement derrière les interlocuteurs, sans se manifester par des commentaires personnels, au risque de perdre son objectivité. Il élargit la perspective unique du principal protagoniste focalisateur en confiant des points de vue différents à d'autres participants [...]. D'autre part, le dialogue entretient le suspense. Si le monologue est généralement voué à l'exploration d'une conscience, le dialogue se réfère à l'action. Questions et répliques font progresser l'intrigue. D'autre part, les actants se font vraiment connaître dans leurs différences à travers leurs répliques[25].

Vocabulaire

Le vocabulaire du roman est habituellement simple, précis, riche et nuancé, dans la proximité du langage quotidien des jeunes.

Syntaxe

De complexité adaptée à l'âge des destinataires, le texte s'applique à varier la longueur des phrases. Bien entendu, il convient d'éviter les phrases dont la syntaxe serait trop compliquée, à tel point que le lecteur comprendrait difficilement.

Illustrations

Présente dans bon nombre de romans pour la jeunesse, l'illustration apparaît souvent comme partie intégrante du récit destiné aux plus jeunes lecteurs. Elle glisse parfois au second plan dans les romans écrits à l'intention des lecteurs pré-adolescents ou adolescents. L'illustration peut être un dessin ou une photo, elle peut être pleine page ou insérée dans le texte (moitié ou tiers de page) ; elle peut jouer un rôle informatif, anecdotique ou purement décoratif. Dans tous les cas, elle doit être cohérente avec le texte et placée à un endroit judicieux (pas trop tôt, ni trop éloignée de ce qu'elle représente).

Présentation matérielle

Les romans pour jeunes sont habituellement publiés dans des collections dont la présentation matérielle (format, reliure, caractères typographiques, qualité du papier) est standardisée et la clientèle ciblée. Il arrive qu'un héros revienne dans plusieurs romans d'une même collection ; on parle alors d'une série.

---

25. Ibid. p. 71.

La Nouvelle[26]

LA NOUVELLE, LE ROMAN ET LE CONTE : DES RÉCITS D'HISTOIRES FICTIVES, MAIS ENCORE...

De ses origines anciennes, jusqu'à aujourd'hui, la nouvelle n'a cessé au gré des influences, des modes et parfois même des nécessités, de se prêter à des traitements qui ont parfois pu faire douter de sa nature véritable. On l'a retrouvée attachée à la chronique quotidienne ou à la reconstitution historique, elle a su se faire philosophique ou satirique, ou encore elle a su consigner quelque trait de mœurs ou s'ouvrir au merveilleux.[27] Tantôt proche du fabliau, tantôt du roman, tantôt du conte, tantôt de la chronique, soumise aux règles d'esthétiques diverses, elle a pris plusieurs formes au gré de son histoire.

La décision d'étudier la nouvelle dans le chapitre portant sur le roman découle de l'étude du contenu des éléments constitutifs de ce genre littéraire, et du contenu de plusieurs nouvelles qui semblent à plusieurs égards offrir des voies semblables ou complémentaires d'observation fonctionnelle du récit à portée romanesque : l'étude d'une narration plus dense et mieux centrée que plusieurs romans. D'où l'acceptation que la nouvelle puisse également être reconnue comme un membre honorable de la famille du conte, ou encore... En somme, une décision qui permet d'approfondir les procédés d'écriture, la forme et le sens des récits, l'étude des personnages, etc., regroupés dans le roman qui sont abordés dans le présent chapitre et que l'on peut dans la plupart des cas, appliquer à la nouvelle.

DÉFINITION

Le Petit Robert définit la nouvelle comme étant un récit généralement bref, de construction dramatique, et présentant des personnages peu nombreux. À cela, Olivier Dezutter et Thierry Hulhoven[28] ajoutent qu'on peut y retrouver un contexte réaliste et véritable, l'absence de leçon morale et le recours à des procédés romanesques.

Roland Bourneuf et Réal Ouellet[29] soulignent que la nouvelle est faite de peu de matière : une anecdote curieuse, un pari, une rencontre sans lendemain, l'ébauche d'une biographie, un petit drame caché, ou simplement la couleur du temps qui produit chez un personnage une émotion particulière.

---

26. Il convient de noter que cette partie de texte reprend plusieurs notions proposées dans un ouvrage écrit par Olivier DEZUTTER et Thierry HULHOVEN intitulé *La nouvelle. Vademecum du professeur de français,* publié à Bruxelles, aux éditions Didier Hatier en 1989, p. 5-14.
27. Roland BOURNEUF et Réal OUELLET. Op. cit. p. 26.
28. Ibid. p. 31.
29. Ibid. p. 26.

Mais encore

En outre, Roland Bourneuf et Réal Ouellet[30] insistent sur le fait qu'à la lecture de plusieurs nouvelles, on ressent le choc de l'histoire dense, fortement bâtie, ou encore qu'on y retrouve quelque chose d'insaisissable, de presque impalpable, qui a bougé en nous. Une lecture qui a permis de faire passer de la vie en nous, qui a semé de l'inquiétude et du vertige devant des mondes possibles.

PORTÉE DE LA LECTURE DE NOUVELLES

La nouvelle offre aux lecteurs de fin du primaire ou encore à ceux du secondaire, la possibilité de compléter des lectures passionnantes, diversifiées à l'intérieur d'un temps de lecture relativement court. Des textes souvent illustrés qui mettent en évidence l'esthétique d'une grande variété de contenus et de styles qui peuvent combler les attentes des jeunes lecteurs.

En outre, la nouvelle apparaît comme un lieu d'articulation particulièrement opératoire quand il s'agira de poursuivre la lecture, ou de s'adonner à des pratiques d'écriture ou à des exercices d'oralité vers d'autres genres narratifs, comme le conte, le mythe, la légende, le roman.

Enfin, la nouvelle apparaît comme un support littéraire d'un grand intérêt puisqu'elle peut permettre la transmission et la construction d'une culture qui fait voyager des temps anciens au XXe siècle, de la littérature francophone à la littérature d'autres pays, de noms d'auteurs célèbres ou moins connus, voire aux méconnus.

Conclusion

La lecture ou le récit d'un roman ou d'une nouvelle sont des actes réfléchis et volontaires qui s'inscrivent dans un projet de lecture en vue de la formation de lecteurs permanents. La découverte par les jeunes des romans et des nouvelles qui les inciteront à lire d'autres ouvrages, doit être grandement encouragée et valorisée dans l'ensemble des milieux éducatifs.

Enrichir la sensibilité, les connaissances, le langage oral et écrit du lecteur, voilà ce que peut favoriser, entre autres, la lecture des ouvrages dont il a été question dans ce chapitre. Contribuer à l'atteinte de ces objectifs, n'est-ce pas là la responsabilité de tout auteur, éditeur et médiateur de romans et de nouvelles auprès des jeunes ?

---

30. Ibid. p. 27

Grille d'analyse

LE ROMAN

Contenu

- 1. À quelle catégorie de roman appartient ce livre ?
- 2. Quel(s) thème(s) y sont présentés ?
- 3. À quels besoins ou à quelles préoccupations des jeunes lecteurs le livre peut-il répondre ?
- 4. Quelles sont les valeurs mises de l'avant ?
- 5. Dans quelle mesure les solutions proposées sont-elles originales, pertinentes et constructives ?
- 6. Quels sont les éléments imaginaires de l'histoire ?
- 7. Comment l'auteur assure-t-il la crédibilité de son récit ?
- 8. L'histoire est-elle logique et cohérente compte tenu du cadre établi ?
- 9. L'environnement physique et social recréé par l'auteur est-il rendu de façon juste et précise ?
- 10. Les personnages et les faits rapportés sont-ils authentiques ?
- 11. Le personnage central est-il significatif pour le lecteur d'aujourd'hui ?

Intrigue

- 12. À quel moment et comment l'intrigue démarre-t-elle ?
- 13. Est-elle vraisemblable, originale, bien construite ?
- 14. Comment le romancier parvient-il à maintenir l'intérêt ?
- 15. Comment le dénouement est-il amené ?

Personnages

- 16. Quel est le portrait physique et psychologique des personnages principaux ? Quels rôles jouent-ils dans l'histoire ?
- 17. Comment sont-ils révélés ? Par l'intermédiaire de la narration,
  "   des conversations,
  "   des pensées des autres,
  "   des pensées du personnage principal,
     etc.
- 18. Quelle perception en avez-vous ? Vous apparaissent-ils stéréotypés, convaincants, naturels ? Ont-ils un comportement cohérent selon leur âge et leurs expériences ?
- 19. Comment réagissent-ils les uns face aux autres ? (parents / enfants, enfants, etc.).

Cadre du récit

- 20. Où se passe l'histoire ?
- 21. Comment l'auteur décrit-il les lieux ?
- 22. Quand l'histoire se déroule-t-elle ?
- 23. Comment l'auteur indique-t-il le temps ?
- 24. Comment la localisation de l'histoire et l'époque affectent-elles l'action, les personnages ou le thème ?

Texte

- 25. Comment se caractérise le style de l'auteur (vocabulaire utilisé, structure et rythme des phrases, comparaisons et métaphores) ?
- 26. Quelle place accorde-t-il à la narration, à la description, aux dialogues ?
- 27. Les dialogues conviennent-ils aux personnages ?
- 28. De quels moyens se sert l'écrivain pour obtenir certains effets : faire rire, émouvoir, etc. ?

Illustration

29. Quel genre d'illustrations a-t-on choisi pour ce roman ?
30. Sont-elles nombreuses ?
31. Quel rôle jouent-elles par rapport au texte ?
32. Où sont-elles situées par rapport à l'idée exprimée et aux lieux et personnages qu'elles représentent ?

Présentation matérielle

- 33. Qu'est-ce que le lecteur peut espérer à partir du titre, de la couverture ou du résumé ?
- 34. Quelles observations peut-on faire sur le format, la reliure, la qualité du papier, etc.

Chapitre 9

LA BANDE DESSINÉE

En guise d'avant-propos

« *C'était excitant et un peu inquiétant, de voir un épisode de l'un des feuilletons les plus connus naître devant moi. Tokiba traçait les cases avec une règle sur d'épaisses planches de bristol et Sensei faisait les crayonnés avec un crayon à mine tendre. Il dessinait très vite, avec une énergie extraordinaire. Même quand son crayon ne touchait pas le papier, sa main tournait tout autour, comme s'il dessinait des centaines de petits cercles. En regardant sa main, je remarquai un cal de la taille d'un pois sur le médius, et je me demandai combien de centaines d'heures je devrais dessiner pour avoir un cal comme celui de Sensei. Je regardai la main de Tokida et je vis un début de cal, taché de jaune à cause du tabac. Puis, je vis que la moitié de son petit doigt de la main gauche avait été sectionnée.*

Sensei ne dessinait pas en suivant l'ordre des cases, mais il passait de l'une à l'autre comme s'il s'occupait d'abord de ses scènes préférées. Un courant continu d'idées semblait traverser sa tête et passer par la pointe de son crayon. Comment savait-il quelle taille donner aux bulles avant de mettre les mots dedans ? Je me posais la question, mais je n'osais pas demander.

Parfois les planches en bristol étaient tellement crayonnées qu'il était difficile de dire ce qu'il y avait dessus. Sensei griffonnait quelques mots ça et là à l'intérieur des bulles en riant tout seul. Ensuite, il mettait une nouvelle plume dans un porte-plume et commençait à encrer les dessins. Il maniait son porte-plume avec autant de dextérité et de liberté qu'un crayon, mais avec le porte-plume, il ne revenait jamais deux fois sur le même trait. Il travaillait si vite que j'avais peur qu'il ne gâche un dessin, ce qu'il ne fit jamais. La plume glissait sans effort sur la surface lisse du papier et les traces brillantes de l'encre noire s'étalaient avec facilité et puissance. Soudain, un personnage émergea, comme s'il bondissait hors de la page. J'en eus le souffle coupé ».

Tiré de *L'auberge de la bande dessinée*, écrit par Allen SAY, publié à Paris, à l'école des loisirs en 1996, dans la collection Médium. p. 30-31.

LA BANDE DESSINÉE, UN GENRE, SINON UNE FORME LITTÉRAIRE

La bande dessinée est omniprésente sur le marché, en librairie, en bibliothèque, dans les journaux et les supermarchés. Il s'agit sans doute du genre le plus connu en littérature pour la jeunesse. Actuellement, un grand nombre de collections ou de séries de bandes dessinées se destinent aux jeunes et moins jeunes ; la série Astérix en fournit un exemple. Ainsi, on observe que ces bandes dessinées s'adressent à deux types de clientèles qui ont toutefois le même âge en quelque sorte : celui de s'adonner passionnément à la lecture d'images et de textes contenus dans des albums regroupés en séries ou en collections[1]. Des ouvrages qui développent une forme littéraire spécifique.

À ce propos, Benoît Peeters[2] précise que loin d'être un simple genre, la bande dessinée est une véritable forme, un moyen d'expression complet qui, comme tous les autres, a produit le meilleur et le pire et s'est adressé aux publics les plus divers. De même que le cinéma ne peut être assimilé aux tartes à la crème des premiers films burlesques, la bande dessinée ne mérite pas d'être confondue avec les « gros nez » et les « petits miquets ». Le comique et l'aventure, le réalisme et l'imaginaire, les produits populaires et les œuvres de recherche coexistent aujourd'hui, même si beaucoup d'amateurs limitent leur curiosité aux productions les plus récentes et les plus standardisées.

C'est principalement aux amateurs et médiateurs de bandes dessinées que le contenu du présent chapitre s'adresse.

IMPORTANCE DE LA BANDE DESSINÉE EN ÉDUCATION

Töpffer et Christophe, inventeurs de la bande dessinée, étaient des pédagogues persuadés de sa valeur éducative. Pourtant, on l'a souvent reléguée au rang de sous-culture, on l'a accusée d'inciter les jeunes à la violence, de les détourner de la lecture et de leur faire perdre l'orthographe[3]. Et il n'est pas rare de rencontrer encore aujourd'hui, des adultes farouchement opposés à l'utilisation de ces ouvrages à la maison, en classe ou en bibliothèque.

Langlois[4] affirme qu'on peut dire que, si la bande dessinée n'existait pas, certains enfants et [adolescents] ne liraient pas du tout. D'autre part, malgré

---

1. Une série d'albums de bandes dessinées regroupe un nombre restreint de titres, ou encore des récits *à suivre*, alors qu'une collection compte un nombre plus important de titres et propose habituellement des récits complets et autonomes, les uns par rapport aux autres. Le succès éditorial d'une série d'ouvrages de production récente peut en favoriser le développement. L'ajout plus ou moins régulier de plusieurs nouveaux titres permet le développement d'une collection.
2. Extrait de l'avant-propos de *La bande dessinée*, écrit par Benoît PEETERS et publié en 1993, chez Flammarion à Paris, dans la collection Dominos. p. 6 et 7.
3. Ibid. p. 6.
4. Richard LANGLOIS, un spécialiste québécois de la bande dessinée a écrit en 1979, un document intitulé *Dossier sur la bande dessinée*. Cette citation est extraite de ce travail non publié. p. 81.

l'abondance des bandes dessinées, le nombre de bons lecteurs ne diminue pas. La bande dessinée constitue un très bon mode d'accès à l'imaginaire et ne mérite pas qu'on la qualifie de sous-littérature. Bien sûr la physiologie des personnages est un peu sommaire, mais le médium est extraordinaire à plusieurs niveaux : il y a de l'action, de l'humour, une incarnation efficace des personnages sans le recours aux habituelles descriptions. La bande dessinée correspond au besoin de réalisme des jeunes, à leur besoin d'identification, à leur recherche de rythme, d'émotions, d'exagération, etc.

En somme, loin de détourner les jeunes de la vraie lecture, il semble que la bande dessinée en ouvre la voie à plusieurs d'entre eux. Ces ouvrages offrent une diversité et une complémentarité de lecture à ceux pouvant être qualifiés de bons lecteurs. Ici, l'adulte a la responsabilité de les guider vers une sélection judicieuse de titres qui sont mis à leur disposition. Une sélection qui ne saurait et ne pourrait être judicieuse et pertinente sans la lecture de bandes dessinées par l'adulte.

BREF REGARD HISTORIQUE

La bande dessinée plonge ses racines dans une « préhistoire » fort lointaine, mais son histoire commence vraiment au XIXe siècle avec les albums de Töpffer. Écrivain, fils de peintre, maître de pension, ce Genevois publie à partir de 1833, les sept premiers véritables albums de bande dessinée [...]. Conscient d'inaugurer un nouveau mode d'expression (qu'il appelle la « littérature en estampes »), Töpffer s'en fait aussi le théoricien. Réédités chez Garnier en 1860, ses albums auront été traduits dans toute l'Europe[5].

Quelques décennies plus tard, en publiant ses bandes dessinées, chaque semaine dans *Le petit français illustré*, entre 1889 et 1905, Georges Colomb, aussi nommé Christophe, donne le coup d'envoi à la presse enfantine illustrée. Le support privilégié de la bande dessinée sera désormais et pour longtemps, le périodique, et non plus l'album[6]. Ainsi, en 1905, Pinchon crée Bécassine (très connue encore aujourd'hui), dans *La semaine de Suzette*.

L'imagerie d'Épinal était déjà connue en France à la fin du XIXe siècle. Le texte se trouvait alors au bas d'une illustration, au lieu d'être, comme dans la bande dessinée, insérée dans une vignette. À cette époque, l'ancêtre de la bande dessinée était constituée d'un texte considéré comme fondamental et d'une suite d'illustrations, comme dans *La famille Fenouillard*, par exemple. C'est lorsque le texte s'incorporera à l'image que naîtra la véritable bande dessinée.

À la fin du siècle dernier, en 1896, Yellow Kids et Pim Pam Poum sont les premiers héros de bandes dessinées à voir le jour aux États-Unis. Ils sont à l'origine de réactions culturelles de plusieurs Français qui considéraient alors la bande dessinée comme un genre mineur, une sous-littérature. Ils ont d'ailleurs maintenu cette position jusqu'à la première guerre mondiale.

---

5. Ces propos sont tirés de l'ouvrage écrit par Thierry GROENSTEEN, intitulé *La bande dessinée,* publié à Paris, aux éditions Milan en 1996, dans la collection Les essentiels Milan. p. 5.
6. Ibid. p. 7.

La bande dessinée franco-belge qui incorpore texte et image est créée en 1925. Il s'agit de Zig et Puce d'Alain Saint-Jean. Par la suite, naquirent Tintin en 1929 et Spirou en 1938 qui seront longtemps publiés dans les périodiques *Tintin* et *Spirou*. Hergé, pseudonyme de Georges Remi (1907-1983), est sans contredit le créateur d'un phénomène exceptionnel : les albums de Tintin sont actuellement traduits dans plus de quarante langues et vendus à plus de cent soixante-dix millions d'exemplaires.

Après la deuxième guerre mondiale, on assista au phénomène Lucky Lucke qui compte plusieurs adeptes encore aujourd'hui. Puis, c'est Astérix, lui aussi devenu célèbre, d'Albert Uderzo, que les lecteurs de l'hebdomadaire *Pilote,* purent découvrir en 1959.

En 1970, Berib+Job (pseudonymes de Claude De Ribaupierre et de André Jobin) donnent naissance à *Yakari,* écrite à l'intention des enfants. À ce jour, plus de vingt titres de cette collection sont publiés. Des ouvrages aux qualités graphiques et esthétiques indiscutables.

Encore aujourd'hui, plusieurs bandes dessinées sont produites annuellement, la majorité dans des séries ou des collections. Toutefois, depuis le milieu des années soixante, la bande dessinée européenne a connu de profonds bouleversements, renouvelant ses supports et son public, son graphisme et ses contenus. Souvent liée au monde de la presse, elle a rejoint celui du livre. Traditionnellement vouée à l'enfance, elle s'est tournée vers les adultes. Marquée du sceau du divertissement, elle a élargi son territoire à des domaines qui lui paraissaient à jamais fermés : l'érotisme, la politique, l'autobiographie[7].

Bien que ce bref historique ne souligne qu'un nombre limité d'événements qui ont marqué l'histoire de la bande dessinée, on ne saurait passer sous silence le phénomène des *mangas,* (bandes dessinées japonaises) qui ont effectué, au tournant des années 1990, une percée spectaculaire sur le marché américain, puis européen. On y retrouve une narration très découpée, des scènes beaucoup plus étirées que dans la tradition franco-belge ou américaine. Les lignes suggérant le mouvement, les onomatopées omniprésentes, la mise en pages parfois éclatée, les répétitions de détails composent une esthétique qui privilégie l'impact visuel. Le rythme de production des *mangas* se situe à l'échelle industrielle, les tirages atteignant parfois des milliers, voire des millions d'exemplaires. Par la lecture des *mangas,* une partie de la jeunesse française [et d'ailleurs dans le monde], convertie par les séries télévisées exportées du Japon qui en reprennent le contenu, affirme sa différence. L'univers des *mangas* étant devenu une culture d'emprunt pour les jeunes[8].

Au Québec, on compte plusieurs bédéphiles. La majorité des titres lus sont édités en Europe francophone. Cette situation découle du fait que la production d'ici n'a pas encore franchi définitivement le cap de la production à grande échelle : peu d'éditeurs souhaitant ou pouvant affronter la concurrence d'outre-Atlantique. Sauf quelques rares exceptions, les scénaristes et les dessinateurs québécois sont

---

7. Benoît PEETERS. Op. cit. p. 62
8. Thierry GROENSTEEN. Op. cit. p. 28 et 29.

donc, en quelque sorte limités à exercer leur profession dans certains quotidiens, des périodiques destinés aux adultes ou aux jeunes lecteurs. À l'occasion, quelques albums de bande dessinée sont publiés, mais demeurent parfois inconnus du large public.

DÉFINITION

En 1837, Rodolphe Töpffer faisait une première tentative de définition de la bande dessinée. Il expliquait : « Ce petit livre est d'une nature mixte. Il se compose d'une série de dessins au trait. Chacun de ces dessins est accompagné d'une ou de plusieurs lignes de texte. Les dessins, sans ce texte, n'auraient qu'une signification obscure ; le texte, sans les dessins, ne signifierait rien. Le tout forme une sorte de roman, d'autant plus original qu'il ne ressemble pas mieux à un roman qu'à autre chose »[9].

Aujourd'hui, on peut définir ainsi la bande dessinée : c'est la mise en forme d'une histoire dont on a retenu les éléments les plus spectaculaires, au moyen d'un ensemble de relations texte / image caractérisées par l'utilisation originale des ballons. L'enchaînement des vignettes est étudié en fonction du rythme à créer[10].

CATÉGORIES[11]

L'imaginaire et l'onirisme se retrouvent dans plusieurs collections de bandes dessinées. Souvent, les héros et les situations proposés dans une même collection favorisent l'identification de catégories qui sont caractéristiques de toute une série ou d'une collection d'ouvrages.

Aventure traditionnelle

Les aventures traditionnelles sont souvent reliées à celles de notre époque par des références au voyage ou à la résolution d'énigmes. Le rythme des bandes d'aventure est rapide, tant sur le plan visuel que sur celui du texte ; le suspense en fait partie intégrante. De plus, on peut y relever de nombreux détails liés à l'historique structurant du récit, certains qui révèlent une documentation poussée, d'autres qui caractérisent les personnages du récit. Par exemple, Hergé préparait soigneusement les scénarios de ses bandes dessinées : il visitait les lieux que ses héros allaient fréquenter, se documentait, choisissait souvent les protagonistes de ses récits parmi les gens qu'il connaissait personnellement.

---

9. Ibid. p. 9.
10. FRESNAULT DERUELLE, Pierre (1972). *Dessins et bulles. La bande dessinée comme moyen d'expression.* Montréal / Paris / Bruxelles : Bordas.
11. Des exemples de bandes dessinées destinées aux jeunes lecteurs se rapportant à cette partie de texte, sont regroupés dans une bibliographique sélective complémentaire au présent ouvrage.

Aventure moderne

L'aventure moderne est reliée aux réalités technologiques du monde actuel, comme les exploits de l'aviation ou du monde de l'automobile. L'aventure moderne destinée aux plus jeunes s'attarde davantage à leur réalité quotidienne ; elle s'articule autour d'une action ou d'une découverte.

Aventure historique

L'action se déroule à des époques anciennes, dans l'Antiquité ou au Moyen Âge. La bande dessinée de cette catégorie met en scène des personnages historiques. Le héros se porte à la défense des opprimés.

Aventure western

L'action présentée dans cette catégorie se situe au Far West. Les protagonistes sont des soldats, des colons, des trappeurs, des cow-boys, des Indiens. L'opposition bon / méchant constitue souvent le moteur de l'action. Un héros justicier redresse les torts.

Science-fiction

Dans ces bandes dessinées, on raconte une aventure qui se déroule dans une région inconnue et mystérieuse de la terre ou sur d'autres planètes. Souvent, le héros y lutte contre des tyrans ou des animaux monstrueux.

Aventure policière ou espionnage

L'opposition classique entre bons et mauvais s'y trouve fortement marquée. Le héros doit faire preuve d'ingéniosité pour démasquer les coupables.

Fantastique

Cette catégorie regroupe les aventures de toutes sortes vécues par des personnages imaginaires ou des héros doués de pouvoirs magiques. Les choses qui les entourent peuvent se transformer de façon tout à fait irréalistes.

Humoristique

Elle nous présente des personnages, des actions destinées à faire rire et qui exploitent les jeux de mots ou les situations cocasses et ridicules. On y rencontre souvent le héros parodique ou antihéros qui accumule gaffes et échecs.

ÉLÉMENTS CONSTITUTIFS

Parmi les éléments constitutifs de la bande dessinée, on note le scénario, le cadre du scénario, les personnages, dont le héros et les personnages secondaires, les valeurs, le texte, l'image, la couleur.

Scénario et scénariste

Le scénario est le plan écrit et détaillé d'une intrigue où un héros parcourt un itinéraire plus ou moins compliqué. Il s'agit pour l'auteur de créer, dès les premières pages de son récit, une situation propice à l'engagement du héros dans l'aventure.

Le scénariste est la personne qui imagine le récit. Il fournit au dessinateur le découpage ainsi que les dialogues. Le dessinateur peut être son propre scénariste[12].

Cadre du scénario : temps et espace

Les notions de temps et d'espace, caractérisées par la vitesse du temps qui s'écoule entre l'introduction et la conclusion, et la rapidité avec laquelle le lecteur accède aux lieux où l'action se déroule font partie du scénario. En somme, c'est une dimension importante sur laquelle mise tout scénariste dans la construction de ses épisodes. Il se caractérise par la narration simplifiée (l'ordre des vignettes est purement chronologique) et par la narration parallèle (plusieurs actions sont menées de front).

L'espace est le lieu où se situe le scénario, l'endroit où se rencontrent les personnages et se déroule l'action. Cet espace peut être très détaillé ou schématique.

« Les rares dessins dont Hergé se déclarait satisfait sont ceux où il est parvenu à condenser différentes phases d'une action, comme cette case du *Crabe aux pinces d'or* où Haddock met en fuite une bande de pillards. En un dessin, le lecteur découvre une succession de mouvements, décomposés et répartis entre plusieurs personnages. Cela pourrait être le même bonhomme à des moments successifs, qui s'est couché, qui se relève doucement, qui hésite et qui s'enfuit. C'est en somme, si vous voulez, un raccourci d'espace et de temps »[13].

Les personnages

Selon les scénaristes et l'âge des destinataires, le nombre de personnages peut varier. Toutefois, un seul parmi eux occupe le statut de héros. Autour de lui, gravitent les personnages secondaires.

Le héros

Le héros est le personnage central de l'histoire ; c'est celui à qui il arrive les choses importantes et souvent les plus spectaculaires. Le héros naît généralement d'abord d'une longue réflexion et ensuite, de quelques coups de crayons qui le distingueront de tous les autres personnages et qui lui garantiront la possibilité d'atteindre un statut mythique.

---

12. Voir Thierry GROENSTEEN, Op. cit. p. 59.
13. Cette citation de Numa SADOUL est extraite de *Entretiens avec Hergé* et reprise dans Benoît PEETERS. Op. cit. p. 30.

Les traits physiques et les caractéristiques psychologiques sélectionnés par le scénariste et le dessinateur seront déterminants de l'espérance de vie du héros. D'allure souvent jeune et dynamique, la plupart des héros sont caractérisés par leur bonté, leur honnêteté, leur franchise, leur grande débrouillardise, leur détermination, etc. Le héros sortira habituellement vainqueur des situations difficiles dans lesquelles il se retrouve. Celles-ci peuvent être provoquées par un ou des personnages réels ou imaginaires, ou être associées à un événement particulier.

Les héros éprouvent toute une gamme de sentiments et d'émotions : peur, colère, tristesse, joie, douleur, surprise, etc., offrant ainsi la possibilité aux jeunes lecteurs du primaire, ou encore à ceux du secondaire, de s'identifier à des héros qui correspondent à leurs intérêts. Chacun découvre rapidement qu'il pourra compter sur la présence des héros les plus célèbres dans une multiplicité de titres, des années durant. Au fil des parutions, le héros d'une série ou d'une collection de bande dessinée devient ami et complice de chaque lecteur qui, en sa compagnie découvre différentes réalités de vie quotidienne et imaginaire. Ainsi grandissent plusieurs jeunes lecteurs passionnés d'albums de bande dessinées.

Les personnages secondaires

Chez les personnages secondaires, on peut déceler un certain nombre de défauts qui peuvent ajouter à l'action ou à l'humour, comme la gourmandise d'Obélix par exemple. Ce qui peut également contribuer à préciser les contrastes pouvant exister avec la personnalité du héros.

Valeurs

Les principales valeurs dont il est question ici sont de deux ordres : les valeurs positives comme l'amitié, l'humour et le goût de l'aventure et certaines « valeurs » négatives, notamment la violence et le racisme.

L'amitié

Plusieurs bandes dessinées exploitent des valeurs comme la camaraderie, l'amitié, de même que le soutien aux opprimés et aux faibles. Ces valeurs sont présentes dans la majorité de bandes dessinées destinées aux jeunes lecteurs et aux adolescents.

L'humour

Souvent présent dans la bande dessinée, l'humour s'y manifeste de façons très variées. Toutes les nuances y sont, de la caricature à la bouffonnerie, de la parodie au non-sens. Les éléments humoristiques se retrouvent principalement dans les personnages, les situations et le langage. Thierry Groensteen[14] précise

---

14. Op. cit. p. 42.

que la bande dessinée cultive toutes les ressources du comique. Il ajoute qu'elle a beaucoup emprunté à la caricature, au cinéma burlesque et à la littérature satirique, mais elle a su aussi développer des formes d'humour spécifiques.

Le goût de l'aventure

Un grand nombre de bandes dessinées valorisent le goût de l'aventure et du risque sous des formes multiples. Souvent apparentées à des exploits, ces aventures incitent les lecteurs à se réaliser, à travers celles que vit son héros préféré.

La violence et le racisme

On reproche souvent à la bande dessinée de faire étalage de violence. Ne serait-il pas préférable que les héros qui dans plusieurs cas deviennent des superhéros, triomphent davantage par leur intelligence que par leur force physique ? Dans ces récits, la dualité entre le bien et le mal s'exprime sans détours, laissant toujours le choix au lecteur, jeune ou adulte, de refermer l'album ou d'en poursuivre la lecture. Un choix personnel qui ouvre sur des débats encore non résolus à ce jour.

Dans la bande dessinée, le monde est divisé en deux camps : les bons et les méchants. Il peut arriver que les méchants soient représentés par des personnages de race opposée. Un choix qui peut porter à conséquence.

Texte

Les dessins de la bande dessinée ne peuvent traduire les échanges verbaux entre les protagonistes, aussi le dialogue est l'élément fondamental du texte de l'espace linéaire de la page de bande dessinée. La concision, la clarté et la précision des mots utilisés assurent la compréhension juste et efficace des dialogues d'un récit, sinon des éléments visuels présentés.

Le dialogue est utilisé pour assurer la progression de l'intrigue, pour établir le caractère et les mobiles des personnages, pour créer le suspense, pour révéler les idées et les thèmes moteurs de l'œuvre, pour préciser le ton, le rythme qui est le plus souvent rapide, le sens de l'action. Les dialogues sont insérés dans des espaces réservés à cette fin : les bulles (ballons ou phylactères).

Les récitatifs

Les récitatifs sont privilégiés lorsqu'il s'agit d'émettre des commentaires que doit présenter l'image pour assurer la cohérence et la logique du récit, et qui ne sont pas attribués à l'un des personnages en cause. Par exemple : le lendemain matin, pendant ce temps-là, dix jours plus tard, sont des récitatifs qui contribuent à préciser le temps et l'espace au lecteur de la bande dessinée. De ce fait, ils favorisent la compréhension maximale du déroulement du récit.

Les onomatopées

Les bruits et les sons font partie intégrante du langage. Dans la bande dessinée, la transcription à l'écrit des onomatopées permet "d'entendre" tous les *vlam, broum, crac*, etc. que ne peut dire, chuchoter, chanter ou même crier un personnage. Il peut également s'agir d'un bruit fait par un objet dessiné sur une planche, ou page de la bande dessinée.

L'originalité d'écriture des onomatopées prend différentes formes, selon le spécialiste qui complète cette étape du travail, et peut atteindre des proportions grandioses et occuper un espace imposant au moment du lettrage.

Image

L'image occupe une place primordiale dans la lecture et l'appréciation des récits proposés dans la bande dessinée. Les scénaristes et les dessinateurs y consacrent beaucoup de temps et d'énergie au moment de la préparation des images de chaque nouveau titre. Chaque image est une vignette (case), unité minimale de la bande dessinée et la base du langage servant à fixer un moment du récit. Les vignettes sont regroupées en bandes de 3 ou 4 images que l'on peut lire sur une ligne horizontale. Nommé *strip* ou bande, ces images peuvent être isolées ou faire partie d'une page aussi nommée planche d'une bande dessinée.

Couleur

D'images en noir et blanc qu'elles étaient à l'origine de la production d'albums de bandes dessinée, les illustrations qu'on y retrouve actuellement, offrent habituellement une panoplie de couleurs rigoureusement sélectionnées. Chaque couleur utilisée se veut une caractéristique de la personnalité du héros et des similitudes ou contrastes qui peuvent exister entre lui et les personnages secondaires du récit. Ou encore, elle est associée à une situation particulière, et reflète le caractère diurne ou nocturne des événements, ajoute au ton dramatique ou humoristique d'une séquence, etc.

L'emploi de l'acrylique, l'application de la couleur en aplat, soit sans variation de nuance à l'intérieur d'un espace privilégié, l'utilisation de l'encre de Chine, sont au nombre des médiums et des techniques d'application de la couleur fréquemment utilisés et qui continueront sans doute de se développer au cours de la prochaine décennie. Ainsi, d'autres réussites spectaculaires, ou encore certains échecs, peuvent être anticipés.

Du crayonné à la mise à l'encre ou encrage

Bien avant que le dessinateur franchisse l'étape du crayonné, soit du brouillon détaillé d'une planche de bande dessinée sur la planche originale et qui est le dessin définitif d'une page en format habituellement plus grand que celui de l'album publié, plusieurs étapes devront être complétées par le dessinateur et le coloriste. Il peut arriver que ces deux tâches soient complétées par un seul spécialiste. Quelques définitions regroupées ci-après apporteront des précisions sur bon nombre des étapes en cause :

Sur la piste du vocabulaire utilisé dans la mise en images et en couleurs de la bande dessinée[15]

Bleu de coloriage : épreuve (feuille de papier), tirée au format de parution, où le dessin est reproduit dans un ton très pâle (bleu ou gris). La mise en couleurs utilisée pour la photogravure, est traditionnellement réalisée non pas sur la planche originale, mais sur cette épreuve par un dessinateur ou un coloriste.

Bulle (ou ballon ou phylactère) : espace délimité par un trait, qui renferme les paroles que prononcent les personnages.

Cadrage : choix d'un angle de vue et du plan définissant la grosseur du sujet dans la case (plan large, gros plan, plan moyen, américain, etc.).

Case (ou vignette) : unité de base de la narration en bande dessinée, elle consiste en un dessin cerné d'un trait, généralement isolé par du blanc, et comprenant (ou non) des descriptions verbales (bulle ou récitatif).

Coloriste : assistant spécialisé dans la mise en couleurs sur bleu.

Crayonné : brouillon détaillé de la planche, généralement réalisé sur la planche originale. État de la planche avant encrage. Le dessinateur exécute d'abord ses dessins au crayon, les précisant et les corrigeant jusqu'à ce qu'il en soit satisfait. Il les repasse ensuite à l'encre de Chine et complète ainsi l'étape de la mise à l'encre ou l'encrage.

Découpage : première représentation du scénario sous une forme graphique ; distribution du scénario dans une suite de cases qui forment une séquence narrative. Le découpage détermine le contenu de chaque image.

Entre-images : espace séparant deux cases de bande dessinée qui peut désigner, par extension, les images sous-entendues, les ellipses dans la représentation d'une action.

Espace tabulaire : par-delà les cases qui la composent, la page de bande dessinée constitue aussi un espace global, un tableau.

Lettrage : mise au point de la forme des lettres composant le texte et les onomatopées placés dans les bulles ou les récitatifs. Action de tracer ces lettres, à la plume ou au rotting.

Mise en pages : organisation des cases dans la planche. Définit la forme, la superficie et l'emplacement de chacun des cadres.

Planche originale : dessin définitif d'une page de bande dessinée, à format presque toujours plus grand que celui de la parution.

---

15. Les définitions regroupées dans cette partie de texte sont tirées de Benoît PEETERS. Op. cit. p. 110-112 ainsi que de Thierry GROENSTEEN, Op. cit. p. 58-59.

Conclusion

L'omniprésence de la bande dessinée dans un marché devenu international au fil des décennies, qui amuse, instruit et propose à livre ouvert, un imaginaire dont le discours passe d'abord et avant tout par l'image laisse peu d'enfants, d'adolescents et d'adultes indifférents.

On peut adopter la bande dessinée ou la rejeter du revers de la main. Dans un cas comme dans l'autre, tous les adultes ont la responsabilité de tendre à préciser si elle est source de plaisir, d'apprentissages fructueux, dont celui de la lecture, de découverte et d'ouverture à plusieurs facettes d'un univers esthétique, réel ou imaginaire

Une réflexion qu'il importe d'effectuer à partir d'une sélection judicieuse de BD.

Grille d'analyse

LA BANDE DESSINÉE

Étude du héros de la bande dessinée
- À quelle catégorie appartient le héros ?
- Quelle est son apparence physique ?
- Possède-t-il des accessoires spéciaux ou des compagnons inséparables ?
- Quelle est sa situation familiale ?
- Quel métier exerce-t-il ?
- Quel est son âge ?
- Quelles relations entretient-il avec les autres personnages ?
- Quels sont ses principaux traits psychologiques ?
- Quels moyens utilise-t-il pour parvenir à ses fins ?
- Est-il toujours vainqueur ?
- A-t-il des défauts ou est-ce le héros parfait sans faille et sans faiblesse ?
- Dans quel genre de situations se retrouve-t-il ?
- Dans quel univers évolue-t-il ?
- Quel vocabulaire emploie-t-il ? A-t-il des expressions particulières ?
- Quels sentiments suscite-t-il chez le lecteur ?

Le Contenu

- ***Les thèmes***
  - Quel est le thème dominant du récit ?
  - Peut-on identifier des thèmes secondaires ? Lesquels ?

- Violence, racisme, humour
  - Y retrouve-t-on des éléments de violence ?
  - Peut-on déceler des traces de racisme dans la représentation des personnages étrangers ?
  - Quelles formes d'humour retrouve-t-on dans cette bande dessinée ?
  - Comment cet humour se manifeste-t-il ?

- ***Le scénario***
  - Quelle est la situation de départ du récit ?
  - Qu'est-ce qui constitue le moment de l'annonce : un ordre social menacé, un trésor à découvrir, un méfait à réparer, etc. ?
  - Comment le héros parvient-il à son but ?

- ***Le temps et l'espace***
  - Quel est le temps nécessaire au déroulement du récit ?
  - Comment est le décor de la bande dessinée ?

Le Texte

- Est-il un simple commentaire de l'image ou apporte-t-il de l'information ?
- Comment sont les dialogues ?
- Dans les ballons, fait-on usage de signes non-linguistiques ?
- Les formes des ballons et des caractères d'imprimerie créent-elles parfois des effets spéciaux ?
- Quel usage fait-on de l'onomatopée ?

L'Image

• **Les vignettes**
- Dans quelle mesure le dessinateur varie-t-il les plans, les angles de visée et les cadrages de ses vignettes ?
- Quels effets cherche-t-il à produire ainsi ?

• **Le montage**
- Quels procédés le dessinateur utilise-t-il pour passer d'une vignette à une autre ?
- Quels effets cherche-t-il à produire par son montage ?
- Comment est la mise en page ?

• **La couleur**
- Quel rôle la couleur joue-t-elle dans l'image ?

La Présentation matérielle

- Que faut-il penser du format, de la page couverture, du titre, des pages de garde, de la mise en pages, des caractères d'imprimerie, du papier, de la reliure ?
- Sont-ils en accord avec le contenu de l'histoire ?
- Contribuent-ils à mettre l'album en valeur auprès du lecteur ?

Chapitre 10

LE DOCUMENTAIRE

En guise d'avant-propos

LA FLÈCHE DE L'ANGE

« *Depuis le Moyen Âge, le clocher du Mont-Saint-Michel a subi de nombreuses modifications. En effet, le chœur de l'église, construit au XIIe siècle, a été incendié douze fois ! Trapu à l'origine, le clocher a connu par la suite différentes silhouettes. Au XVIe siècle, il était surmonté d'une flèche de bois ornée d'une statue de saint Michel en métal doré. La flèche a disparu en 1594, dévorée par le feu. Au XIXe siècle, lorsque Victor Hugo vient en visite à l'abbaye, il est horrifié : la statue de l'archange a été remplacée par quatre poteaux de télégraphe ! Les projets de restauration prévoient de reconstruire le clocher : Viollet-le-Duc, inspiré par Notre-Dame de Paris, imagine une flèche immense, couronnée d'une colossale statue de l'archange [...]. En 1982, la foudre détériore gravement la statue : l'épée de saint Michel se retrouve à l'horizontale et les ailes de l'archange sont criblées d'énormes trous ! Complètement restaurée, la statue a été replacée sur le clocher par hélicoptère et brandit à nouveau son épée vers le ciel* »[1].

LE DOCUMENTAIRE : UN LIVRE-AMORCE À LA CONNAISSANCE

Dans les documentaires, le temps et l'espace sont omniprésents et intimement liés : qu'il s'agisse de découvertes scientifiques, d'environnement, d'espèces disparues ou en voie de disparition ou de grands moments de l'histoire, notamment. Les milliers de sujets qui y sont abordés se situent quelque part dans l'univers et à un moment nommé de son histoire. Le temps de lecture s'ajoute encore au temps écoulé depuis la publication, faisant en quelque sorte du documentaire, un ouvrage toujours en devenir : comme la vie, les gens et le monde

---

1. Citation tirée de Le Mont Saint-Michel, écrit par Claire WILLERVAL et illustré par Loïc DERRIEN, publié à Tournai, aux éditions Casterman, en 1995. (L'histoire à la trace). p. 41.

dont se nourrissent l'écriture et les illustrations des ouvrages appartenant à ce genre. Situés au cœur de réalités données, les contenus textuels et visuels de ces livres semblent parfois dépasser la fiction.

IMPORTANCE DU DOCUMENTAIRE EN ÉDUCATION

Littérature d'information historique, scientifique, technique, ou artistique, le documentaire est l'ouvrage par excellence qui fournit des réponses actuelles au lecteur et suscite de nouvelles questions. Ouvrir un documentaire, c'est plonger dans une aventure qui cite souvent le passé et se projette dans l'avenir. Lire un documentaire, signifie pour le jeune, la possibilité de vivre aussi souvent qu'il le veut au temps des hommes préhistoriques comme à celui des découvertes spatiales, de découvrir la flore et la faune de pays dont il ignorait l'existence avant de lire l'album-documentaire, ou de redécouvrir celles qui lui sont familières, etc. Et ainsi, se familiariser avec le texte dit informatif, élargir son vocabulaire, développer son sens critique. Sans négliger pour autant l'initiation souvent doublée d'émerveillement, aux caractéristiques des illustrations de ces albums. La recherche d'autres ouvrages abordant un sujet similaire ou complémentaire est au nombre des actions qui découlent de la lecture d'un documentaire. En soi, ils sont une source exceptionnelle d'activités sur laquelle l'adulte, médiateur de ces livres peut compter.

Plusieurs récits du répertoire contemporain peuvent avoir une valeur documentaire. Des romans tels *Maïna* (tome 1 et 2), et *Le collier de la reine*[2] en fournissent des exemples. Même si raconter une histoire reste l'objectif premier de ces récits, les renseignements et informations documentaires qui s'y glissent peuvent inciter le lecteur à approfondir par d'autres sources, les connaissances incomplètes qui viennent de piquer sa curiosité. En outre, le documentaire peut stimuler la lecture d'autres ouvrages (romans, albums, etc.) sur des thèmes apparentés. Le documentaire favorise donc le décloisonnement, l'ouverture d'un genre aux autres, l'enrichissement des connaissances et le développement de l'imaginaire des jeunes. En somme, il offre au lecteur, la possibilité de lire, de voir, d'apprendre et de comprendre l'évolution du monde et des hommes.

À cela, Françoise Armand[3] ajoute que si le premier objectif du texte documentaire est de faciliter et de consolider l'acquisition de connaissances sur le monde et sur la langue, son rôle ne s'arrête pas là. Il permet aussi de développer la culture de l'écrit ou littéraire d'une part, en permettant [au jeune] d'acquérir

---

2.   *Maïna : L'appel des loups* et *Maïna : Au pays de Natak* , écrits par Dominique DEMERS, et publiés aux éditions Québec/Amérique en 1997 relatent la vie d'une jeune membre d'une tribu qui existait, il y a 3 500 ans au Québec. La préparation de ce roman a nécessité des recherches approfondies sur cette période préhistorique.
    Le collier de la reine, écrit par Alexandre DUMAS et publié à Paris, aux éditions de l'école des loisirs, en 1996, s'attarde à un volet de l'histoire de France, au temps du règne de Marie-Antoinette.

3.   *Citation tirée de « L'élève allophone et le texte documentaire » écrit par Françoise ARMAND, in Éducation et francophonie.* Vol. XX1V, numéros 1 et 2, printemps-automne 1996. p. 71.

des stratégies adéquates pour la recherche documentaire et le traitement des données et, d'autre part, en favorisant un certain type de rapport avec le livre, et de ce fait, l'émergence d'une communauté de lecteurs.

DÉFINITION

Un documentaire désigne un livre destiné à l'enfance ou à la jeunesse, qui contient de l'information structurée sur un sujet scientifique, historique, artistique ou technique, dans le but de favoriser l'acquisition de connaissances ou d'un certain savoir-faire. Le contenu de ces ouvrages ne tient pas de la fiction bien qu'il puisse parfois s'y ouvrir. Et alors, la fiction consiste à proposer des renseignements dans différents domaines du savoir qui leur sont difficilement accessibles directement.

Mais encore

Les auteurs et illustrateurs qui savent proposer dans une forme claire et accessible aux jeunes lecteurs, des notions complexes auxquelles ces derniers n'auraient pas accès dans certains cas, forment la société des vulgarisateurs scientifiques. Sans eux, bon nombre d'albums documentaires n'existeraient pas dans la forme actuelle qu'on leur connaît.

DOCUMENTAIRES, LIVRES CONÇUS EN FONCTION DES INTÉRÊTS ET DE L'ÂGE DU LECTEUR

L'âge du lecteur détermine la complexité de contenu d'un documentaire. En général, on cherchera à éveiller, à sensibiliser le plus jeune, et à informer plus systématiquement le lecteur plus âgé. En ce sens, le documentaire est un outil de travail et de recherche, une source de découverte, de plaisir, d'évasion et d'émerveillement, une stimulation de la curiosité qui conduit à des informations complémentaires, différentes, parfois même contradictoires, enfin un moyen de construire sa mémoire cognitive et sa personnalité tout entière à son gré. La classification qui suit apporte des précisions utiles au moment de la sélection des titres qui seront utilisés avec le tout jeune enfant, aussi bien qu'auprès des lecteurs plus âgés.

Gai-savoir, imagiers et premiers livres

Les ouvrages documentaires destinés aux tout-petits sont nommés livres du gai-savoir. On y retrouve les imagiers et les premiers livres. L'objectif premier de ces ouvrages est d'informer, instruire et distraire l'enfant. En quelque sorte, pour que ce dernier commence à « lire avant de savoir lire ». Renée Léon[4] ajoute que ces livres aident en effet les plus jeunes à mieux percevoir le sens de la lecture

---

4. *Citation tirée de La littérature de jeunesse à l'école* écrit par Renée LÉON, publié à Paris, chez Hachette, en 1994. (Hachette éducation). p. 19.

et son intérêt [...], à construire progressivement un comportement de lecteur en s'entraînant à prendre du sens dans l'illustration d'abord, dans le texte ensuite, à élargir leur univers et enrichir les connaissances que fournit l'expérience concrète.

Les imagiers sont de petits albums d'images qui présentent et nomment les lettres, les chiffres, les jours de la semaine, des objets ou des animaux connus, etc. Les illustrations (photos, dessins) doivent être réalistes afin de permettre à l'enfant de reconnaître, d'identifier et de nommer les éléments composant l'illustration.

Dans les premiers livres, on retrouve un bref récit qui informe sommairement le plus souvent, à propos d'une situation puisée à la réalité quotidienne familière au jeune, ou encore vécue dans un environnement qui lui est étranger.

Documentaires de fiction

Dans la production contemporaine, les auteurs de plusieurs ouvrages choisissent de transmettre l'information sous forme de récits fictifs. On y retrouve des personnages et des dialogues qui contribuent à rendre l'information plus accessible aux jeunes. Ces livres *hybrides* sont conçus en fonction des intérêts, du niveau de compréhension des lecteurs. Très populaires auprès de la très jeune clientèle, ils favorisent la découverte et piquent la curiosité. Le lecteur se sent impliqué dans un récit qui compte sur l'imaginaire pour l'informer et l'instruire.

Mais encore

Plusieurs documentaires de fiction rejoignent des lecteurs plus âgés. Dans ces ouvrages, on retrouve des thèmes et un niveau de langage correspondant aux intérêts et à la capacité de lecture des lecteurs concernés. Ainsi, plusieurs livres entourant le monde des arts s'y retrouvent.

Documentaires proprement dits

Dans les documentaires proprement dits, les renseignements sont donnés directement, sans détour. La matière et le contenu peuvent être présentés de différentes façons, selon les objectifs de la collection, la matière traitée, la compétence de l'auteur, sa connaissance du sujet et de ses lecteurs. La majorité des thèmes abordés dans les documentaires proprement dits s'adressent aux clientèles d'enfants et d'adolescents qui maîtrisent l'art de la lecture. À ces ouvrages, s'ajoutent encore les dictionnaires et les encyclopédies.

CATÉGORIES DE DOCUMENTAIRES SE RAPPORTANT AUX SUJETS ABORDÉS[5]

Comme tout livre, le documentaire doit être lisible et fiable ; il doit de plus être porteur d'information, portant sur un contenu spécifique. Ce faisant, le contenu de l'album-documentaire favorise l'acquisition de connaissances claires, précises

---

5. Des exemples de titres appartenant à différentes catégories de documentaires pour jeunes sont regroupés dans la bibliographie sélective complémentaire au présent ouvrage.

et correctes. De plus, ces ouvrages contribuent à parfaire ou compléter l'étude d'un sujet donné ; sinon à éclairer, réviser et corriger des idées, des conceptions et des faits incomplets ou erronés. Et ce souvent, dans le cadre de recherches complémentaires que favorise le support de l'ouvrage documentaire. Tous les sujets peuvent y être abordés, des dinosaures à la conquête spatiale, de l'escargot aux courses automobiles, de la vie sous-marine à l'escalade du mont Everest, et beaucoup plus encore.

On peut regrouper les ouvrages documentaires selon les sujets abordés. Et on remarquera que certains ouvrages documentaires publiés récemment chevauchent plus d'une catégorie.

Documentaires : regards sur l'histoire

Un grand nombre de documentaires favorisent les retours en arrière dans le temps pour découvrir ou apprendre à propos de gens, de lieux et d'événements vécus dans le passé. Une façon significative de découvrir et de comprendre différents volets entourant l'histoire locale, nationale ou internationale.

Documentaires : regards sur l'humain et la culture

Ailleurs au pays, ou ailleurs dans le monde, vivent des humains qui ont des mœurs semblables ou différentes des nôtres. Ils vivent d'autres réalités que celles qui sont familières aux jeunes d'une région, d'un pays ou d'un continent donné. Dans la majorité des cas, ces documentaires favorisent la connaissance de la notion de culture et permettent de préciser les similarités et les distinctions entre différentes cultures. Le contenu de cette catégorie d'ouvrages se veut également une ouverture sur la connaissance des différentes communautés culturelles composant la société.

Les grands problèmes de société (sida, drogue, suicide, etc.), sont de plus en plus souvent l'objet de documentaires. Claude-Anne Parmegiani[6] relève également ce fait et ajoute que les mentalités et leurs évolutions sous-tendent le propos. Le traitement de ces sujets d'actualité a changé en quelques années. Dans les documents d'actualité sur l'écologie par exemple, on est passé d'un ton souvent alarmiste, journalistique et superficiel à des propositions d'actions pouvant sauver la planète.

Documentaires : regards sur la nature

Mille et un aspects dévoilant l'exploration et les connaissances de plusieurs vulgarisateurs scientifiques se rapportant au monde et à la vie : les espèces animales, les plantes, la géologie, la géographie, l'archéologie, l'humain, etc. sont

---

6. Citation tirée du chapitre de Claudie GUÉRIN ayant pour titre « La vulgarisation scientifique et technique pour la jeunesse » de l'ouvrage *Lectures, livres et bibliothèques pour enfants*, sous la direction de Claude-Anne PARMEGIANI, publié à Paris, aux éditions du Cercle de la Librairie, en 1993. (Collection Bibliothèques). p. 82.

regroupés dans cette catégorie de documentaires. Des ouvrages qui offrent au lecteur la possibilité de faire des découvertes étonnantes et fascinantes à propos de lui et de l'environnement dans lequel il évolue. Mais aussi, une ouverture à des réalités insoupçonnées.

Documentaires : regards sur les arts

La contribution incontestable de la peinture, de la musique, du théâtre et de la danse dans la vie de chaque être humain s'exprime dans les documentaires appartenant à cette catégorie. Souvent de véritables objets d'art, ces ouvrages se distinguent par l'esthétique du propos et des illustrations qu'on y découvre. Ils sont une contribution à l'enrichissent de la personnalité et de la culture du lecteur.

TRAITEMENT ET PRÉSENTATION DE L'INFORMATION ET DES ILLUSTRATIONS

Les auteurs et les illustrateurs des documentaires destinés aux jeunes lecteurs adoptent différentes formules de présentation des sujets abordés. Très souvent, ils doivent se conformer aux objectifs et aux attentes de l'éditeur, notamment si le livre doit faire partie d'une série ou d'une collection. Aussi, on note qu'une certaine uniformité oriente la présentation textuelle et visuelle de chaque collection de documentaires. Ce qui ne met habituellement pas en cause la créativité de l'auteur et de l'illustrateur.

Survol général sur l'ensemble d'un sujet

Le contenu de ce type de documentaire reprend des notions d'ensemble se rapportant au thème abordé. Bon nombre d'informations y sont regroupées, invitant le jeune lecteur à poursuivre par la lecture d'autres ouvrages qui précisent et complètent l'étude du sujet.

Étude d'un milieu de vie et étude d'une espèce

Habituellement structurés à partir de la connaissance d'une ou de plusieurs espèces identifiées (végétale ou animale) qui cohabitent, ces ouvrages décrivent les habitats naturels et les rapports entre les différents membres de cette société. Une excellente familiarisation avec son environnement immédiat et les milieux de vie exotiques.

Chaque catégorie distincte d'humains, d'animaux et de choses peut être étudiée en détails, et pour elle-même. Dans les documentaires qui tendent à l'étude d'une espèce, l'auteur peut tenir compte du milieu de vie ainsi que du cycle de vie de l'espèce étudiée.

Livres questions-réponses

La curiosité et l'implication du lecteur sont sollicitées dans les ouvrages documentaires de ce type. Ils sont une initiation à l'étude de sujets très diversifiés :

celui du mouvement, de la mécanique, de l'électricité, etc. Il importe que les contenus de ces albums ouvrent à une étude plus approfondie du sujet étudié, car il arrive souvent que les réponses aux questions formulées sont uniques et présentées comme étant définitives et irréfutables.

Livres d'activités

Les livres d'activités vont permettre aux jeunes d'accomplir certaines tâches ou de résoudre certains problèmes. On les y invite à démontrer leur créativité. L'illustration est prépondérante dans ces ouvrages, le texte très court. Les expériences et activités doivent être à la portée des lecteurs, les difficultés techniques graduées, le matériel simple et accessible.

Livres d'expériences, et livres de travaux manuels

Toutes les indications nécessaires à la réussite des expériences et des travaux manuels proposées dans ces livres sont décrites de façon claire, précise et concise. Par exemple : le matériel requis, le temps nécessaire pour compléter l'expérience, le contenu des étapes à franchir.

Livres-jeux

Les jeux de cartes, les devinettes, les jeux de pistes, etc. sont à l'honneur dans les livres-jeux. Leur fonction principale est bien sûr de faire jouer le jeune, mais aussi qu'il apprenne en s'amusant.

ÉLÉMENTS CONSTITUTIFS

Contenu

L'auteur d'un bon documentaire doit avoir une connaissance approfondie du sujet pour choisir les éléments les plus significatifs et les transmettre au lecteur. Les faits et les renseignements y sont exacts, authentiques, actuels. Que le contenu soit d'ordre général ou plus restreint, les informations sont assez nombreuses pour donner au destinataire, une idée juste du sujet sélectionné. On espère que la publication soit récente et exacte. Et que plusieurs auteurs de documentaires soient francophones et tiennent compte de particularités propres à la francophonie.

Organisation de l'information

L'organisation de la matière peut être présentée de différentes façons. Quelle que soit la démarche, la présentation des éléments doit toujours rejoindre chaque lecteur, être claire, précise, cohérente, logique et originale.

Texte

Dans les documentaires, il existe une grande diversité de texte. On peut y retrouver :

- un texte continu où les informations sont données dans un texte suivi ou intégrées dans une histoire ;
- des légendes qui identifient les éléments de l'illustration ou l'expliquent ;
- des notes et des commentaires, c'est-à-dire de petits textes souvent placés en retrait ou encadrés afin de mettre en évidence les détails importants. La grosseur des caractères et la couleur utilisée attirent l'attention ;
- un glossaire, un lexique et un index.

Style

Dans un documentaire, on s'attend à trouver un vocabulaire général simple, juste et précis et un vocabulaire technique bien expliqué par le contexte ou une illustration, ou encore défini dans un glossaire. On s'attend également à un style vivant, un texte bien écrit dans un langage simple et clair sans détails inutiles ou superflus, des comparaisons justes, des descriptions réalistes.

Illustrations

L'illustration du documentaire fournit souvent autant d'information que le texte lui-même. Elle a une fonction utilitaire d'illustration et de concrétisation des renseignements écrits et une fonction didactique de complément et d'apport d'éléments nouveaux. De plus en plus souvent, elle répond à la fonction esthétique. Dans un même ouvrage, photos, dessins, schémas, cartes et graphiques participent à la variété, et ajoutent souvent à la qualité de l'album-documentaire.

Jean-Michel Coblence[7] souligne la variété de l'illustration documentaire : « *Dessins, gravures, plans ou schémas, aquarelles, cartes, affiches, œuvres d'art, Infographie..., la panoplie des images du savoir semble pouvoir se décliner à l'infini depuis l'âge des livres de bain et des abécédaires jusqu'à celui des encyclopédies thématiques, des atlas, des parcours muséographiques* ».

Conclusion

L'explosion des sciences et de la technologie actuelle, l'évolution de l'humain dans le monde, dont celui des arts, conduisent souvent à des rencontres surprenantes situées entre ciel et terre, entre l'imaginaire et la réalité quotidienne, entre l'histoire ancienne et celle qu'on trace déjà pour l'avenir, entre ce qui fut et sera la culture. Temps et espace s'associent, se complètent pour mieux permettre à l'enfant, l'adolescent et l'adulte de se situer dans le présent.

Contribuer au développement des connaissances et de l'imagination des jeunes, voilà sans doute la responsabilité de tout auteur, tout illustrateur ou tout utilisateur des ouvrages documentaires en milieu familial, scolaire et parascolaire.

Dans le présent chapitre, certaines notions relatives au documentaire ont été exposées. Dans la recherche du meilleur documentaire possible, l'ouverture sur l'écrit, le visuel, la vie, le monde et sur l'imaginaire devrait compter parmi les critères de sélection.

---

7. Ces propos sont extraits de « Créer des livres, choisir des images », écrit par Jean-Marie COBLENCE, publié dans *La revue des livres pour enfants,* N°s 175-176, juin 1997, p. 79.

Grille d'analyse

LE DOCUMENTAIRE

Contenu

- Quels sujets sont abordés dans ce livre ?
- Est-ce un ouvrage d'intérêt spécifique ou un survol général ?
- Le degré d'intérêt et de compréhension correspond-il à la catégorie de lecteurs auquel le livre semble destiné (vocabulaire, longueur des phrases, organisation de la matière, caractères d'imprimerie) ?
- Ce livre encourage-t-il la curiosité et le développement du sens critique ?
- Est-ce qu'il respecte le rythme d'apprentissage de même que les besoins des enfants ?

Authenticité et précision de l'information

- Les informations sont-elles exactes, précises, consistantes, actuelles ?
- Selon le cas, quelle est la nature et la qualité des informations sur le Québec, sur le Canada ?

Présentation pédagogique de la matière

- Comment les informations sont-elles présentées ?
- Les titres des chapitres sont-ils représentatifs du contenu ?
- Les repères de lecture (table des matières, glossaire, notes, références, cartes, tableaux ou schémas) aident-ils à la compréhension du sujet ?

Texte

- Le livre est-il un écrit original, une coédition, une adaptation ou une traduction ?
- L'information est-elle donnée directement ou sous forme d'histoire ?
- Le style employé est-il vivant ? Crée-t-il l'intérêt et facilite-t-il la compréhension ?
- Dans quelle mesure le vocabulaire est-il précis, simple et juste ?
- Le vocabulaire technique est-il facilement accessible ? Comment est-il présenté ?

Illustrations

- Quels types d'illustrations trouve-t-on dans cet ouvrage (photos, dessins, schémas, cartes, graphiques) ?
- Leur apport informatif est-il significatif ?
- Quels liens les illustrations entretiennent-elles avec le texte ?
- Selon le cas, les relations de grandeur sont-elles exprimées clairement ? Les couleurs respectent-elles la réalité ?

Présentation matérielle

- La page couverture, le titre et le format sont-ils attrayants, invitants ?
- La mise en page est-elle harmonieuse, équilibrée, diversifiée ?
- Trouve-t-on des titres, des sous-titres, une division en chapitres ou un découpage de paragraphes susceptibles de faciliter la lecture ?

Chapitre 11

LA POÉSIE

En guise d'avant-propos

Vie de poésie[1]

La vie est belle, les poètes nous le disent.

Il suffit de bien la regarder, de bien l'écouter, de bien la respirer, de bien la goûter et de la prendre à pleine mains. Ainsi tous les petits moments, tous les petits détails deviennent importants.

J'essaie, à ma manière, d'être un peu poète pour ne rien perdre de la vie !

Capucine Maldague Mathieu, 12 ans.

AU FIL DES SIÈCLES , LA VIE EN POÉSIE

Souvent méconnue et parfois boudée d'un grand nombre de contemporains, la poésie compte pourtant des lecteurs assidus, amoureux et passionnés de cette forme littéraire. Elle est présente et vivante depuis plusieurs siècles, sinon des millénaires. Homère, Molière, Shakespeare et plusieurs autres l'utilisaient dans l'écriture de leurs œuvres. Grâce à leur immense talent et à leur maîtrise parfaite de la forme poétique, ces poètes sont devenus célèbres et immortels.

Dès l'apparition des formulettes ou comptines dans les sociétés ancestrales, le public des tout-jeunes enfants les choisirent pour accompagner leurs jeux. Anonymes et transmises de bouche à oreille au sein de la famille, et dans les sociétés enfantines, les formulettes et les comptines font partie intégrante de la littérature orale de chaque pays. Et plusieurs parmi celles qui composent le

---

1. Poème extrait de *Pensées vagabondes*. Publié à Saint-Romuald, aux Éditions Les mots d'école en 1995, p.v-12.

répertoire actuel sont associées aux activités ludiques de plusieurs générations successives d'enfants, souvent bien avant qu'ils sachent lire et écrire. Considérées comme une initiation à la poésie par bon nombre de spécialistes de ce genre littéraire, les formulettes ou comptines adoptent la forme du calembour, de virelangue, etc., dans le répertoire des plus grands, voire des adultes. Un accès à l'art verbal de la poésie qui invite le jeune devenu lecteur, à poursuivre par la lecture de poèmes. Ainsi, au fil des siècles, les lecteurs de poésie, parfois eux-mêmes des poètes en herbe, ont pu découvrir l'univers poétique de Ruydard Kipling, de James Stevenson, de Jacques Prévert, de Gilles Vignault et de plusieurs autres.

POÈTES ET JEUNES LECTEURS

Ceux des poètes qui privilégient la poésie comme contributrice à l'expression personnelle dont celle de l'imaginaire des enfants et des adolescents, favorisent chez ces derniers, la découverte et l'appropriation du comment illustrer en mots, son regard sur le monde et sur soi. Ces auteurs souhaitent partager avec les jeunes le désir et la nécessité de s'exprimer de manière originale à propos des petites et des grandes choses de la vie, plutôt que de demeurer muets simplement parce qu'on ignore les richesses apportées par la poésie dans sa vie. Une nécessité profonde de l'humain de s'exprimer qui se tarit alors qu'on ignore la poésie.

Un poète qui écrit pour les enfants et les adolescents, est sans conteste celui qui sait s'émerveiller de tout, et connaître si bien ses lecteurs, qu'il sait exprimer les émotions vécues par eux. Il invente des poèmes où l'imaginaire, l'espoir, la peur, la colère et la tristesse se côtoient. Certains poèmes ne font pas seulement rire les jeunes, ils les invitent à faire l'expérience d'émotions sérieuses et profondes. Les poèmes, comme un nouveau regard sur la vie et le monde. Le poète qui s'adonne à l'écriture d'œuvres de poésie pour la jeunesse est lui-même demeuré un enfant à plusieurs égards. Pour lui, l'emploi de rimes, d'un rythme donné, des vers libres ne représentent pas une forme en soi, mais plutôt différentes possibilités offertes par la langue pour faire vibrer et immortaliser son regard poétique sur la vie dans l'univers.

LA POÉSIE ; UN GENRE OÙ LA COMPTINE ET LE POÈME SE CÔTOIENT ET SE DISTINGUENT

Si la poésie regroupe l'ensemble des œuvres poétiques destinées à l'enfance et à l'adolescence, il n'en demeure pas moins que la comptine et le poème se distinguent à plusieurs égards. Ainsi, on peut relever que la comptine est souvent axée sur le jeu de l'enfant, sur le rire, parfois sur le ridicule et le burlesque. Pour sa part, le poème se compose de sensations et d'émotions plus variées, plus complexes. Cette première distinction permet de dégager que la comptine se destine d'abord aux tout-jeunes enfants, soit bien avant qu'ils aient appris à lire et à écrire et qu'ils puissent saisir toutes les nuances d'un poème. Elles sont en quelque sorte, une première rencontre avec la poésie. Par contre, on peut constater que la majorité des contenus des poèmes sont écrits à l'intention des jeunes qui maîtrisent l'art de la lecture et de l'écriture, et qui ont déjà franchi des étapes devant les conduire vers la maturité.

La partie de texte qui suit précise d'abord les notions se rapportant à la formulette et à la comptine, et s'attarde ensuite à l'étude de la poésie proprement dite.

La comptine

IMPORTANCE DE LA COMPTINE EN ÉDUCATION

Selon Anne Rabany[2], la comptine, histoire drôle, agréable à dire, à répéter, à jouer, et à chanter, tient une place importante dans l'éducation enfantine. Elle aide à la prise de conscience de similitudes sonores : rimes et assonances. Pour les enfants, bien avant qu'ils puissent repérer des sons ou des phonèmes, commence la découverte des ressemblances sonores les plus consistantes et les plus concrètes. La comptine facilite le repérage des phonèmes et des oppositions pertinentes [...]. Ce travail est une composante de l'oral mais ne joue aucun rôle dans la construction du sens. Il joue sur le non-sens et aiguise le jugement. La comptine contribue à l'amélioration de la prononciation et de l'articulation [...]. Plus tard, les enfants s'approprient aussi la face écrite de la langue dans un patrimoine qui est constitué à cet effet.

DÉFINITION DE LA COMPTINE, PREMIÈRE POÉSIE DE L'ENFANCE

Traditionnelle ou moderne, la comptine est sans contredit la première poésie que l'enfant connaît. Le Petit Larousse la définit ainsi : « Chanson que chantent les enfants pour désigner celui qui devra sortir du jeu ou courir après les autres ». Toutefois, cette définition de la comptine ne rejoint qu'une seule fonction de ces petits poèmes. On peut ajouter que les comptines servent aussi à désigner « le loup », à sauter à la corde ou s'asseoir sur les genoux de grand-mère ou grand-père, à suggérer le mime, à apprendre l'alphabet, le nom des mois, des jours de la semaine, etc. Elles sont liées à l'activité ludique enfantine. On y retrouve également des jeux sur les sonorités, le rythme, sur la création et la répétition des mots étranges. La brièveté des comptines correspond ainsi à la capacité d'attention des enfants.

D'autre part, Jean Beaucomont[3] définit la formulette comme un terme générique pour désigner des petits poèmes oraux traditionnels le plus souvent, ou assonancés, toujours rythmés et mélodiques, utilisés par les enfants pour les jeux.

À la lumière des définitions qui précèdent, on peut dégager qu'à toute fin pratique, les termes formulettes et comptines peuvent être utilisés indifféremment ici.

---

2. Citation tirée du chapitre écrit par Anne RABANY « La face sonore de la langue », in. Jean PERROT (sous la direction de). *Musiques du texte et de l'image* publié à Paris, au Centre de documentation pédagogique (cndp), en 1997, p. 164.

3. Cette citation est puisés à l'ouvrage intitulé *Comptines de la langue française,* écrit par Jean BEAUCOMONT et publié à Paris, aux édition Seghers, en 1961.

ÉLÉMENTS CONSTITUTIFS

Les principaux éléments constitutifs des comptines sont au nombre de trois :
- le rythme : rythme de jeu, rythme sonore créé par la rime ou l'association ;
- les sonorités, éléments phonétiques proches du langage de l'enfant : rimes, assonances, répétitions de sons, onomatopées, mots bizarres ou à caractère magique ;
- les images : accumulation d'images dont la juxtaposition gratuite défie souvent la logique et crée un effet inattendu, drôle.

CATÉGORIES[4]

Issues de la tradition orale ou écrite (principalement dans le corpus contemporain), les comptines s'insèrent dans les classes énumérées ci-après.

Comptines numériques

On y retrouve une énumération de chiffres à laquelle se rattache souvent une histoire. Elles permettent aussi à l'occasion de faire un choix entre deux objets.

Ex : Un, deux, trois, je m'en vais au bois,
      Quatre, cinq, six, cueillir des cerises,
      Sept, huit, neuf, dans mon panier neuf,
      Etc.

Comptines avec injonction de sortie

Les enfants utilisent différentes variantes pour désigner un enfant du groupe qui sera éliminé d'un jeu ou qui aura une tâche à accomplir. La comptine se termine habituellement par « sors, va-t-en, t'es clair, etc. » ou autres formules du genre.

Ex. : Les clés sont à l'eau,
       À la mer, à la mer,
       Les clés sont à l'eau,
       À la mer au fond de l'eau,
       Etc.

Comptines avec jeux phonétiques et mots sauvages

Ces textes comprennent souvent des mots incompréhensibles ou empruntés à une autre langue. Les enfants apprécient particulièrement les jeux de sonorités de ces comptines.

---

4. Certaines catégories de comptines proposées dans cette partie de texte sont illustrées à l'aide d'exemples. Le lecteur est invité à puiser dans son répertoire personnel afin de compléter chaque catégorie en cause.

Ex. : Am stram gram,
Pique et pique et colégram,
Bourre et bourre et ratatam,
Etc.

Comptines mettant en scène des êtres humains

Elles présentent de courtes histoires dont les personnages sont souvent fantastiques ou loufoques.

Comptines mettant en scène des animaux

Ex : Il est midi.
Qui te l'a dit ?
La petite souris
Où est-elle ?
Etc.

Comme les précédentes, ces comptines racontent souvent une histoire. On en retrouve un grand nombre actuellement dans les livres de comptines destinés à l'enfance.

Comptines se rapportant à des objets

Elles sont habituellement assez courtes. On prête souvent aux objets un comportement humain.

Conclusion

En somme, l'univers de la comptine ressemble à un magnifique coffre aux trésors où l'on retrouve des personnages, des objets, des mots parfois venus du passé. Là, les chiens fument la pipe, les vaches, les cochons s'envolent vers la lune et les étoiles en voyageant sur un chapeau. Dans ce coffre, viennent sans cesse s'ajouter des objets, des personnages, des mots puisés à la réalité contemporaine de l'enfant.

La poésie

IMPORTANCE DE LA POÉSIE EN ÉDUCATION

Corine Maldague[5], précise que le langage imagé de la poésie s'adresse autant à la raison qu'au psychisme imaginant, qu'il est un vif stimulant pour l'imagination. La liberté qu'elle offre en faisant les règles habituelles de la langue écrite, comme

---

5. Citation extraite du mémoire de maîtrise de Corine MALDAGUE, intitulé *L'influence de l'exploitation de livres de littérature de jeunesse sur le développement de l'imagination des enfants de 7 et 8 ans.* Québec : Université Laval, 1992, p. 18.

d'ailleurs les contraintes qu'elle impose sont autant de pistes d'envol pour l'imagination de ceux qui choisissent cette forme d'expression.

À cela, l'auteure ajoute que la poésie est le terrain par excellence de la pensée divergente. Les mots se fondent en images et puis jaillissent dans toutes les directions. On se retrouve alors à mille lieues des textes fonctionnels et sages qui conduisent à la dévitalisation de l'être. À l'instar de Rouquette[6], elle ajoute que la poésie deviendrait ainsi cet élan donné en [milieux éducatifs], équilibre de valeur de connaissance et de culture, de sensibilité et de création, élan que peut assurer l'imaginaire retrouvé. D'où la nécessité de s'adonner à la lecture et à l'écriture de textes poétiques. Et comment y parvenir sans un corpus d'ouvrages variés et de qualité ?

DÉFINITION

La poésie est d'abord l'écriture. Elle est l'art du langage écrit qui vise à exprimer ou à suggérer par le rythme, l'harmonie et l'image. Elle a le pouvoir de transformer l'information. Elle naît de sensations corporelles et de sentiments qui n'ont été ni refoulés, ni bloqués et auxquels le poète donne la chance d'émerger.

Le poème est une création communicable par le biais d'un langage poétique, une communication avec le lecteur qui le lit à sa manière, selon la connaissance et la compréhension qu'il a du thème, de la résonance de celui-ci. Il n'existe pas une seule manière de lire un poème. Il y a plutôt sa manière de lire et comprendre les mots, les sentiments et les émotions qui sont proposés selon l'âge du destinataire. D'où la nécessité d'ajouter à la lecture littérale d'un poème, la lecture au second degré, soit celle qui se situe au-delà de l'aspect informatif et rejoint les connotations et les significations implicites du poème.

ÉLÉMENTS CONSTITUTIFS DES POÈMES

Les images

En poésie, l'image dite poétique favorise la rencontre de réalités différentes. Cette nouvelle relation conduit le lecteur à un mode de compréhension qui se situe hors du champ de la connaissance objective de la réalité.

Le rythme

En littérature d'enfance et de jeunesse, le poème est fait pour être lu le plus souvent à haute voix. Son rythme crée une musique, celle du langage poétique. S'il choisit le rythme rapide par l'utilisation de mots aux syllabes brèves, le poète créera une impression de gaieté, de colère, etc. S'il utilise des mots aux syllabes plus longues, il donnera plutôt un rythme lent à son poème.

---

6. Voir M. ROUQUETTE. *Éveil à la poésie* , publié en 1983 à Paris, aux éditions Armand Colin.

Les sonorités

Elles contribuent au rythme du poème et ajoutent à la signification recherchée par le poète. La sonorité des mots utilisés acquiert donc ici une importance toute particulière, d'où parfois la difficulté d'écriture d'un poème sur tel ou tel thème.

Le mot

Tout ce que le mot peut impliquer et suggérer revêt une importance capitale pour le poète. La connotation du mot trouve sa signification profonde dans le poème, et ce, tant pour le poète que pour le lecteur.

La rime et le sens

Selon Daniel Delas[7], que la rime puisse avoir un effet dans la production du sens est une idée de la pratique éducative, souvent axée sur la séparation forme / contenu et rejetant les aspects prosodiques et rythmiques dans la catégorie des ornements poétiques. À cela, l'auteur ajoute que pourtant, dans la réalité, la rime met en rapport d'homophonie non des phonèmes isolés, mais des termes de la langue. Pour d'autres spécialistes, il n'y a pas de vraie poésie, mais plutôt ce qui devrait être nommé le vers ou la rime. Déformation ou connaissance erronée d'éléments constitutifs au service de l'expression poétique de la pensée humaine.

CATÉGORIES DE POÈMES

Dans les ouvrages pour jeunes, on retrouve plusieurs catégories de poèmes, à savoir des histoires versifiées, des fables (voir aussi le chapitre sur le conte), des poèmes lyriques, des poèmes en vers libres et des poèmes en prose.

Histoires versifiées

Elles racontent une histoire d'animaux, d'objets ou des personnages humains. Elles sont souvent drôles.

Fable

Dans le chapitre sur le conte, certaines précisions et associations aux contes ont été soulignées. Toutefois, plusieurs médiateurs reconnaissent une parenté évidente entre la fable et la poésie. C'est pourquoi, on ne saurait l'exclure de la présente partie de texte. Contenu associé au conte et forme littéraire poétique s'unissent plutôt que de se diviser. Par exemple, qui ne connaît pas les fables de Jean de La Fontaine, ces contes d'animaux qui illustrent

---

7.   Voir Daniel DELAS (textes réunis par). *Aimer enseigner la poésie.* publié aux éditions Syros / Alternative, en 1990. p. 85.

les travers humains et se terminent par une morale ? Les auteurs contemporains de fables reprennent souvent, sous le couvert de l'humour, des récits de situations à la portée de l'enfant. La morale y est souvent moins évidente.

Poème lyrique

Dans cette catégorie, la mélodie prend une importance particulière. Ce type de poème est habituellement personnel et descriptif.

Vers libres

Les poèmes de cette catégorie ne riment habituellement pas. Le rythme et la cadence sont très importants.

Poème en prose

Ici, les poèmes ne sont pas versifiés mais prennent appui sur les images évoquées et sur le rythme.

Conclusion

L'enfant qui découvre l'univers de la comptine ou le jeune à qui on présente la poésie sera-t-il lecteur, poète ou les deux à la fois ? Daniel Delas[8] soutient que conçue comme une pratique de lecture et d'écriture, la poésie s'intègre aux études littéraires en ce qu'elle est acquisition d'outils pour lire, mais elle outrepasse ce domaine en ce qu'elle est ce lieu où s'éprouvent le sujet et la langue. De ce point de vue, la poésie est-elle un luxe non intégrable dans un projet strictement scolaire, mais nécessaire quelque part dans l'école, à un projet éducatif authentique ?

Chaque médiateur de la poésie auprès des jeunes sait qu'il lui faut d'abord lire et sélectionner des comptines et des poèmes qui rejoignent jusqu'aux non-dit de l'émotion de l'enfant ou de l'adolescent. En outre, il est convaincu qu'il lui faut saisir les « périodes sensibles », où la puissance d'attention sera la plus grande[9] afin de susciter chez eux le désir de lire et d'écrire. De plus, il doit leur fournir les moyens techniques de le faire. Une grande responsabilité lui incombe.

---

8. Voir Daniel DELAS (textes réunis par). Ibid. p. 205.
9. Voir Daniel DELAS (textes réunis par). Ibid. p. 111.

Grille d'analyse

LA COMPTINE ET LA POÉSIE

CONTENU

- À quelle catégorie ce livre appartient-il ?

Questions par rapport à l'anthologie

- Qui a fait le choix des poèmes ou des comptines ?
- L'anthologiste explique-t-il son choix ?
- Retrouve-t-on des poètes d'une seule époque ou des poètes de tous les temps ?
- Retrouve-t-on des poètes d'un seul pays ou de plusieurs pays ?
- Combien y a-t-il de poèmes ou de comptines ?
- Comment sont-ils reliés (autour de thèmes, par contraste, par variété, etc.) ?
- Quels thèmes y retrouve-t-on ?
- Les textes s'adressent-ils à un âge particulier ?
- Peuvent-ils rejoindre l'expérience de l'enfant et l'enrichir ?
- Racontent-ils une histoire ?

Questions par rapport au recueil d'un auteur (Voir aussi les 3 dernières questions sur l'anthologie).

- Les poèmes ont-ils un lien entre eux ?
- Quels thèmes y retrouve-t-on ?
- Ces poèmes semblent-ils naître d'une expérience personnelle de l'auteur ?

TEXTE

Les comptines

- Le rythme, les rimes, les sonorités semblent-ils naturels ?
- Les comptines sont-elles faciles et agréables à dire à haute voix ? Peut-on les relier à l'activité de l'enfant, à ses jeux ?
- Les images sont-elles originales, inattendues, drôles ?

Les poèmes

- Les images, le rythme et les sonorités contribuent-ils à enrichir le sens du texte ?
- Vocabulaire et images correspondent-ils aux capacités de compréhension du lecteur ?

ILLUSTRATIONS

- Les illustrations sont-elles conformes à l'atmosphère des textes ?
- Quel rapport les illustrations entretiennent-elles avec les textes ?
  - elles suggèrent ou expliquent
  - elles illustrent un détail
  - elles ajoutent une dimension nouvelle, etc.
- Comment les illustrations sont-elles distribuées dans le livre ?

PRÉSENTATION MATÉRIELLE

- Comment la table des matières est-elle organisée ?
- Selon le cas, est-il facile de retrouver les poèmes, les poètes ? Donne-t-on le titre du livre dont les textes sont extraits ?
- Quelles remarques faites-vous au sujet de la mise en page ?

QUATRIÈME PARTIE

L'ANIMATION DE LA LECTURE
ou
L'ITINÉRAIRE D'UN VOYAGE VITAL
AU CŒUR DE PAYSAGES LITTÉRAIRES
INCONTOURNABLES

> *« La langue se tient au-dessus de nous comme un vaste feuillage que les souffles humains font bruire et où les récits, depuis toujours font courir leur rumeur, ramages et ramures entremêlés ».*
>
> Pierre Péju

Introduction

Les contenus textuels et visuels de plusieurs livres d'enfance et de jeunesse offrent des possibilités intéressantes d'utilisation auprès des jeunes. Aussi, n'est-il pas étonnant de constater que bon nombre d'adultes médiateurs reconnaissent l'importance de puiser dans le corpus des ouvrages de qualité, ceux des éléments constitutifs pouvant servir à structurer des activités d'animation de la lecture. Celles-ci devant rejoindre les intérêts et les préoccupations des jeunes. Somme toute, des activités qui sont source de plaisir, de connaissance et de découvertes ; celles qui sont garantes du développement du désir et du plaisir de lire.

À ce jour, plusieurs animateurs de cette littérature en milieux scolaires et parascolaires ont réalisé un ensemble d'activités portant sur l'art de raconter, la promotion, les échanges et discussions, et l'exploitation de tous les genres littéraires destinés au jeune lectorat. Malgré cela, il arrive que certains médiateurs de cette littérature se trouvent démunis alors que vient le temps de réaliser l'une ou l'autre de ces activités. Enfin, d'autres s'y adonnent rarement, sinon jamais et par obligation.

Habituellement, enfants et adolescents collaborent activement et avec enthousiasme aux activités d'animation de la lecture proposées par l'adulte. Néanmoins, certains jeunes semblent peu ou pas motivés d'y participer. Pour eux, cette « nécessité » apparaît-elle comme étant une entrave à leur désir de savourer individuellement et plus longtemps leur rencontre avec les personnages, le thème, voire avec l'ensemble du contenu d'un ouvrage ? Ou vient-elle contrarier un moment de réflexion personnelle à propos d'aspects qu'ils viennent de découvrir, de comprendre, de relier à leur vie, etc. ?

La lecture et le récit des œuvres doivent-ils être obligatoirement accompagnés d'activités spécifiques ? L'animation de la lecture à tout prix, même à celui d'éloigner les jeunes de la lecture, certainement pas. Alors, faut-il exclure ces activités de la réalité familiale, scolaire et parascolaire ? Ou n'apparaît-il pas plutôt souhaitable de diversifier la nature, le caractère et l'ampleur des types d'animation en fonction de ses choix personnels, des goûts et des intérêts des jeunes, etc. ? Mais aussi de s'attarder à réaliser uniquement des activités qui soient judicieuses, passionnantes et variées. Cela, sur la base d'ouvrages de qualité, sélectionnés minutieusement.

Puisqu'il s'agit de favoriser la rencontre du lecteur et de lectures qui seront sources de découverte de soi, des autres, et du monde, de l'imaginaire, de l'esthétique, d'appropriation du désir et du plaisir de lire, il apparaît justifié de proposer à l'adulte médiateur un ensemble de possibilités d'activités d'animation de la lecture. Parmi elles, il effectuera ses propres choix. Bruno Bettelheim et Karen Zelan[1] ajoutent que la lecture, et ce qu'elle apporte à la vie, ne relève pas seulement du moi et du conscient ; elle est également profondément enracinée dans l'inconscient. Les personnes qui se consacrent pendant toute une vie à la lecture ont dans leur inconscient un reste de conviction d'enfant : elles sont persuadées que la lecture est un art qui donne accès à des mondes magiques. L'animation de la lecture favorise sans conteste cet accès.

Mais encore

Yves Beauchesne[2] précise que « *Bien que le livre puisse, tout comme l'énergie emmagasinée, posséder le pouvoir de transformer son public, c'est l'individu en fin de compte qui est le maître et le livre son serviteur. Car c'est l'individu qui possède le pouvoir de faire passer le livre de l'état d'objet inanimé à celui de force puissante et précieuse. C'est lui qui choisit de lire [et de raconter] et, ce faisant, dans un échange généreux et simultané, transforme le livre et se transforme lui-même. C'est cet acte libre et volontaire qu'est la lecture qui est le point de mire de la nouvelle animation. L'animation de l'avenir et celle qui a le plus de chances de réussir n'est pas l'animation du livre. C'est l'animation de la lecture* ».

Chaque animateur souhaite que les activités qu'il réalise soient couronnées de succès. Le schéma qui suit illustre les qualités et les habiletés que Yves Beauchesne identifie comme étant déterminantes de la réussite de l'animation de la lecture auprès des jeunes. L'auteur souligne qu'aucun individu ne les possédera jamais complètement à lui tout seul, mais que chacun les possède toutes à des degrés divers. D'où l'importance de tendre à les développer.

Qualités et habiletés de l'animateur de la lecture auprès des jeunes

1. *L'empathie :* Capacité de comprendre les sentiments d'autrui et de voir une situation de son point de vue.	2. *L'authenticité :* Capacité d'être soi-même.
3. *La congruité* Capacité d'accorder ses paroles et son comportement à ses sentiments.	4. *L'écoute active :* Capacité de comprendre ce que les gens disent aussi bien que ce qu'ils sous-tendent.
5. *Le jugement :* Capacité de faire l'intervention appropriée au moment approprié.	6. *La confiance :* Foi en sa propre compétence et en ses ressources personnelles.
7. *La positivité :* Capacité de voir du potentiel et du bien dans les gens et les situations.	8. *L'autocritique :* Capacité de vérifier la qualité et la pertinence de l'activité, au fur et à mesure de son déroulement.

---

1. Ces propos sont relevés à l'ouvrage écrit par Yves BEAUCHESNE intitulé *Animer la lecture : Pour comprendre / Pour faire lire.* (Première partie : Comprendre). Montréal : éditions ASTED, 1985, p. 56.
2. Ibid. (Deuxième partie : Agir). p. 12-15.

Aux sept qualités et habiletés (1 à 7), relevées par Yves Beauchesne, s'ajoute l'autocritique (8) du contenu et du déroulement de l'activité, soit le choix des étapes qu'il a sélectionnées, le contenu de chacune d'elles, l'intérêt qu'elles suscitent chez les participants, leurs commentaires, leurs réactions etc. Autant d'indices auxquels il importe d'être attentif pendant l'activité et qui permettront à l'animateur de réfléchir ensuite aux aspects qu'il convient de retenir, de corriger ou d'enlever. Une autocritique éclairante et constructive !

En somme, la richesse, la qualité et la pertinence des activités d'animation de la lecture sont directement associées à l'expérience de vie et de lecture de chaque animateur. En outre, ceux-ci puisent en quelque sorte l'objet de chaque activité d'animation de la lecture à la vie qui s'exprime dans chaque livre. De cette façon, ils contribuent grandement au désir et au plaisir de lire de chaque enfant et de chaque adolescent.

Chapitre 12

L'ART DE RACONTER

« Conter, c'est vivre une histoire et la faire vivre ».

Marc Soriano

En guise d'avant-propos

Qui parmi nous ne se souvient pas s'être fait raconter des histoires par des adultes, alors que nous étions enfants ou adolescents ? Cette activité représentait sans doute un moment privilégié où chacun des participants était invité à franchir les étapes le menant à une compréhension du sens profond véhiculé par les récits de contes, de romans, etc. Alberto Manguel[3] abonde dans ce sens lorsqu'il relate des souvenirs d'enfance associés à l'activité de l'art de raconter :

« Je m'installais [...], bien calé contre une pile d'oreillers, pour écouter ma nurse me lire les terrifiants contes de fées de Grimm. Parfois, sa voix m'endormait ; parfois au contraire, elle me rendait fiévreux d'excitation et je la sommais de se dépêcher afin d'en savoir plus, de savoir ce qui se passait dans l'histoire plus vite que l'auteur ne l'avait voulu. Mais la plupart du temps, je me laissais emporter par les mots, et j'avais l'impression, en un sens très physique, d'être réellement en train de voyager vers un lieu merveilleusement lointain, un lieu auquel j'osais à peine jeter un coup d'œil à la secrète et dernière page du livre. Plus tard, j'avais neuf ou dix ans, le directeur de mon école m'assura que se faire lire des histoires ne convenait qu'à de petits enfants. Je le crus et abandonnai cette pratique - en partie parce que j'en éprouvais un plaisir énorme, et qu'à cette époque j'étais tout à fait prêt à croire que tout ce qui donne du plaisir est en quelque sorte malsain. Ce n'est que beaucoup plus tard [...] que j'ai retrouvé ce plaisir oublié ».

---

3. Citation tirée de *Une histoire de la lecture*. Montréal : Actes Sud / Leméac, 1998, p. 137-138.

Aujourd'hui, quelle place est-il souhaitable de donner à cette activité à la maison, en classe, en bibliothèque, etc. ? Pourquoi ? Comment préparer le récit d'une histoire ? Comment la présenter aux enfants, aux adolescents, aux adultes ? L'art de raconter compte parmi les activités d'animation rattachées au livre. Activité qui peut être actualisée sur la base d'ouvrages sélectionnés au répertoire de plusieurs genres de la littérature, dont celle pour les jeunes, et qui favorise notamment leur expression verbale, écrite, dramatique.

Le récit de contes, aussi nommée l'« heure du conte », alors qu'elle est vécue avec de jeunes enfants, est une activité riche et précieuse dont la réussite repose largement sur l'implication du conteur. Bruno de la Salle[4] s'y attarde :

« Il y a une impression particulière que l'on ressent lorsque l'on commence à raconter, lorsque l'on attrape le fil d'une histoire. Quand on a saisi ce fil, l'histoire se déroule et vous entraîne comme si vous la découvriez pour la première fois, comme si vous la saviez parfaitement depuis longtemps, comme si cette saisie était à la fois indispensable et évidente. Comme si ce fil était une providence.

C'est aussi, comme si un seul mot de cette histoire, ainsi qu'un morceau d'hologramme, contenait le pouvoir de signifier l'histoire tout entière, comme si la place de ce mot ou de cette image était si précise qu'elle déterminerait la place des mots ou des images qui la précèdent et de ceux qui la suivent, qu'elle déterminerait votre propre place, qu'il y a un chemin et un sens au chemin que vous empruntez.

Une bonne connaissance de la mathématique narrative vous permettra, avec un seul élément de la formule, de reconstituer la formule entière. Elle vous permettra aussi de retrouver au fur et à mesure l'évident enchaînement des éléments qui mène à la résolution du conte, à son insu.

Et n'ayez pas peur de ne pas connaître les formules, elles vous seront données. Il ne faut surtout pas se retourner. Si vous laissez se dérouler la bobine de votre conte, elle ne quittera jamais votre main et vous mènera où vous désirez aller.

Il y a, dans la découverte de ce pouvoir d'une partie des mots ou des images d'un conte, dans le pouvoir de ce fil, le pressentiment que les histoires ne sont elles-mêmes qu'une partie d'une plus grande histoire, d'un plus grand tissu, d'un plus grand fil que seules notre défiance et notre ignorance nous empêchent d'appréhender ».

CRITÈRES QUI ORIENTENT LE CHOIX D'UNE HISTOIRE

Des critères précis sous-tendent le choix d'un récit pour un jeune auditoire. Ceux-ci sont précisés ci-après.

En fonction du conteur ou de la conteuse

Raconter s'avère une façon très ancienne de transmettre une histoire. En effet, depuis toujours, des conteurs innombrables ont proposé des histoires (contes

---

4. Citation extraite de *Le Conteur amoureux*. Publié à Tournai (Belgique), aux éditions Casterman en 1995. p. 65-66.

de la tradition orale avant d'être transcrits) des millions de fois à des auditoires de tous âges : enfants, adolescents et adultes. Par la suite et à mesure du développement de cette littérature, les conteurs choisirent de raconter également des contes modernes, des romans, etc. Dans un cas comme dans les autres, les conteurs étaient maîtres de choisir un récit qu'ils aimaient, qu'ils savaient pouvoir dire et faire revivre pour leurs auditoires. Ne demeure-t-il pas encore aujourd'hui, celui qui a la noble responsabilité de transmettre la parole conteuse ?

Pierre Péju[5] souligne que tout narrateur est un magicien qui, dans le temps du récit, a tout loisir de choisir l'ordre des énoncés, de décider des points par où commencer, des instants à souligner, des blancs à ménager, des traits à faire saillir, des répétitions ou des rebondissements.

En somme, le narrateur d'un conte peut être comparé à un metteur en scène d'une œuvre dont les personnages aux mille et un visages vibrent à l'expression d'une personnalité unique et épousent une infinité de formes, le plus souvent humaines ou animales. Sylvie Roberge-Blanchet[6] souligne également la responsabilité du conteur en regard du récit et des jeunes. Elle précise que le conte est généreux, discret, patient. Il est un ami fidèle sur qui on peut toujours compter. Il s'adapte au degré de compréhension et aux besoins des enfants et des adultes. Par contre, il devient terne et insignifiant, si la personne qui le raconte n'a pas pris le temps de le laisser d'abord pénétrer en elle et de lui livrer son message profond, avant de le raconter. Elle ajoute qu'il en va ainsi pour les versions édulcorées de contes traditionnels repris par Walt Disney, auxquelles on reproche souvent d'être superficielles. Elle ajoute que par ailleurs, certaines personnes filtrent les messages du conte à travers leurs perceptions personnelles et l'accusent alors d'être sexiste et bourré de stéréotypes. Ces conteurs sont-ils authentiques ? Devraient-ils s'abstenir de conter ? Ou apprendre à regarder le conte tel qu'il est ?

En fonction de l'auditoire

Les enfants de tous les âges, les adolescents, voire plusieurs adultes peuvent s'intéresser aux histoires. L'âge, les goûts et les intérêts de l'auditoire guideront le choix des récits, la façon de les présenter et enfin le temps à y consacrer.

En fonction du contenu de l'histoire

Le choix du contenu du récit s'avère souvent déterminant du succès de l'activité. C'est pourquoi il importe d'y accorder une grande attention afin de sélectionner un récit dont le contenu est stimulant, qui soit susceptible de provoquer des réactions chez les auditeurs et qui possède quelques-unes des caractéristiques suivantes :

---

5. Citation tirée de *L'archipel des contes*. Publié à Paris, aux éditions Aubier en 1989, p. 57.
6. Citation tirée de Michelle GOSSELIN, Sylvie ROBERGE-BLANCHET et Lise TROTTIER, avec la collaboration de Charlotte GUÉRETTE : « Rencontre avec des porteuses de la parole du conte ». In *Vie pédagogique*. N° 101, novembre-décembre 1996, p. 48.

- un mélange de familier et d'imaginaire,
- des personnages qui captivent ou intriguent auxquels les jeunes peuvent s'identifier,
- une intrigue bien construite et une action suivie,
- peu de longues descriptions,
- des images et des comparaisons familières, adaptées à l'âge des auditeurs,
- des répétitions et des formulettes qui captent l'attention des participants, les amusent et leur permettent de participer en quelque sorte à l'intrigue.

En fonction du temps et des circonstances

Il importe de tenir compte de la longueur de l'histoire et du temps disponible pour la raconter. Plutôt que de bâcler un récit, il s'avère préférable de le raconter en plusieurs épisodes.

Une situation particulière dans la vie des jeunes, liée à un événement familial, scolaire ou parascolaire réel, peut inciter à choisir un récit s'y rapportant.

En fonction des objectifs poursuivis

Parmi les nombreux buts poursuivis par l'adulte enclin au récit d'histoires, on peut répertorier les suivants :

- faire la promotion d'un ouvrage, d'un auteur, d'un genre, etc.
- prolonger le livre par différentes activités,
- pour le plaisir du conteur et des auditeurs.

En fonction du matériel disponible

Plusieurs genres de la littérature d'enfance et de jeunesse peuvent être exploités au moment du « contage ». Ainsi, les contes issus de la tradition orale, les contes modernes, bon nombre de romans, etc., proposent souvent des contenus appropriés à ce type d'activité.

Mais encore

L'adulte conteur a toute la latitude de choisir des récits selon d'autres critères que ceux énumérés ci-dessus ; par exemple, selon ses objectifs personnels ou ceux des jeunes.

CHOIX D'UNE FORMULE POUR RACONTER

Différentes formules peuvent être utilisées pour raconter une histoire. À chaque conteur ou conteuse de sélectionner celle qui répond à ses priorités ainsi qu'à ses aptitudes. Nous nous y attardons ci-après.

Raconter sans le livre

Raconter sans livre favorise sans contredit le contact direct avec l'auditoire et permet de relever, au fil du récit, l'expression des participants, leurs réactions, les épisodes qu'ils apprécient, ceux qui les captivent moins, les expressions et les mots qu'ils ne semblent pas comprendre. Ces observations indiqueront à l'adulte s'il est souhaitable de ralentir ou d'accélérer le débit. De plus, l'observation directe des auditeurs lui permettra d'apporter certaines précisions, de juger de la nécessité de donner la définition de tel ou tel mot, etc. Cette formule permet également à l'adulte d'accompagner le récit verbal de gestes, de mimiques, etc., qui contribuent ainsi à rendre son récit captivant.

Raconter une histoire sans le livre exige une préparation soignée de la part du conteur ou de la conteuse. En fait, cela implique que le récit soit bien assimilé, sans nécessairement être mémorisé. Demeurer fidèle au texte ou l'adapter devient alors la décision de chacun ou de chacune. Pour sa part, Jean-Marie Gillig[7] affirme que conter sans livre à l'appui, ce n'est pas simplement réciter par cœur un texte mémorisé, ni même l'interpréter, mais c'est prendre le risque d'improviser à partir d'un schéma que l'on maîtrise : le point de départ, le passage, les épreuves, les actants, et le point d'arrivée au moins (cf. chapitre sur le conte).

Bien entendu, le livre peut être présenté aux auditeurs, suite au récit qui en a été fait.

Raconter avec le livre

Plusieurs histoires illustrées gagnent à être racontées avec le livre. Non seulement l'image exerce-t-elle un attrait supplémentaire, mais elle supporte aussi la compréhension du récit.

Même s'il utilise le livre, le conteur ou la conteuse doit bien posséder son texte. La préparation d'un récit selon cette formule prévoira des moments d'arrêt sur les illustrations, tout en suivant fidèlement l'intrigue du récit.

* Ici, il est approprié de placer les auditeurs pour que tous voient bien les illustrations, en demi-cercle par exemple.

Raconter à l'aide de moyens visuels

Le récit d'une histoire avec l'aide de moyens visuels constitue une présentation originale susceptible de captiver les participants à l'activité, même ceux qui s'intéressent plus ou moins aux autres méthodes et ceux qui ont déjà entendu l'histoire selon ces autres méthodes. Susceptible de provoquer des réactions particulières, de créer une atmosphère spéciale pour l'heure du conte, l'utilisation de moyens visuels implique une sélection judicieuse des marionnettes et marottes à utiliser, notamment.

---

7.   Ibid. p. 81.

L'histoire peut être lue

Lire une histoire est un autre moyen que l'adulte peut exploiter pour mettre les auditeurs en contact avec la littérature qui leur est destinée et pour favoriser l'appréciation d'œuvres bien écrites. En effet, certains auteurs s'expriment dans une langue colorée, imagée, poétique. Souvent, seule une lecture soigneusement préparée permet d'apprécier correctement ces écrits et d'en véhiculer la richesse auprès de chaque membre de l'auditoire.

PRÉFÉRENCE QUANT AU CHOIX D'UNE FORMULE

Chaque adulte privilégie habituellement une formule pour raconter, qu'il s'agisse d'un conte ou d'un roman ; une formule qui lui permettra d'accroître et de parfaire son expérience comme conteur ou conteuse. Toutefois, ne s'avère-t-il pas important et intéressant de tendre à diversifier la formule utilisée, lorsqu'on s'adonne régulièrement à cette activité auprès d'un même groupe d'auditeurs, par exemple ? Ainsi, l'adulte pourra développer des habiletés dans une variété de formules, ce qui pourra sans doute intéresser les auditeurs.

PRÉPARATION DU RÉCIT D'UNE HISTOIRE

Jean-Marie Gillig[8] soutient que conter [...] reste toujours d'actualité à condition de chercher à se perfectionner dans ce domaine et de ne pas le considérer comme une simple activité de détente pour meubler un temps mort qui se résumerait à prendre un livre parmi d'autres et à le lire [...]. En fait, conter ne s'improvise pas et exige une véritable connaissance du rituel, et ce d'autant plus que le pédagogue-conteur est parfois la seule personne qui maintient vivace auprès des jeunes la pratique du « contage ».

Chaque conteur, ou conteuse, expérimenté applique sa méthode personnelle de préparation du récit d'une histoire. Toutefois, quelques précisions se rapportant à cette étape sauront sans doute contribuer à en accroître la qualité chez celui ou celle qui a acquis une certaine expérience dans ce domaine. D'autre part, les conteurs débutants pourront s'appuyer sur un ensemble de notions[9] pour assurer le succès d'une telle activité. Celles-ci sont énumérées ci-après.

---

8. Jean-Marie GILLIG. *Le conte en pédagogie et en rééducation*. Op. cit. p. 80.
9. Des notions se rapportant à la préparation du récit d'histoires ont été précisées par plusieurs spécialistes de la littérature d'enfance et de jeunesse, au cours des dernières décennies. À ces dernières, s'ajoutent celles proposées récemment par Charles TEMPLE, Miriam MARTINEZ et al. dans un ouvrage intitulé *Children's Books in Children's Hands* publié en 1998. Op. cit. p. 427.

Le conteur ne mémorise pas son récit, il le possède

POUR Y PARVENIR :

- Lire l'histoire silencieusement à plusieurs reprises.

- S'interroger sur ce qu'elle présente d'intéressant, l'importance des personnages, de l'intrigue, de l'atmosphère.

- Porter une attention particulière aux différents épisodes (événements, situations, etc.). Noter sur papier les caractéristiques particulières de chacun d'eux.

- Déterminer si ces aspects peuvent répondre aux attentes et au niveau de compréhension de l'auditoire.

- Relire le récit à haute voix pour s'entendre et en saisir le rythme.

- Enchaîner les épisodes et prévoir ceux où il importe d'insister et ceux qui doivent être dits avec calme, les pauses, les mots ou les phrases où il importe de faire ressortir une émotion particulière, etc.

- Commencer à dire le récit oralement, vérifier si la structure, le nom des personnages, les caractéristiques du héros et les lieux où se déroule l'action sont conformes avec ce qu'exprime le texte écrit. Noter les caractéristiques propres à l'expression verbale, la gestuelle de chacun d'eux.

- Perfectionner l'introduction et la conclusion, jusqu'à les dire avec facilité et aisance. À noter que cette étape est importante pour créer un sentiment de confiance.

- Identifier les répétitions, les formulettes, les dialogues et les mémoriser.

- Retenir les mots particuliers et prévoir des synonymes.

- Redire le récit plusieurs fois pour soi. S'enregistrer ou le dire à quelqu'un afin de recueillir des commentaires constructifs.

Aux différentes étapes de préparation du récit, le conteur ou la conteuse visualise le lieu où se déroulera l'activité, et l'endroit où seront assis les auditeurs.

ADAPTATION D'UNE HISTOIRE

Plusieurs récits intéressants présentent des passages difficiles à comprendre ou simplement trop longs. Il faut alors prévoir les changements à apporter, vérifier si la suite logique des épisodes est respectée dans l'adaptation, si la richesse et la profondeur du contenu sont sauvegardées, etc. Il n'apparaît pas toujours facile d'effectuer une adaptation d'un récit, principalement pour le conteur, ou la conteuse, peu expérimenté qui pourra omettre des parties importantes d'un récit, souvent à son insu.

CONDITIONS QUI FAVORISENT L'ÉCOUTE D'UN RÉCIT

Favoriser l'écoute de l'auditoire nécessite que certaines conditions soient réalisées. Ainsi, il importe de veiller aux points suivants :
- privilégier un lieu calme, s'isoler si l'on est dans un grand local ;
- vérifier qu'aucune autre activité n'aura lieu à cet endroit pendant l'heure du conte ;
- placer les auditeurs de façon à ce que chacun voit bien la personne qui raconte et s'assurer que chaque auditeur est confortablement assis.

Tout conteur ou conteuse souhaite favoriser l'écoute d'un récit, aussi aura-t-il soin de :

- se placer à un endroit où tous les auditeurs pourront bien le voir, d'où il pourra bien les voir et où il sera à leur portée ;
- choisir une position confortable lui permettant d'être à l'aise pendant toute la durée de son récit et de pouvoir facilement montrer les illustrations, s'il choisit de raconter avec le livre.
- créer l'atmosphère propice à l'écoute d'un récit ;
- tenir à sa disposition le matériel qu'il utilisera en cours de récit, s'il y a lieu.

CRITÈRES À PRIVILÉGIER AU MOMENT DE LA PRÉSENTATION DE L'HISTOIRE

Bien entendu, le succès du récit d'un conte, d'un roman, etc., et l'appréciation qu'en feront les jeunes reposent non seulement sur les notions précisées jusqu'ici, mais aussi sur la présentation de l'histoire proprement dite, soit l'introduction, le développement et la conclusion. Nous nous y attardons ci-après.

Le début de la rencontre

Des conteurs ou conteuses créent un rite pour amorcer cette activité, par exemple en utilisant une musique thème, une bougie, un symbole permanent (affiche titre, personnages, etc.). Selon le contenu de l'histoire, le conteur ou la conteuse peut préparer une question, une charade ou une chanson pour faciliter aux auditeurs le passage dans l'imaginaire.

La narration

L'attitude de la personne qui raconte est primordiale. Elle s'y adonne simplement, s'efforce d'être claire, évite les retours en arrière. De plus, elle exploite le mieux possible sa voix, ses gestes et l'expression de son visage, tout en demeurant attentive aux diverses réactions des jeunes. Ici, il importe d'ajouter quelques indications sur la participation des auditeurs au cours de la narration, qui peut varier selon le conteur ou le type de récit. Ainsi, certaines histoires ont un rythme qu'il convient de ne pas interrompre ; d'autres, par contre, peuvent susciter une participation verbale, par exemple si le conteur ou la conteuse invite l'auditoire à s'exprimer spontanément, pose des questions ou offre aux participants la possibilité de le faire.

La participation des jeunes au récit d'une histoire dépend de la concentration et de l'implication de la personne qui raconte. En outre, elle s'articulera sur la pertinence des commentaires et des questions suscitées par l'écoute du récit.

La fin de la rencontre

L'adulte qui raconte amène la conclusion du récit normalement, sans précipitation, en soignant tout particulièrement les dernières phrases, toujours importantes. La fin du récit doit apporter une impression de plénitude et de satisfaction. Si l'histoire s'y prête, pourquoi ne pas réserver une surprise aux auditeurs ?

ÉVALUATION DE L'EXPÉRIENCE

Cette étape du récit de conte se réfère à l'évaluation des réactions verbales et non verbales des participants à une activité de ce type et de l'auto-évaluation du conteur ou de la conteuse.

Chez l'enfant ou l'adolescent

Les réactions verbales (questions et commentaires) et non verbales (attitudes, intérêts, réactions) peuvent être d'ordre affectif, interprétatif, critique, ou évaluatif.

– Réactions affectives

Celles-ci sont reliées à ce que l'auditeur vit ou ressent pendant l'activité par rapport à sa croissance personnelle. Il suffit de faire la comparaison entre les attitudes et les comportements des personnages du conte et les comportements personnels (désirs, craintes, etc.) du jeune.

– Réactions interprétatives

L'adulte peut inviter les auditeurs à interpréter le récit, à en dégager une signification personnelle. Par exemple, qu'est-ce qui aurait pu se produire si tel personnage avait agi de telle ou telle façon ?

– Réactions critiques et évaluatives

Pourquoi ne pas demander à ceux qui ont participé au récit d'un conte, de dire ce qui leur semble pertinent, approprié, juste ou souhaitable dans l'histoire racontée ?

Chez l'adulte

Quel intérêt a suscité le récit d'une histoire chez les jeunes ? Quelles questions ont-il posé ? Quelles furent leurs réactions verbales et non verbales ? Les réponses qu'il pourra apporter contribueront à affiner l'expérience du conteur ou de la conteuse. En outre, les réponses apportées favorisent sans contredit une meilleure connaissance de ceux qui participent à cette activité. À cela s'ajoute une meilleure connaissance personnelle du conteur, de son degré d'intérêt, de sa satisfaction ou de son désir de poursuivre dans cette voie.

Conclusion

Le récit d'histoires puisées à la trame de la réalité et de l'imaginaire de personnages qui ont contribué à l'évolution de l'humanité demeure aujourd'hui, une activité captivante à réaliser en milieu familial, scolaire et parascolaire. S'y adonner régulièrement, c'est donner vie à des récits recroquevillés sur les pages de livres qui sitôt ouverts, deviennent espace et temps habités par des mots, des idées, des personnages, des parcelles ou des grands moments de la vie. Des livres, comme des lieux fréquentés par l'intelligence, l'affectivité, le savoir, le plaisir, le désir, et qui sont réservés à des rencontres uniques et essentielles, soigneusement préparées. C'est là que l'auteur convie chaleureusement le lecteur, le conteur et l'auditeur.

À l'instar de nombreux spécialistes et conteurs, Sylvie Roberge-Blanchet [10] souligne que « *Raconter devrait toujours être un pur enchantement. Un cadeau qu'on s'offre et qu'on offre aux enfants, aux adolescents, aux adultes. On devrait raconter pour raconter. S'abstenir de questionner les [jeunes] immédiatement après le récit. Respecter un moment de silence afin de laisser au conte le temps nécessaire pour tracer son chemin et pénétrer l'inconscient. On devrait laisser les [jeunes] s'exprimer librement, lorsqu'ils manifestent le goût de commenter un conte qu'ils viennent d'entendre. [...]* ».

---

10. Michelle GOSSELIN, Sylvie ROBERGE-BLANCHET. et al. *Vie pédagogique.* Op. cit. p. 48.

Chapitre 13

LA PROMOTION, LES ACTIVITÉS D'ÉCHANGE, DE DISCUSSION ET D'EXPLOITATION

En guise d'avant-propos

Médiateur entre le livre et les jeunes, l'adulte en milieu familial, scolaire et parascolaire a la responsabilité de favoriser la rencontre heureuse entre les lecteurs et les ouvrages de différents genres littéraires produits à leur intention. Pour ce faire, il utilise des moyens judicieux et variés pour rendre le livre présent, familier et vivant. De là, on peut espérer que l'adulte fera en sorte que le livre devienne le point de départ d'échanges, de questions, de découvertes et d'expériences passionnantes et diversifiées. Poslaniec (1990)[1] va également en ce sens lorsqu'il mentionne que l'adulte doit user de stratégie pour que les jeunes, à partir d'une lecture-distraction, fassent des découvertes qui les impliquent davantage.

Le marché offre au jeune lectorat, une production abondante et variée, qui occupe une place de choix dans les librairies et les bibliothèques. Faire connaître ces ouvrages, voir à ce qu'ils soient mis en évidence et en stimuler la vente font partie des objectifs des libraires, des distributeurs et des éditeurs. Ceux-ci sont désormais conscients de la forte concurrence et des exigences de rentabilité de ce marché spécifique et concernés eux-mêmes au premier chef, appliquent différents moyens de faire connaître les œuvres de romanciers, d'auteurs de contes, d'albums, d'ouvrages de poésie, de bandes dessinées, de documentaires. Ils anticipent également de fidéliser ces lecteurs aux productions futures des créateurs. Enfin, ils souhaitent que les lecteurs s'adonnent ensuite à la lecture d'ouvrages qui font partie de la même série ou collection, ou encore à des titres portant sur des thèmes semblables, complémentaires, voire opposés à ceux rencontrés dans ces ouvrages.

Somme toute, la rencontre heureuse entre les jeunes et les livres est largement tributaire de la richesse de la production littéraire et de son accessibilité en milieu familial et éducatif. Une rencontre dont l'animateur de la lecture assume la responsabilité dans le cadre d'activités d'animation de la lecture.

---

1. Christian POSLANIEC (1990). *Donner le goût de lire*. Paris : Éditions du Sorbier, p. 21.

DES ACTIVITÉS D'ANIMATION DE LA LECTURE : POUR QUI ? POUR QUOI ?

De la connaissance des œuvres littéraires écrites à l'intention du jeune lectorat et de la personnalité des lecteurs contemporains, découle la certitude que chaque jeune a le droit d'effectuer des découvertes incomparables, grâce aux livres et par la lecture qu'ils en font ou qu'on leur en fait. Mais aussi par les activités qui gravitent autour de l'utilisation des livres.

Le schéma qui suit[2] dégage l'importance capitale pour l'animateur de la lecture de s'adonner à l'utilisation éclairée de cette littérature dans le cadre d'activités d'animation.

L'animation de la lecture, amie et complice de la croissance des jeunes

PARCE QUE LA LITTÉRATURE FAVORISE LA CONNAISSANCE DE SOI ET DES AUTRES	
Y contribuent : Les albums, les contes, les romans, les documentaires, les ouvrages de poésie	*Ces ouvrages favorisent :* La connaissance de réalités historiques et contemporaines, l'identification aux personnages, l'ouverture sur l'imaginaire, la réflexion, les échanges et les discussions, la précision de similitudes et de distinctions entre le contenu des ouvrages et sa réalité propre, l'ouverture à la compréhension de la notion de citoyen du monde.
PARCE QUE LA LITTÉRATURE AIDE À SE SITUER DANS L'ESPACE ET DANS LE TEMPS	
Y contribuent : Les premiers livres et les documentaires, les romans à portée sociale, historique, les classiques, les récits de vie, les nouvelles, les BD, les ouvrages de poésie.	*Ces ouvrages favorisent :* L'acquisition et la compréhension de connaissances historiques, géographiques, culturelles, nationales internationales, etc., l'ouverture sur l'imaginaire la connaissance de la vie et du monde.
PARCE QUE LA LITTÉRATURE FAVORISE LE RIRE ET LE RÊVE	
Y contribuent : Les ouvrages où l'humour, l'exotisme et l'esthétique sont présents (texte-illustrations), les ouvrages d'aventures réelles ou imaginaires qui sont sources de détente et d'évasion	*Ces ouvrages favorisent :* Un regard original et unique sur le monde qui implique un recul par rapport à la réalité. D'où la construction d'un mode de pensée et d'un mode de vie, premiers pas vers l'atteinte de la maturité.
PARCE QUE LA LITTÉRATURE INVITE À LA PAROLE ET AUX ÉCHANGES	
Y contribuent : Tous les ouvrages de qualité qui répondent aux intérêts et aux préoccupations des jeunes (observées ou exprimées)	*Ces ouvrages favorisent :* L'expression verbale et la communication entre jeunes, avec les médiateurs, les créateurs, la mise sur pied d'activités d'animation captivantes et diversifiées qui ont une signification profonde pour les jeunes.
PARCE QUE LA LITTÉRATURE EST GARANTE DU DÉSIR ET DU PLAISIR DE LIRE	
Y contribuent : Les ouvrages de qualité appartenant à différents genres qui contribuent à la croissance harmonieuse des jeunes.	*Les contenus (réalité et imaginaire) de ces ouvrages favorisent :* La formation de lecteurs permanents qui participent de façon éclairée et positive à l'évolution du monde.

2. Différentes notions ont servi à l'élaboration du schéma présenté ici. Il importe de noter que le contenu de celui-ci ne prétend à aucune exhaustivité, mais tend plutôt à dégager l'importance de s'adonner à des activités d'animation de la lecture auprès les enfants et des adolescents. Au nombre des notions qui ont inspiré l'élaboration du présent schéma, celles puisées à l'ouvrage de Renée LÉON méritent d'êtres signalées. Voir *La littérature de jeunesse à l'école*. Op. cit. p. 11-154.

DE LA PROMOTION, AUX ACTIVITÉS D'ÉCHANGE, DE DISCUSSION ET D'EXPLOITATION.

Alors que l'art de raconter dont il a été question dans le chapitre précédent, est partie intégrante des activités d'animation du livre d'enfance et de jeunesse, on peut également relever l'importance de s'attarder à la réalisation d'autres activités qui assurent le prolongement de l'activité de lecture. Certaines parmi elles précèdent habituellement le récit ou la lecture d'un ouvrage. Elles sont nommées activités de promotion. D'autres sont effectuées suite à la lecture ou au récit. Ce sont les activités d'échange, de discussion et d'exploitation. Toutefois, la créativité, les priorités et les objectifs poursuivis par l'animateur peuvent l'inciter à adapter à ses besoins, ses attentes, les notions proposées ici. Par exemple, il peut choisir de compléter une activité dite de promotion suite à celle de l'art de raconter.

De nombreux aspects sont étudiés ci-après. À chaque animateur de les appliquer dans le contexte de sa réalité scolaire ou parascolaire. À noter que le caractère parfois distinctif et parfois complémentaire de ces catégories d'animation de la lecture incite à les étudier séparément ici, sans toutefois négliger de préciser leur complémentarité, le cas échéant.

1. *LA PROMOTION*

DISTINCTION ENTRE PUBLICITÉ ET PROMOTION

La publicité et la promotion ont un point commun, celui de faire connaître les livres pour jeunes. Toutefois, leurs différences l'emportent largement sur leurs ressemblances. Aux fins du présent exposé, nous définissons la publicité comme l'ensemble des techniques et des moyens utilisés pour faire connaître les livres pour jeunes, à la fois à l'adulte et aux jeunes lecteurs et ce dans le but de les vendre. Pour le marché du livre, les impératifs sont multiples. Parmi eux, la participation au développement culturel et éducatif des jeunes. Toutefois, tous seront d'accord pour reconnaître que la préoccupation majeure de ce secteur d'activités est d'ordre financier : il entretient des objectifs de rentabilité et de profit. Le but de la publicité est de vendre, permettant ainsi à des participants à la présence du livre dont les créateurs, de s'exprimer et de tendre à vivre de leur travail.

Par contre, si la promotion veut aussi faire connaître au jeune lectorat des ouvrages qui leur sont destinés, son but consiste à développer chez eux le désir et le plaisir de la lecture. Quand elle propose des livres, elle se préoccupe du lecteur évoluant dans un milieu spécifique, tient compte de son développement intellectuel, psychologique et social, elle lui suggère des lectures susceptibles d'enrichir son expérience. La promotion implique une sélection parmi les titres publiés, souvent favorisée par la publicité faite par les éditeurs. On peut donc avancer que la promotion s'intéresse davantage à la culture et à l'éducation en milieux scolaires et parascolaires auprès de clientèles clairement identifiées, que la publicité présente dans les médias, et sans doute moins personnalisée.

PROMOTION INFORMELLE ET PROMOTION FORMELLE

La promotion informelle se fait spontanément, au gré des conversations entre jeunes ou entre médiateurs du livre et jeunes. Elle peut occuper une place importante dans la promotion en milieu scolaire et parascolaire et son impact est considérable. Il importe de ne pas la négliger. La promotion formelle est planifiée selon une démarche en plusieurs étapes. On peut la réaliser de différentes façons.

BUTS DE LA PROMOTION

Les activités de promotion visent les objectifs suivants :
* faire connaître aux jeunes le matériel littéraire à leur disposition ;
* stimuler et élargir leurs intérêts ;
* leur faire connaître les ressources disponibles pour les aider à choisir mieux, plus facilement, selon leurs besoins et leurs préoccupations ;
* les inciter à lire et à développer le goût de la lecture.

TYPES DE PROMOTION

Chaque type de promotion, qu'elle soit orale, écrite, visuelle, audiovisuelle, informatique ou dramatique, peut être utilisé seul ou combiné avec d'autres. Par exemple, la préparation d'un tableau d'affichage implique habituellement l'utilisation d'éléments visuels et écrits.

Promotion visuelle

L'image occupe une place importante dans la préparation d'une promotion. Ainsi, pour attirer l'attention des jeunes sur des livres, on peut choisir un des types suggérés de promotion :

– *Préparation d'une affiche*

Lorsqu'on fabrique une affiche, il convient de porter attention aux aspects suivants :
* choix des couleurs, des formes, de la typographie ;
* clarté du texte ;
* disposition équilibrée du texte et de l'illustration sur l'affiche.

– *Mise sur pied d'une exposition de livres*

Préparer une exposition de livres demande que l'on s'attarde aux aspects suivants :
* sélection et nombre d'ouvrages que l'on souhaite exposer ;
* choix d'un endroit d'accès facile ;
* façon attrayante de regrouper les livres.

– Utilisation de matériel fourni par l'adulte ou par les participants

On peut inclure dans ce type de promotion des matériaux comme des…

* animaux favoris des jeunes ;
* plantes que l'on cultive en milieu scolaire ou parascolaire ou que le jeune apporte de la maison ;
* objets variés, tels que photos, jouets, collections, etc. que le jeune privilégie.

– Exposition des catalogues de maisons d'édition

La majorité des librairies, des distributeurs de livres d'enfance et de jeunesse et des éditeurs, offrent à leur clientèle les catalogues des titres disponibles. Ces catalogues permettent aux lecteurs de se familiariser avec la production récente d'ouvrages destinés à la jeunesse et les incite à lire ceux qui les intéressent plus spécifiquement.

– Fabrication de mobiles

Représenter les personnages d'un livre, les livres d'un auteur, d'une collection, etc. à l'aide d'un mobile s'avère une activité intéressante et originale à réaliser dans les différents milieux éducatifs.

Promotion orale

Tel que ce type de promotion l'indique, c'est principalement sur la parole que repose la promotion orale. Bien préparée, elle s'avère un support efficace à la promotion du livre. Il existe différentes façons de la réaliser auprès des jeunes lecteurs.

– Récit d'histoires

Raconter des histoires aux jeunes peut les inciter à lire d'autres récits appartenant au même genre, des histoires sur des thèmes semblables, où on retrouve le même type de personnages, à lire d'autres ouvrages de la même collection, du même auteur ou du même éditeur.

– Ronde de livres

La ronde de livres est une présentation orale de plusieurs livres. Le médiateur ou les participants eux-mêmes présentent les personnages, les lieux ou un élément de l'intrigue d'un ou de plusieurs ouvrages. On peut également montrer les pages de couverture et illustrer les éléments principaux des livres.

Raconter ou lire le début d'une histoire jusqu'au moment où l'intrigue devient particulièrement captivante, c'est inviter les jeunes à poursuivre ce récit ou cette lecture individuellement ou en équipe. Cette activité représente un type judicieux de promotion orale à réaliser avec les enfants qui ont appris à lire, aussi bien qu'avec les adolescents.

– *Échanges avec des jeunes que l'on implique dans la présentation d'ouvrages*

Des échanges sur des expériences de vie des jeunes, sur leurs voyages ou leurs découvertes récentes, favorisent la création de liens entre le livre et leurs activités préférées, leur vie familiale, scolaire ou parascolaire.

Le succès de ce type d'activité repose principalement sur la formulation de questions appropriées posées au tout début de l'échange.

– *Entrevue avec un auteur ou un illustrateur*

Il apparaît sans doute très intéressant pour les jeunes lecteurs de rencontrer un auteur ou un illustrateur de livres écrits à leur intention. Une rencontre avec l'un d'eux sera une excellente occasion d'échanger sur les récits, les types d'illustration ou sur les objectifs poursuivis lors de la création. Pour ce faire, il importe que les lecteurs se familiarisent avec les ouvrages de l'invité avant le moment prévu pour l'entrevue et qu'ils se préparent des questions. Cette rencontre les amènera peut-être à lire d'autres ouvrages de l'auteur ou de l'illustrateur rencontré. À cette occasion, on pourra recourir à un magnétophone, des disques, le vidéo, etc.

Promotion écrite

Ce type de promotion fait évidemment appel à l'écrit. À l'instar des types de promotions proposés jusqu'ici, il existe un grand nombre de moyens permettant d'assurer la réalisation de la promotion écrite.

– *Liste des livres*

Une liste d'ouvrages d'un genre ou d'une collection peut être transcrite au tableau, affichée au mur ou remise aux lecteurs.

– *Bulletin de nouveautés*

Préparé à partir de titres récents publiés par une maison d'édition, ce bulletin peut être distribué, affiché à un endroit approprié, etc.

– *Jeux*

Ces jeux peuvent prendre la forme de devinettes, de mots mystères, de charades et être préparés à partir de certains éléments des livres : titres, personnages, situations, etc.

– *Article de journal*

Il est de plus en plus fréquent qu'un quotidien ou un périodique publie des articles consacrés à la carrière d'un éditeur, d'un auteur, d'un illustrateur. Utilisés comme promotion écrite, ceux-ci peuvent inciter les jeunes à lire les œuvres de ces créateurs.

– *Fichier contenant des résumés de livres*

Ces résumés peuvent être recueillis auprès des maisons d'édition, dans certains périodiques spécialisés et sur des « quatrième de couverture » de romans, d'albums, de documentaires, etc. Ils peuvent également être préparés par l'adulte qui pourrait éventuellement y faire participer les jeunes.

Promotion dramatique

La promotion dramatique fait appel au geste, au mouvement, aux costumes ou au mime. Plusieurs moyens peuvent être utilisés :

• des marionnettes, des marottes,
• le mime,
• la présentation de personnages qui se costument et entrent en scène.

Promotion audiovisuelle et informatique

Cette promotion est associée au film, à la télévision, au vidéo, à l'ordinateur. Plus complexe et plus longue à monter que les autres types de promotion, sa préparation exige des budgets et du matériel. Toutefois, on peut utiliser les productions déjà réalisées et accessibles sur le marché, par exemple des films et émissions de télévision sur des livres. Le schéma qui suit est un résumé des différents types de promotion.

Types de promotion de l'animation de la lecture :
de la conception à la réalisation

TYPES DE PROMOTION	SUGGESTION D'ACTIVITÉS
Promotion visuelle	* Préparation d'une affiche * Mise sur pied d'une exposition de livres * Utilisation de matériel fourni par l'adulte ou les jeunes *Exposition de catalogues de maisons d'édition * Fabrication de mobiles
Promotion orale	* Récit d'histoires aux jeunes * Ronde de livres * Échanges avec des jeunes que l'on implique dans la présentation d'ouvrages * Entrevue avec un auteur ou un illustrateur
Promotion écrite	* Liste des livres * Bulletin de nouveautés * Jeux * Article de journal * Fichier contenant des résumés de livres
Promotion dramatique	* Marionnettes, marottes,* Mime *Présentation de personnages qui se costument et entrent en scène
Promotion audiovisuelle et informatique	* Film, télévision, vidéo et ordinateur, internet, etc.

ÉTAPES DE RÉALISATION D'UNE ACTIVITÉ DE PROMOTION

Les quatre principales étapes de la réalisation d'une promotion formelle sont les suivantes : planification, préparation, déroulement et évaluation.

Planification

Préparer une activité de promotion, c'est d'abord en préciser l'objet, identifier la clientèle à qui elle s'adresse, procéder au choix des livres et du type de promotion.

– *Objet de la promotion*

Dès le départ, il importe de déterminer ce qui fera l'objet de la promotion. Il peut s'agir de :

• présenter une nouveauté dans le domaine du livre d'enfance et de jeunesse,
• proposer un ouvrage au contenu particulièrement intéressant mais dont la présentation matérielle n'est pas attirante,
• présenter des livres publiés chez un même éditeur,
• présenter une collection,
• présenter des livres d'un auteur ou d'un illustrateur afin de mieux le connaître,
• présenter des livres sur un thème particulier,
• présenter des livres qui ont gagné un prix.

– *Clientèle*

Les activités de promotion s'adressent aux enfants et aux adolescents, qui par conséquent ont fait un cheminement différent dans le domaine de la littérature écrite à leur intention. Aussi, les livres utilisés au cours de ces différentes activités devront être adaptés à chaque groupe.

– *Choix des livres*

Afin d'effectuer un choix judicieux de livres, l'adulte devra s'attarder aux intérêts manifestés par les lecteurs en tenant compte de leur âge et de leur milieu. Il devra également être attentif aux intérêts qui peuvent naître de :

• la vie en classe, des visites éducatives au musée, en librairie, au zoo, à l'aquarium ou à la ferme, des classes neige et des classes vertes ;
• l'actualité, de ce qui se passe en ville, dans la région, au pays, de la semaine de la sécurité routière, du mois de la nutrition, de la semaine des arbres, de la présentation d'un film ou d'une émission de télévision ;
• d'événements spécifiques tels que les fêtes, les saisons,

– *Le choix d'un type de promotion*

L'adulte peut effectuer le choix d'un ou de plusieurs types de promotion parmi ceux qui ont été présentés précédemment.

– *Autres facteurs*

Il faut aussi tenir compte du budget alloué, du temps disponible et des lieux quand on prépare une promotion.

Sans doute est-il important de connaître dès le départ le budget accordé pour préparer et réaliser la promotion, puisqu'il conditionne en grande partie son ampleur et la rendra intéressante et enrichissante. Mais quel que soit le budget dont on dispose, la promotion sera couronnée de succès si elle est bien préparée.

Le temps de préparation et le temps de réalisation ont une incidence sur le type de promotion qu'on choisira. Le temps de préparation s'établit en fonction du matériel disponible, de l'habileté de la personne, etc. Par exemple, on n'arrivera jamais à préparer un diaporama ou un vidéo sur une collection de livres en une heure ou deux. De plus, il faut prendre le temps de la bien réaliser sans toutefois la prolonger inutilement après que les principaux éléments ont été exploités.

L'activité de promotion se fera dans un local assez grand, bien éclairé, où il sera possible de la mettre facilement en évidence. La bibliothèque est un lieu idéal.

Préparation

Lorsque l'étape de la planification est terminée, on passe à la préparation. Il s'agit de préciser de quelle façon on exploitera le type de promotion choisi. Premièrement, le choix et la composition du message qui sera utilisé pour faire connaître les livres sélectionnés s'effectue pendant cette phase très importante de la préparation : modes de présentation des personnages d'un roman, choix de l'illustration et du message composant une affiche, etc.

Deuxièmement, on fabrique le matériel requis pour la promotion, les marionnettes, les mobiles, etc.

La troisième et dernière étape à franchir consiste à prévoir, dans ses grandes lignes, le déroulement de la promotion. Les aspects à prendre en considération sont les suivants :

a) *La présentation* — trouver l'élément déclencheur pour amorcer l'activité et les interventions qui accompagneront le matériel de promotion, s'il y a lieu ;

b) *Le moment* — choisir le moment propice est un élément important du succès de la promotion. Il ne serait pas très indiqué de faire une promotion à un moment où d'autres activités spéciales (pique-nique à l'extérieur de l'école, visite au zoo) sont prévues à l'horaire. Il ne serait pas non plus souhaitable de commencer la promotion et de l'interrompre pour la reprendre plus tard, à moins que l'animateur en prévoit ainsi le déroulement.

c) *La participation des jeunes* — structurer une période de questions et de discussion avec les participants sur le type de promotion sélectionné. L'adulte devra bien connaître le sujet choisi pour répondre avec précision aux questions des participants.

Le déroulement de l'activité

Le temps est maintenant venu de « vivre » la promotion. Tout au long de l'activité, on aura soin de noter les observations utiles à l'évaluation qui suivra. Il faut rester ouvert aux réactions et suggestions des jeunes, exploiter à bon escient les contretemps qui pourraient altérer partiellement le déroulement prévu de l'activité.

ÉVALUATION

L'évaluation de l'activité de promotion peut se faire à court et à long terme. À court terme, on se demande quelles ont été les réactions des jeunes au moment de la présentation des livres, ce qu'ils pensent de la promotion elle-même, combien parmi eux ont lu les livres tout de suite après la promotion, quels sont les commentaires que les livres ont suscités, etc.

À long terme, l'évaluation porte sur plusieurs activités de promotions échelonnées dans le temps. On se pose les questions à savoir si les jeunes lisent davantage, s'ils cherchent à mieux connaître les livres qu'ils lisent, les sujets et les illustrateurs, s'ils ont lu d'autres livres du même genre littéraire ou du même auteur que ceux qui leur ont été présentés, s'ils se sont eux-mêmes engagés dans des activités de promotion.

Il importe de préciser ici que l'influence de la promotion n'est pas toujours immédiatement identifiable. Ainsi, un enfant ou un adolescent à qui l'on aura présenté un livre pourra ne le lire que beaucoup plus tard, à un moment de son choix.

Conclusion

Parmi les principaux facteurs qui influencent le choix des lectures des jeunes, se trouve l'accessibilité des livres. Il est donc de prime importance, de mettre à leur disposition des ouvrages qui favorisent le désir et le plaisir de lire, dans une perspective de développement harmonieux de leur personnalité. Peut-être est-ce ainsi que nous découvrirons de nouveaux lecteurs, ou encore des lecteurs en voie d'atteindre le statut de lecteurs permanents.

En réalisant des activités de promotion auprès des jeunes, l'adulte leur permet d'accéder à un champ d'activités intéressantes et originales. Pourquoi ne pas inviter ces jeunes à s'engager à leur tour dans l'élaboration d'activités de promotion ? Celles-ci peuvent devenir pour eux l'occasion d'apprentissages intéressants et de plaisirs partagés.

2. LES ACTIVITÉS D'ÉCHANGE ET DE DISCUSSION

Les activités d'échanges et de discussions jouent un rôle de premier ordre parce qu'elles facilitent et enrichissent le contact que chaque jeune peut établir avec le livre. Elles lui permettent de réagir, de s'exprimer, d'acquérir des connaissances, d'exploiter son imaginaire.

DÉFINITION

Selon André Paré[3], les activités d'échange et de discussion sont des instruments de communication et d'interaction entre les membres d'une collectivité, des outils de résolution de problèmes et des stimulants de la créativité.

BUTS DES ACTIVITÉS D'ÉCHANGE ET DE DISCUSSION

Par ces activités, le médiateur des livres reçoit les commentaires et réactions personnelles des jeunes, vis-à-vis du message véhiculé dans le livre. Ils prennent ainsi conscience de la richesse et de la variété de la littérature qui leur est destinée, perçoivent plus d'éléments dans les livres, deviennent plus analytiques et plus critiques. Sur cette base, les jeunes pourront échanger leurs réactions personnelles quant au contenu, comparer leur vision du monde à celle de leurs camarades et à celle de l'auteur et mettre en parallèle leur expérience personnelle et celle des personnages, leur milieu et celui du livre. Enfin, les discussions provoquées par le livre pourront inciter à entreprendre une exploration ou une recherche plus approfondie et à ouvrir des pistes d'exploitation dont il sera question plus loin.

RÔLE DE L'ADULTE DANS LES INTERVENTIONS

L'adulte participe au même titre que les jeunes et en profite pour préciser ses propres opinions, sentiments, problèmes et sa perception des choses. Son implication comme animateur est importante ; il doit être pleinement conscient de ce rôle. Avec le temps et l'expérience, il pourra mieux cerner la démarche privilégiée et le type d'encadrement à offrir pour rejoindre les préoccupations et les intérêts des participants à l'activité.

Le médiateur du livre laisse d'abord aux participants la chance de s'exprimer et le fait lui-même en second lieu. Il intervient en questionnant, en demandant des précisions, des impressions ou des faits dans le but d'animer la discussion et de la rendre plus significative. Il veille à ce que tous puissent être entendus et, pour ce faire, il a recours à différentes mises en situation qui permettent à chacun de prendre part à la discussion. Il écoute et s'efforce de découvrir les dimensions cachées et les significations profondes du message livré. Il aide les jeunes à bien comprendre le sens exprimé en reflétant ou reformulant certaines idées.

PRÉPARATION ET FORMULATION DE QUESTIONS

Nous nous servirons d'un résumé du récit *L'homme qui plantait des arbres*[4] pour illustrer des notions présentées ci-après. Les exemples de questions seront puisés à ce texte. Bien entendu, l'ouvrage complet sera utilisé avec les jeunes, ce qui suscitera bien d'autres questions.

---

3. PARÉ, André (1977). *Créativité et pédagogie ouverte*. Volume II et III, Montréal : Éditions WHP.

4. GUÉRETTE, Charlotte. *Des livres et des jeunes*. N° 32, hiver 1989, p. 6-7, d'après l'œuvre de Jean GIONO. *L'homme qui plantait des arbres*. Ill. de Frédéric Back. Montréal : Lacombe/Entreprise Radio-Canada, 1989.

« Il y a de cela une quarantaine d'années, j'entrepris une longue promenade dans les déserts d'une très vieille région des Alpes qui pénètre en Provence. Je n'y trouvai que désolation ! Puis, je constatai que je n'avais plus d'eau.

« C'est à ce moment que je rencontrai le berger Elzéard Bouffier. Il me fit boire à sa gourde et me conduisit à sa bergerie. Cet homme parlait peu. Il habitait une maison de pierre au toit solide et étanche. Il me fit partager sa soupe. Il alla ensuite chercher un petit sac et déversa sur la table un petit tas de glands qu'il examina soigneusement, séparant les bons des mauvais. Il n'accepta pas que je l'aide. Quand il eût devant lui cent glands parfaits, il s'arrêta et nous allâmes dormir.

« Le lendemain, je le vis faire sortir son troupeau, le mener au pâturage, le laisser sous la garde de son chien et aller près de là, sur la hauteur. Arrivé à destination, il se mit à faire des trous avec une tringle de fer qu'il avait apportée. Il y mettait des glands, puis rebouchait les trous. Il plantait des chênes. Déjà, dix mille d'entre eux poussaient dans ce pays qui, selon lui, mourait par manque d'arbres.

« Puis, ce fut la guerre de 1914. Une fois celle-ci terminée, je repris le chemin de ces contrées désertes. Elzéard Bouffier ne gardait plus que quelques moutons. En revanche, il possédait une centaine de ruches. Et, il continuait toujours à planter des arbres…

« Je fus privé de paroles devant le spectacle impressionnant de milliers de chênes, mais aussi de hêtres et de bouleaux que je vis alors. Tout le pays se transformait, mais si lentement, si bien, que cela entrait dans l'habitude, sans provoquer d'étonnement.

« Personne ne toucha à l'œuvre de cet homme. Si bien qu'en 1933, la forêt était devenue magnifique. Plus d'un crurent que cette forêt « naturelle » avait poussé toute seule… On vint l'examiner et on décida de la mettre sous la sauvegarde de l'État.

« C'est en juin 1945 que j'ai revu Elzéard Bouffier pour la dernière fois. Grâce à cet homme et à son œuvre, tout était transformé : les villages, les gens, l'air même. On y entendait le bruit du vent. Il venait des hauteurs des forêts. Ce coin de pays resplendissait désormais de santé et d'aisance. L'espoir était revenu ! »

TYPES D'OPÉRATIONS

Les types d'opérations sont puisés au modèle de Guilford.[5] Ils sont simples à utiliser et permettent un large éventail de possibilités liées au fonctionnement mental.

Mémoire

La mémoire est la capacité d'emmagasiner l'information de toute nature et d'y faire appel chaque fois qu'on en a besoin.[6] D'après Guilford et Paré, les

---

5. Les notions précisées par Guilford dont il est question ici sont puisées à l'ouvrage écrit par André PARÉ, intitulé *Créativité et pédagogie ouverte*. VOL 2, publié en 1975.
6. Cette définition est tirée de l'ouvrage écrit par Denyse BOURNEUF et André PARÉ intitulé *Pédagogie et lecture* publié à Montréal : Éditions Québec / Amérique, 1975, p. 55-56.

processus en jeu dans la mémoire sont se rappeler, se souvenir, reconstituer, citer, répéter, raconter, revoir, etc. À propos de *L'homme qui plantait des arbres*, on peut se demander : *Qui était et où vivait Elzéard Bouffier ?*

Compréhension

La compréhension est la capacité de centrer son attention sur un phénomène et la possibilité de dégager ce qui est pertinent de ce qui ne l'est pas. Les processus en jeu ici sont percevoir, discriminer, saisir une chose, comprendre. Un exercice de compréhension serait de : *Faire une description de la personnalité d'Elzéard Bouffier.*

Pensée convergente

Bourneuf et Paré précisent que la pensée convergente correspond à la pensée logique et rationnelle qui procède directement, de proche en proche, dans un discours logique et continu pour aboutir à des réponses connues, prédictibles, peu nombreuses. Elle implique le transfert d'informations emmagasinées à d'autres situations. André Paré ajoute que les processus en jeu dans la pensée convergente sont de clarifier, redéfinir, interpréter, transformer, etc. La question : *Pourquoi la santé et l'aisance sont-elles revenues dans ce coin de Provence ?* en fournit un exemple.

Pensée divergente

Les auteurs cités plus-haut poursuivent en affirmant que la pensée divergente fait appel à des formes de traitement de l'information moins prévisibles et moins logiques, que les processus en jeu sont souvent irrationnels et conduisent à la production de possibles. Il ne s'agit plus de trouver la bonne réponse. La pensée divergente fait appel à l'imagination et à la capacité d'organiser d'une façon nouvelle des éléments déjà possédés par l'individu. Les relations sont souvent éloignées et la pensée procède à partir des mécanismes préconscients. Les processus en jeu dans la pensée divergente, selon André Paré, sont : imaginer, faire des intuitions, rechercher les possibles, etc. On pourrait proposer l'exemple suivant : *Imagine que tu décides de réaliser une œuvre comparable à celle d'Elzéard Bouffier ; que fais-tu ?*

Pensée critique

Cette opération correspond à la capacité qu'a l'organisme d'évaluer et de juger le matériel sur lequel il travaille. André Paré ajoute qu'elle permet de comparer l'information, de déterminer si une idée ou une information va bien avec le problème, etc., et qu'aucune des quatre autres opérations ne serait utile si celle-ci n'existait pas. Les processus en jeu ici poursuit André Paré, sont évaluer, juger, choisir, mesurer, porter un jugement, etc. Exemple : *Elzéard Bouffier a-t-il eu raison d'agir comme il l'a fait ? Pourquoi ?*

CLASSIFICATION DES QUESTIONS

Deux grands types de questions existent qui transparaissent dans les notions précisées jusqu'ici, à savoir les questions fermées et les questions ouvertes. On connaît les réponses aux questions fermées, on peut les prévoir, les préparer et s'attendre que les participants y répondent plus ou moins directement. Les questions ouvertes agissent comme outil déclencheur et permettent de donner une réponse personnelle, inattendue, originale.

RÔLE DES QUESTIONS

Les questions jouent un rôle déterminant dans le processus d'échange et de discussion. Par ce biais, l'adulte peut inciter les jeunes à aller bien au-delà de leurs premières opinions au sujet d'un livre. Selon la structure que nous venons de proposer, les questions peuvent stimuler les enfants et les adolescents à cheminer de la pensée convergente, à la pensée divergente, jusqu'à la pensée critique et à exprimer leurs opinions personnelles, celles qui leur sont propres et distinctes du cheminement de leur pensée.

TECHNIQUES D'INTERVENTION

Des techniques d'intervention qui sollicitent la pensée créatrice (analogie personnelle et liste inductive) seront abordées ici.

Analogie personnelle

Cette technique consiste à se mettre à la place d'un personnage ou d'un objet du livre. L'enfant devient ce personnage. Il est impliqué en tant que personne avec son corps et ses émotions.

Liste inductive

La liste inductive est une liste de verbes qui demandent de manipuler le réel de différentes façons.

- **Substituer :** changer un personnage ou un élément par un autre ;
- **Adapter :** transformer l'histoire de façon à tenir compte d'une condition, d'un changement ou d'un nouvel élément ;
- **Éliminer :** supprimer un élément de l'histoire, un personnage, une de ses qualités ou défauts, une situation en partie ou en totalité ;
- **Modifier :** changer la forme ou la qualité, agrandir, rapetisser, inverser.

Conclusion

L'abondante production de livres pour la jeunesse offre d'incroyables possibilités à l'adulte médiateur du livre. Nous insistons donc sur les notions proposées jusqu'ici et conseillons fortement de revenir au besoin consulter la partie du document qui s'y rapporte.

3. LES ACTIVITÉS D'EXPLOITATION

Bon nombre de questions, de techniques proposées plus haut et des activités de promotion pourraient être le point de départ de nombreuses réalisations de la part des jeunes et déboucher sur des réalisations concrètes, c'est-à-dire des activités d'exploitation.

TYPES D'EXPLOITATION

La recherche

Tous les genres littéraires étudiés (cf. Troisième partie) sont en cause ici. Aussi, tous les livres de qualité s'y rapportant peuvent être des outils déclencheurs pour amener le jeune à se poser des questions, à les formuler et à chercher dans différents ouvrages des éléments de solutions satisfaisants, d'où la cueillette de données et leur organisation, l'exploration, l'observation, la manipulation, etc. Ces étapes de réalisation d'exploitations permettent le partage des expériences avec d'autres ; comme dans toute recherche, la communication des résultats est fondamentale.

L'expression

Ce type d'exploitation fait appel aux sentiments et aux émotions éprouvés par les enfants et les adolescents, à leur vision du monde. Il permet d'entrer en contact avec sa réalité intérieure et de la traduire le mieux possible. L'expression est une technique qui aide le jeune à partager ce qu'il ressent et peut être traduite dans le cadre d'une grande variété d'activités. Parmi elles, les activités de création littéraire, d'expression dramatique, audiovisuelles, etc. À ces occasions, on peut puiser des notions appropriées aux activités de promotion et les adapter aux aspects privilégiés dans celles dites d'exploitation. Les activités d'écriture sont également au nombre de celles qui sont associées à l'expression. Plusieurs spécialistes de la lecture et de la littérature d'enfance et de jeunesse les privilégient dans le cadre des activités d'exploitation du livre. Nous nous y attardons ci-après.

Les jeux d'écriture[7]

De l'avis de Nadine Brun-Cosme, Gérard Moncomble et Christian Poslaniec, il existe deux sortes de jeux : d'abord ceux qu'on définira comme « ouverts », c'est-à-dire susceptibles d'introduire un travail mené après l'intervention de l'animateur ; ensuite, ceux qui font l'objet d'une seule séance, celle de

---

7. Dans *Dire, lire, écrire* publié en 1993, à Toulouse aux éditions Milan, Nadine BRUN-COSME, Gérard MONCOMBLE et Christian POSLANIEC regroupent des activités liées à l'écriture. De larges extraits de cette partie de texte sont repris ici. p. 110-117.

l'intervention et qu'on appellera « fermés ». Ici, des schémas seront utilisés pour illustrer chacune de ces deux catégories de jeux.

Quelques jeux d'écriture « ouverts »

Mots à histoire	Réaliser la phase créatrice et inventive qui amorce l'envie d'écrire : brouillon d'idées, amorce d'écrits, vague synopsis. « L'avant-texte ». ◦ Suite à une rencontre avec un écrivain. ◦ À partir de mots découpés au hasard : on écrit une histoire où doivent figurer ces mots, dans un ordre donné ou non ◦ À partir d'objets sortis un à un d'un sac qui fourniront la trame de l'histoire.
Texte patchwork	Composer un texte cohérent (syntaxe) à partir d'écrits venant de tous les supports possibles : livre, journal, catalogue, prospectus, affiche, menu, annuaire, etc.
Les contraintes de forme	Donner des contraintes strictes pour l'écriture : un ou plusieurs mots obligatoires, le titre de l'histoire, tous les mots commencent par la même lettre, écrire le même message sous des formes différentes : poème, saynète, carton d'invitation, article de journal, lettre, etc.
Le jeu de cartes	Représenter tous les éléments structurels d'une histoire (personnages, lieux, etc.) de façon symboliques sur des cartes. Tirer ces cartes au hasard et inventer une histoire.
Néo-dico	Chaque jeune invente un mot (néologisme, charabia, etc.). Il en donne sa définition, écrit à son sujet un paragraphe, l'inclut dans une ou deux phrase et l'illustre.
Les drôles de métiers	Chacun se cherche un métier imaginaire. Il le définit, l'étudie sous tous les aspects possibles (apprentissage, outils, etc.). Il écrit un texte documentaire et l'illustre.
Abécédaire	Toutes les lettres de l'alphabet déclinées sur le lieu donné : la classe, la maison, lieu non connu qu'on visite, etc. Pour chaque lettre, définir le mot trouvé, d'une manière réaliste ou fantaisiste, le qualifier par une anecdote.
Avant, pendant, après	On écrit soit en amont d'un texte existant ou créé, soit en aval, ou on glisse au milieu un texte intercalaire, tout en essayant de créer une continuité stylistique
Vivifier un texte	Choisir un texte très structuré et le réécrire en conservant l'organisation générale, mais sur un autre thème.
La jaquette	Un travail sur l'extérieur du livre : le titre, le nom de l'auteur, la couverture, etc. Imaginer une nouvelle maquette en reprenant les éléments repérés.
L'image à écrire	À partir d'images sélectionnées par l'animateur, les jeunes évoquent leur lecture de l'image, les interprétations possibles. Écrire un texte à partir de ces impressions.
Biographie imaginaire	Inventer un personnage présent, passé ou futur. Repérer tous les angles d'attaque possible : milieu, enfance, études, etc. Écrire et illustrer son histoire.
Pays imaginaire	Préparer le guide thématique. Ex : (froid) d'un pays inconnu. Compiler illustrations, mode de vie, climat, langage, etc.
Entrevue imaginaire	À partir d'un livre lu en classe, on étudie le personnage central. On scinde le groupe en deux : un qui prépare l'entrevue et l'autre qui répond aux questions.

Quelques jeux d'écriture « fermés »

Cadavre exquis	Un classique des surréalistes. Le premier joueur écrit deux lignes (ou deux vers). Il cache sa première ligne en repliant la feuille sur elle-même, et passe le papier au suivant. Celui-ci va donc devoir continuer le texte en accrochant ses deux lignes à l'unique ligne qu'il a sous les yeux. Et ainsi de suite pour chaque joueur... À la fin du jeu, on déplie la feuille et on lit à haute voix le texte.
Mots inconnus	On essaie de définir des mots tirés du dictionnaire et choisis pour leur difficulté de compréhension.
Mots-valises	Former un mot à partir de la contraction et de la réunion de deux ou trois mots. Le nouveau mot doit être défini de manière drolatique
Charabia	À partir d'un texte remplacer chaque mot par un mot incompréhensible. Lire à haute voix
Les inventaires	Chaque participant dresse un inventaire de mots qui rejoint ses émotions. Il commence par : J'aime. Je n'aime pas. J'ai oublié, etc.
Déguiser un texte	Choisir un texte court. En changer les substantifs, les verbes, les adjectifs, mais sans en modifier la structure syntaxique. Le sens du nouveau texte doit évidemment être cohérent.
Traduire un texte	Faire passer un texte d'un niveau de langage à un autre sans en changer le sens ni, si possible la structure syntaxique.
Textes déchirés	Déchirer un texte en deux sur sa hauteur. Distribuer chacun des deux fragments à deux groupes. Chaque groupe complète la partie de texte qu'il a. Chaque fragment doit redonner naissance à un texte cohérent. Comparer avec le texte initial.
Homophonie approximative	À partir d'un texte existant, remplacer chaque mot par un autre voisin au niveau de la lecture sonore. (ex : « Le clown du cirque d'hiver » devient « Le clou d'usines diverses ».
Recensement des écrits	Lister les formes d'écriture rencontrées dans les livres, les journaux, etc. pendant une période de temps donnée. Les sérier et essayer de définir leur rôle, leur impact
Proverbes inventés	Détourner des proverbes existants (dictionnaires ou ailleurs), en changeant certains mots mais en conservant la structure syntaxique.
Règle du jeu Dysorthographie	Inventer la règle d'un jeu imaginaire, absurde, fantaisiste, drôle, etc. Écrire un texte en faisant le plus de fautes d'orthographe possible, mais en tâchant que le texte reste toujours compréhensible à la lecture (mots homophones ou homonymes, barbarismes). Répertorier ainsi toutes les possibilités d'écriture de chaque mot.
Glossaire sonore imaginaire	Détourner le sens de mots ou de locutions à partir de leur lecture sonore : chapeau devient chat-pot, table à dessin devient tabla des saints, etc. Imaginer leur nouvelle définition.
Inventions imaginaires	Imaginer des objets, machines, instruments, etc., les plus fantaisistes possible. Les définir, en donner l'usage et le mode d'emploi. Les illustrer.
Sondage	Définir l'objet du sondage. Saugrenu de préférence. Inventer une liste de questions à poser au public. Farfelues de préférence.
Visite	On fait collectivement la visite d'un lieu à toute allure. Chacun écrit ses informations personnelles, comme il l'entend. On refait la visite, chacun à son rythme. On s'attarde sur un seul objet ou une seule information. On écrit à nouveau. Repérer la différence des écrits.
Alphabet	Trouver de nouvelles formes aux lettres de l'alphabet. Dessins figuratifs ou symboles abstraits. Réécrire des textes avec ces signes.

EXEMPLE D'ÉLABORATION D'ACTIVITÉS

Les quatre ouvrages documentaires suivants nous aideront à préciser quelques étapes de l'élaboration d'activités d'exploitation :

PARKER, Steve ; CARLIER, François. *Vivre avec un défaut de la vue.* Montréal / Tournai : Saint-Loup / Gamma.

TAYLOR, Barbara ; CARLIER, François. *Vivre avec un défaut de l'ouïe.* Montréal / Tournai : Saint-Loup / Gamma.

PARKER, Steve ; CARLIER, François. *Vivre avec une maladie cardiaque.* Montréal / Tournai : Saint-Loup / Gamma.

SMAIL, Simon ; CARLIER, François. *Vivre avec le cancer.* Montréal / Tournai : Saint-Loup / Gamma.

Pourquoi avoir choisi cette collection publiée en 1991 qui présente différents problèmes actuels de santé et d'incapacités physiques ainsi que l'attitude de la société à leur égard ? Plusieurs jeunes sont atteints de maladies et handicaps physiques. Connaissent-ils bien ce dont ils souffrent ? Les autres jeunes connaissent-ils et comprennent-ils ces maladies et handicaps ? Comment réagissent-ils ? Les parents et adultes savent-ils les expliquer aux enfants ou aux adolescents qui en sont atteints, aux autres jeunes ? Bien entendu, il convient d'abord de rechercher des idées d'activités. Toutes les idées ou associations d'idées à partir du titre de chaque ouvrage peuvent être notées.

a) Idées ou associations
   Ex. : maladie cardiaque , enfants, adultes, soins, malaises
   prévention, alimentation

b) Liens entre les mots de façon logique
   Ex. : soins et enfants, alimentation et adultes

c) Choix du déroulement d'une activité
   – *Mise en situation.* Tu apprends que ton père souffre d'une maladie cardiaque (il pourrait tout aussi bien s'agir d'un cancer, de handicap visuel ou auditif). Pense à ce que tu pourrais faire pour le comprendre et l'aider.
   – *Réalisation.* Tu peux visiter un hôpital de personnes atteintes de ces maladies ou handicaps, leur demander ce qu'elles souhaiteraient que tu fasses pour eux, etc.

Conclusion

D'une activité à l'autre d'animation de la lecture, les enfants et les adolescents découvrent et comprennent que la vie qui s'exprime dans les livres est la leur, celle d'autres jeunes qui vivent ailleurs dans le monde, ou encore celle qui bat la mesure du temps de l'univers ou qui insiste pour que, l'espace, l'histoire, la culture se glissent dans des objets d'une dimension manipulable : celle du livre. Plus, que les médiateurs et animateurs de la lecture sont des artisans et créateurs d'activités où la parole, l'écrit, l'expression visuelle et dramatique, etc. inviteront chaque participant à franchir un pas dans la direction d'une meilleure connaissance de soi, des autres, de la vie à l'échelle universelle. Dans la direction tracée pour devenir un lecteur que le désir et le plaisir de lire anime. Tout simplement, et à tous les âges de la vie.

« Un voyage de mille lieues commence
par un pas ».

Poème taoïste

EN GUISE DE CONCLUSION

Tout comme un cœur d'enfant n'est jamais trop petit pour recevoir l'affection, l'amitié, l'amour, ses mains seront toujours assez grandes pour prendre un livre, le serrer, en parcourir les pages, lire les images, pour y rencontrer des amis, pour l'accompagner à chaque étape de croissance. Pourvu qu'on lui offre l'occasion de le faire ! L'enfant est toujours assez grand pour s'ouvrir à la vie, à celle proposée dans les livres écrits pour lui.

Pour l'adolescent, il est toujours temps, parfois même grand temps, pour comprendre que sur les lignes et entre les lignes des pages d'une œuvre écrite à l'intention des lecteurs de son âge, la vie se lit : pour l'aider à comprendre, à réfléchir et à s'exprimer à propos de lui, et des autres qui sont comme lui, des citoyens du monde. Pour y parvenir, il importe que l'adulte médiateur de la lecture auprès des jeunes puise à cette source : celle de la vie de l'esprit. Dans les livres et grâce aux livres, il n'existe pas de barrières ni de frontières aux voyages intérieurs ou cosmiques, que chacun peut vivre. Même dans ceux dont seule la lecture peut nous révéler l'itinéraire.

Tous ceux des adultes qui s'intéressent et connaissent bien les enfants et les adolescents sont les tisserands de la trame de leur réalité actuelle et de ce fait, de plusieurs aspects de l'avenir des jeunes. Ils savent depuis longtemps, que sur la fibre précieuse du papier dont on fabrique chaque livre, se succèdent dans un ordre remarquable, des lettres et des mots rigoureusement choisis par des auteurs. Ces derniers sont volontaires et déterminés quand il s'agit de produire un ouvrage de qualité pour les jeunes. S'agit-il de donner rendez-vous à leurs préoccupations profondes, à leurs peurs, leurs angoisses, leurs joies, leur imaginaire, de leur proposer des jeux, ou encore de les imaginer contemplant des œuvres d'art ou des illustrations de navettes spatiales qu'ils ont sélectionnées à leur intention ? Puisqu'il s'agit en quelque sorte de nourrir l'esprit et le cœur des jeunes lecteurs, les auteurs authentiques tendent vers la production d'œuvres dont la simplicité, la clarté et la limpidité font d'elles, des œuvres incontournables, tout simplement.

Les livres, fabriqués avec une fibre extraite du cœur des arbres, accueillent dans leur généalogie, les auteurs de mots et d'images. Sur la première feuille cueillie aux plus belles branches et intitulée : pour le désir et le plaisir de lire, ils notent soigneusement quelques mots, en lettres majuscules. On affirme que ce rituel permet à l'écrivain de préciser à la fois, les priorités du lecteur d'un âge donné à qui il choisit de s'adresser, et les siennes ; que ces mots les unissent déjà, en quelque sorte. La vie d'un nouveau livre a déjà fait un pas sur le papier ! Sur chacune des autres feuilles, les auteurs laissent leurs idées s'installer, se graver, se multiplier. Souvent, il leur apparaît nécessaire d'en effacer, voire même de tout recommencer. N'est-ce pas ainsi que des manuscrits sont devenus les pages de récits à saveur d'éternité ?

Les enfants et les adolescents du XXIe siècle hériteront de ce que nous, adultes d'aujourd'hui auront su leur transmettre par nos actions, notre savoir, notre culture, aussi et surtout par les livres dont ils garderont un souvenir vivant. Mais aussi, par le goût de lire que nous leur aurons transmis et par les histoires, récits, livres de poésie, etc. qu'ils pourront lire à leur tour, raconter, sur lesquels ils pourront échanger, discuter avec leurs enfants, les adolescents.

La réalité qui sera celle du prochain millénaire est amorcée depuis longtemps. Celle de la réalité littéraire l'est tout autant. Déjà, le cœur de ces réalités est habité par des enfants, des adolescents et des adultes, qui chaque jour découvrent le véritable plaisir de lire, s'ils n'en vivent pas depuis déjà longtemps. Les uns et les autres sont persuadés que ce plaisir qui les anime aujourd'hui se poursuivra bien longtemps après qu'aura sonné l'heure du prochain millénaire. Et du plaisir de voyager dans l'espace et le temps du livre, naîtra sans doute le désir que ces moments se multiplient à l'infini.

Bibliographie

OUVRAGES CITÉS OU CONSULTÉS[1]

OUVRAGES GÉNÉRAUX

CHOMBART DE LAUWE, M. J. (1979). *Un monde autre : l'enfance : De ses représentations à son mythe.* Paris : Éditions Payot.

DERARD. M.-F. (1990). *Pour approcher la littérature de jeunesse.* Bruxelles : Éditions Ciaco.

GERVAIS, F. (rédactrice invitée). *Éducation et francophonie : littérature de jeunesse.* VOL. XXIV, N° 1 et 2, printemps et automne 1996.

JAN, I. (1988). *Les livres pour la jeunesse un enjeu pour l'avenir.* Paris : Éditions du Sorbier.

La littérature de jeunesse I Présence francophone. Sherbrooke : Presses de l'université de Sherbrooke, N° 38, 1991.

La littérature de jeunesse II Présence francophone. Sherbrooke : Presses de l'université de Sherbrooke, N° 39, 1991.

LUKENS, R. (1992). *A critical Handbook of Children's Literature.* 4th ed. New York : Harper Collins.

MARCOIN, F. (1992). *À l'école de la littérature.* Paris : Éditions ouvrières.

PATTE, G. (1987). *Laissez-les lire.* Paris : Éditions ouvrières.

PERROT, J. (sous la direction de). (1997). *Musiques du texte et de l'image.* Paris : Centre national de documentation pédagogique. (cndp).

POSLANIEC, C. (1992). *De la lecture à la littérature.* Paris : Le Sorbier.

RENONCIAT, A. (sous la direction de). (1998). *Livres d'enfance, livres de France.* Paris : Hachette / IBBY France.

RODARI, P. (1990). *Grammaire de l'imagination.* Paris : Éditions Messidor.

TEMPLE, C. ; MARTINEZ, M. et al. (1998). *Children's Books in Children's Hands : An introduction to their literature.* Needham Heights, MA : Allyn & Bacon.

THALER, D. (1989). *Était-il une fois ? Littérature de jeunesse : panorama de la critique (France-Canada).* Toronto : Éditions Paratexte.

---

1. Les titres sont précédés d'un astérisque s'il s'agit d'ouvrages de littérature d'enfance et de jeunesse.

CHAPITRE 1. HISTORIQUE[2]

CARADEC, F. (1977). *Histoire de la littérature enfantine en France.* Paris : Albin Michel.

COMMIRE, A. (1977). *Yesterday's Authors of Books for Children.* Detroit : Gale Research Company.

FOURMENT, A. (1987). *Histoire de la presse des jeunes et des journaux d'enfants.* (1768-1988). Paris : Éditions Éole.

GLÉNISSON, J. et LE MEN, S. (sous la direction de). (1994). *Le livre d'enfance et de jeunesse en France.* Paris : Alternatives.

Histoire du livre de jeunesse d'hier à aujourd'hui, en France et dans le monde. (1993). Paris : Gallimard. (Chapitre intitulé : Histoire du livre de jeunesse d'hier à aujourd'hui, en France et dans le monde). p. 27-64.

LEMIEUX, L. (1972). *Pleins feux sur la littérature de jeunesse au Canada français.* Montréal : Leméac.

Les livres pour enfants : à travers les collections de la Bibliothèque de Caen (1988). Caen : Association des Amis de la Bibliothèque.

MADORE, É. (1994). *La littérature pour la jeunesse.* Montréal : Boréal.

OTTEVAERE-VAN PRAAG, G. (1987). *La littérature pour la jeunesse en Europe Occidentale* (1750-1925). Paris : Peter Lang.

POTVIN, C. (1981). *Le Canada français et sa littérature de jeunesse.* Moncton : Éditions CRP.

SORIANO, M. (1975). *Guide de littérature pour la jeunesse.* Paris : Flammarion.

Who was who in Literature. (1979). Detroit : Gale Research Company.

CHAPITRE 2. PRODUCTION LITTÉRAIRE

ESCARPIT, D. ; VAGNÉ-LEBAS, M. (1988). *La littérature d'enfance et de jeunesse : État des lieux.* Paris : Hachette Jeunesse.

Histoire du livre de jeunesse d'hier à aujourd'hui, en France et dans le monde : (1993). Paris : Gallimard. (Chapitre intitulé : Comment sont faits les livres). p. 3-26.

La grande histoire du livre. (1995). Paris : Gallimard.

Le temps de lire, un art de vivre. Politique de la lecture et du livre. (1998). Gouvernement du Québec : Direction des relations publiques.

MOULIS, Anne-Marie. (1996). *Les bibliothèques.*Toulouse : Milan. (Les essentiels Milan).

MURAIL, M-A. (1993). *Continue la lecture, on n'aime pas la récré...* Paris : Calmann-Lévy.

ZOUGHEBI, H. (sous la direction de). (1994). *Guide européen du livre de jeunesse.* Paris : Éditions du Cercle de la Librairie.

---

2. Il convient de noter que l'ordre des références bibliographiques respecte celui des chapitres de cet ouvrage.

CHAPITRE 3 et 4. JEUNE LECTEUR

ARROU-VIGNOD, J.-P.. « Je lis ». in. *Revue Lire & Savoir : Sur la littérature. Du plaisir de lire à l'apprentissage.* Paris : Gallimard Jeunesse. N° 5, octobre 1996, p. 66-70.

BETTELHEIM, B. ; ZELAN, K. (1992). *La lecture et l'enfant.* Paris : Robert Laffont. (Réponses).

BRUNO, P. (1993). « Le système des goûts dans la littérature destinée à la jeunesse ». in. *Culture et texte.* Nancy : Presses universitaires de Nancy,

Compétence et pratiques de lecture des élèves québécois et français. (1994). Québec : Gouvernement du Québec, Direction de la recherche.

CRUIZIAT, F. ; DESPINETTE, J. et al (1988). *Lis-moi ça !.* Paris : Éditions universitaires. (Enfance Éducation).

DE SAUTO, M. (1994). *La lecture, ce n'est pas un problème.* Paris : Calman-Lévy / Retz / Pocket.

DOWING, J- F (1990). *Lire et raisonner .* Toulouse : Éditions Rivat.

DUFAYS, J.-L. « Lire avec les stéréotypes. Les conditions de la lecture en classe de français ». in. *Enjeux, revue de didactique du français,* N° 23 (juin 1991), p. 5-18.

Enquêtes sur les comportements culturels de la population québécoise : 1983, 1989 et 1994. (1994). Québec : Gouvernement du Québec, Direction de la recherche, de l'évaluation, des statistiques et de la bibliothèque.

EPIN, B. (1985). *Les livres de vos enfants, parlons-en.* Paris : Messidor / La farandole.

FOUCAMBERT, J. (1994). *L'Enfant, le Maître et la Lecture.* Paris : Nathan.

FOUCAMBERT, J. (1994). *La manière d'être lecteur.* Paris : Albin Michel /Éducation.

GROSSMANN, F. (1996). *Enfances de la lecture. Manières de faire, manières de lire à l'école maternelle.* Paris : Peter Lang.

HÉBERT-MATRAY, A. « Sens de la lecture et plaisir de lire ». in. *Revue Lire & Savoir : Sur la lecture. Du plaisir de lire à l'apprentissage.* Paris : Gallimard. N° 5, octobre 1996, p. 30-39.

HELD, J. (1977). *L'imaginaire au pouvoir.* Paris : Éditions Ouvrières.

Les adolescents et la lecture. Actes de l'université d'Évian. (1996). Créteil : CRPDP / Académie de Créteil

MARCOIN, F. (1992). *À l'école de la littérature.* Paris : Éditions ouvrières.

METTRA, C. « Les cinq portes de la vie ». in. *Revue Lire & Savoir : Du désir d'apprendre. Développer le sens critique.* Paris : Gallimard. N° 4, mai 1996. p. 44-47.

MORAIS, J. (1994). *L'art de lire.* Paris : Éditions Odile Jacob.

MURAIL, Marie-Aude. (1993). *Continue la lecture, on n'aime pas la récré...* Paris : Calman Lévy.

PATTE, G. (1987). *Laissez-les lire !* Les enfants et les bibliothèques. Paris : Éditions ouvrières. (Enfance heureuse).

PELTIER, M. (1996). *Apprendre à aimer lire.* Paris : Hachette éducation.

PENNAC, D. (1992). *Comme un roman.* Paris : Gallimard. (1995, dans la collection Folio).

PICARD, M. (1986). *La lecture comme jeu.* Paris : Les éditions de Minuit.

POSLANIEC, C. (1990). *Donner le goût de lire.* Paris : Éditions du Sorbier.

SINGLY, F. de. « Mais où sont donc passés « les chiens de lisard ? » in. *Revue lire & Savoir : Sur la lecture. Du plaisir de lire à l'apprentissage.* Paris : Gallimard. N° 5, octobre 1996, p.15-23.

SMITH, F. (1986). *Devenir lecteur.* Paris : Armand Colin.

CHAPITRE 5. ALBUM

BATT, N. « Sur le bout de la langue, écrire une image ». in. *La revue des livres pour enfants.* N° 171, septembre 1996, p. 103-114.

BOURGIGNON, J.C. ; GROMER, B. et al. (1985). *L'album pour enfants. Pourquoi ? Comment ?* Paris : Armand Colin Bourrelier.

CHÉRER, S. (1997). « Notre besoin de consolation est *possible* à réaliser ». in. *L'album des albums :* 41 portraits d'auteurs-illustrateurs de *l'école des loisirs.* Paris : l'école des loisirs. p. 34-35.

La revue des livres pour enfants. N° 171, Septembre 1996. (Numéro spécial consacré à Tomi Ungerer).

Lire c'est choisir : / Les albums. (1988). Paris : Les amis de la joie par les livres. Production audiovisuelle.

LODGE, S. « The Making of a Crossover : One Book, Two Markets ». in. *Publisher's Weekly,* 1992, 239 (23 Nov). p. 39-42.

PARMEGIANI, C-A. (1989). *Les petits français illustrés 1860-1940.* Paris : Éditions du Cercle de la Librairie.

PERROT, J. (1987). *Du jeu, des enfants et des livres.* Paris : Éditions du Cercle de la Librairie.

TEMPLE, C. ; MARTINEZ, M. et al. (1998). « Picture Books » in. *Children's Books in Children's Hands : An introduction to their literature.* Needham Heights, MA : Allyn & Bacon. p. 170-224.

VAN STEENBERGHE, B. « Pop-up ou le livre magique. Les très riches heures du livre mobile, animé et en relief ». in. *Alice. Des littératures de jeunesse et de leurs environs.* No. 3, automne 1996, p. 83-129.

CHAPITRE 6. ILLUSTRATION

« Dossier : L'illustration des documentaires ». in. *La revue des livres pour enfants.* No 175-176, juin 1997, p. 59-119.

CHOMBART DE LAUWE, M.-J. ; BELLAN, C. (1979). *Les enfants de l'image.* Paris : Payot.

CLAVERIE, J. ; CLERC, C. et al. (1984). *Images à la page : une histoire de l'image dans les livres pour enfants.* Paris : Gallimard.

DAMAMME, M. « Vingt ans d'images pour vingt ans d'édition ». in. *Les actes de lecture.* N° 17, mars 1987. p. 91-93.

GOUREVITH, J-P. (1994). *Images d'enfance : Quatre siècles d'illustration du livre pour enfants.* Paris : Éditions Alternatives.

*Images pour tous : Illustration de livres canadiens pour enfant*s. 2ᵉ édition. Ottawa : Bibliothèque nationale du Canada, 1987.

LE MEN, S. (établi et rédigé par). (1989). *Livres d'enfants, livres d'images*. Paris : Réunion des Musées nationaux.

PARMEGIANI, C-A. (1989). *Les petits français illustrés 1860-1940*. Paris : Éditions du Cercle de la Librairie. (Bibliothèques).

ZOUGHEBI, H. (sous la direction de). (1996). *Panorama de l'illustration du livre de jeunesse français*. Paris : Électre / Éditions du Cercle de la Librairie.

CHAPITRE 7. CONTE, MYTHE, LÉGENDE ET FABLE

* BARRIÈRE, J-J. ; ROCHE, C. (1996). *Miroir ô Miroir. Se connaître*. Paris : Seuil. (Philo Seuil).

ARNE, A. THOMPSON, S. (1961). *The types of folktales*. FFC : Helsinki.

BARBEAU, M. (1947). *L'arbre des rêves*. Montréal : Éditions Lumen. (Humanitas).

BETTELHEIM, B. (1976). *Psychanalyse des contes de fées*. Paris : Laffont. (Réponses).

BRÉMOND, C. « La logique des possibles narratifs ». *Communications*, N° 8. in. *L'analyse structurale du récit*. Paris : Le Seuil, 1981, p. 66.

CANVAT, K ; VANDERDOPE, C. (1993). *La fable. Vade-mecum du professeur de français*. Bruxelles : Didier Hatier. (Séquences).

Contes et apprentissages sociaux. Québec, Musée de la Civilisation / Université Laval : (Actes du Celat), 1989.

DE CRUYENARE, J.P. ; DEXUTTER, O. (1990). *Le conte. Vade-mecum du professeur de français*. Bruxelles : Didier Hatier. (Séquences).

DELARUE, P. (1957). *Le Conte populaire français. Catalogue raisonné des versions de France*. Paris : Érasme, tome 1.

DELARUE, P. ; TENÈZE, M-L. (1964). *Le conte populaire francais. Catalogue raisonné des versions de France*. Paris : Maisonneuve et Larose, tome 2.

DIATKINE, R. (1989). *Le dit et le non-dit dans les contes merveilleux*. Lyon : Voies livres.

FÉDIDA, P. « Le conte et la zone d'endormissement ». in. *Psychanalyse à l'université*. N° 1, 1975, p. 111-151.

FLAHAUT, F. (1988). *L'interprétation des contes*. Paris : Denoël.

GILLIG, J. (1997). *Le conte en pédagogie et en rééducation*. Paris : Dunod.

GREIMAS, A.J. (1966). *Sémantique structurale*. Paris : Larousse.

GRENARDIÈRE, C. de la. (1993). *Encore un conte ? Le Petit Chaperon Rouge à l'usage des adultes*. Nancy : Presses universitaires.

GUÉRETTE, C. (1991). *Peur de qui ? Peur de quoi ? Le conte et la peur chez l'enfant*. Montréal : Hurtubise HMH.

GUÉRIN, C. (1994). « Une fonction du conte : un conteneur potentiel ». in. KAËS, R. et al. *Contes et divan*. Paris : Dunod, p. 81-156.

JEAN, G. (1981). *Le pouvoir des contes*. Paris : Casterman.

LARIVAILLE, P. « L'analyse (morpho)logique du récit ». *Poétique*, 19. 1974.

LITS, M. ; YERLÈS, P. (1989). *Le mythe. Vade-mecum du professeur de français*. Bruxelles : Didier Hatier. (Séquences).

PÉJU, P (propos de). in. *La revue des livres pour enfants.* N° 107-108, printemps 1986, p. 52-53. Numéro spécial sur le conte.

PÉJU, P. (1981). *La petite fille dans la forêt des contes.* Paris : Laffont.

PÉJU, P. (1989). *L'archipel des contes.* Paris : Aubier.

PROPP, V. (1973). *Morphologie du conte.* Paris : Seuil.

PROPP. V. (1983). *Les racines historiques du conte merveilleux.* Paris : Le Seuil.

ROUSSEAU, Jean-Lucien. (1988). *L'envers des contes.* Saint-Jean-de-Braye : Dangle.

ROUSSEL, F. (1993). *Les contes de fées lecture initiatique.* Plazac-Rouffignac : Armita.

SCHNITZER, L. (1981). *Ce que disent les contes.* Paris : Du Sorbier.

SORIANO, M. (1989). *Les contes de Perrault. Culture savante et traditions populairres.* Paris : Tel Gallimard.

TENÈZE, M-L. (1976). *Le conte populaire français. Catalogue raisonné des versions de France.* Paris : Maisonneuve et Larose, tome III.

TONNELAT, E. (1912). *Les frères Grimm, leurs œuvres de jeunesse.* Paris : Armand Colin.

VELAY-VALLANTIN, C. (1992). *L'histoire des contes.* Paris : Fayard.

CHAPITRE 8. ROMAN ET NOUVELLE

BELLEMIN-NOËL, J. « Des formes fantastiques aux thèmes fantastiques ». in. *Littérature,* N° 2, mai 1972.

BOURNEUF, R. ; OUELLET, R. (1975). *L'univers du roman.* Paris : Presses universitaires de France.

CALVINO, I. (1993). *Pourquoi les classiques ?* Paris : La librairie du XXᵉ siècle / Seuil.

CANVAT, K. (1991). *La science-fiction. Vade-mecum du professeur de français.* Bruxelles : Didier Hatier. (Séquences).

COLLÈS, L. ; DUFAYS, J-L. (1989). *Le récit de vie. Vade-mecum du professeur de français.* Bruxelles : Didier Hatier. (Séquences).

DEMERS, D. (1994). *Du Petit Poucet au dernier des raisins.* Montréal : Québec / Amérique. (Explorations).

DEZUTTER, O. ; HULHOVEN, T. (1989). *La nouvelle. Vade-mecum du professeur de français.* Bruxelles : Didier Hatier. (Séquences).

DUMORTIER, J.L. PLAZANET, F. (1980). *Pour lire le récit.* Bruxelles : De Boeck / Duculot.

EISENGGER, A. « Sous le portrait du livre, l'image du lecteur ». in. *La revue des livres pour enfants.* N° 170, juin 1996, p. 62-72.

ESCARPIT, D. ; VAGÉ-LEBAS, M. (1988). « Idéologies : le roman pour jeunes ». *La littérature d'enfance et de jeunesse : État des lieux.* Paris : Hachette, p. 209-216.

FINIFTER, G. « Le roman, miroir de société ». in. *Autrement revue,* N° 97, mars 1988, p. 96-104.

GOLDENSTEIN. J.P. (1989). *Pour lire le roman.* Bruxelles : De Boeck / Duculot.

JOUVE, V. (1992). *L'effet-personnage dans le roman.* Paris : Presses universitaires de France.

LITS, M. (1991). *L'énigme criminelle. Vade-mecum du professeur de français.* Bruxelles : Didier Hatier. (Séquences).

OTTEVAERE-VAN PRAAG, G. (1997). *Le roman pour la jeunesse : Approche-Définitions-Techniques narratives.* Paris : Peter Lang.

PEETERS, B. « Le secret derrière la page ». in. *Le récit d'énigme criminelle.* Louvain-la-Neuve : U.C.L., Document de didactique du français, 1986, p. 27-28.

PENNAC, D. (1992). *Comme un roman.* Paris : Gallimard.

PERROT, J. (1987). « Les déambulations de la liberté ou les avatars du roman d'aventures ». in. *Du jeu, des enfants et des livres.* Paris : Éditions du Cercle de la librairie, p. 129-144.

TODOROV, T. (1970). *Introduction à la lecture fantastique.* Paris : Éditions du Seuil.

TODOROV, T. (1978). *Les genres du discours.* Paris : Éditions du Seuil.

TREMBLAIS, J. « Jeunes à la page, romans en mouvement ». in. *Autrement revue,* N° 97, mars, 1988, p. 105-111.

YERLÈS, P. ; LITS, M. (1991). *Le fantastique. Vade-mecum du professeur de français.* Bruxelles : Didier Hatier. (Séquences).

CHAPITRE 9. BANDE DESSINÉE

* SAY, A. (1996). *L'auberge de la bande dessinée.* Paris : l'école des loisirs. (Médium).

BARON-CARVAIS, A. (1985). *La bande dessinée.* Paris : Presses universitaires de France (PUF).

BERA, M. ; DENNI, M. et al. (1984). *Trésors de la bande dessinée.* Paris : Les éditions de l'amateur.

FALARDEAU, M. (1994). *La bande dessinée au Québec.* Montréal : Boréal (Boréal express).

FLIPPINI, H. (1989). *Dictionnaire de la bande dessinée.* Paris : Bordas.

FRESNAULT DERUELLE, P. (1972). *Dessins et bulles. La bande dessinée comme moyen d'expression.* Montréal / Paris / Bruxelles : Bordas.

GAUMER, P. (1996). *Les années Pilote.* Paris : Dargaud.

GAUMER, P. ; MOLITERNI, C. (1994). *Dictionnaire mondial de la bande dessinée.* Paris : Larousse.

GROENSTEEN, T. (1996). *L'univers des mangas, une introduction à la bande dessinée japonaise.* Paris : Casterman (2ᵉ édition).

GROENSTEEN, T. (1996). *La bande dessinée.* Toulouse : Milan. (Les essentiels Milan).

LANGLOIS, R. (1979). *Dossier sur la bande dessinée.* Document non publié.

MASSON, P. (1985). *Lire la bande dessinée.* Lyon : Presses universitaires de Lyon.

PEETERS, B. (1991). *Case planche récit. Comment lire une bande dessinée.* Paris : Casterman.

PEETERS, B. (1993). *La bande dessinée.* Paris : Flammarion. (Dominos).

ROY, P. (1991). *Le goût de lire et la bande dessinée.* Sherbrooke : Association canadienne pour l'avancement de la littérature de jeunesse. (ACALJ). (Lecture).

CHAPITRE 10. DOCUMENTAIRE

* DEMERS, D. (1997). *Maïna : Au pays de Natak.* Tome 2. Montréal : Québec / Amérique Jeunesse.

* DEMERS, D. (1997). *Maïna : l'appel des loups.* Tome 1. Montréal : Québec/Amérique Jeunesse.

* DUMAS, A. (1996). *Le collier de la reine.* Paris : l'école des loisirs. (Classiques abrégés).

* WILLERVAL, C. (1995). *Le Mont Saint-Michel.* Ill. de Loïc DERRIEN. Tournai : Casterman (La trace de l'histoire).

ARMAND, F. « L'élève allophone et le texte documentaire » in. *Éducation et francophonie,* Volume XXIV, N° 1 et 2, printemps et automne 1996. p. 71-76.

COBLENCE, J.-M. « Créer des livres, choisir des images » in. *La revue des livres pour enfants.* N° 175-176, juin 1997, p. 79-85

GIORDAN, A. ; DEVECHI. G. (1988). *Les origines du savoir.* Paris : Delachaux et Niestlé.

GUÉRIN, C. (1993). « La vulgarisation scientifique et technique pour la jeunesse », in. PARMEGIANI, C.-A. (sous la direction de). *Lectures, livres et bibliothèques pour enfants.* Paris : Éditions du Cercle de la librairie, p. 79-83.

La revue des livres pour enfants : l'illustration documentaire. N° 175-176, juin 1997.

LÉON, R. (1994). « Découvrir la nature et la science » in. *La littérature de jeunesse à l'école.* Paris : Hachette. (Hachette éducation). p. 12-40.

PARMEGIANI, C.-A. (sous la direction de). (1993). *Lectures, livres et bibliothèques pour enfants.* Paris : Éditions du Cercle de la librairie. (Collection Bibliothèques).

RAICHVARG, D. ; JACQUES, J. (1991). *Savants et ignorants, une histoire de la vulgarisation des sciences.* Paris : Seuil. (Science ouverte).

ROBERT, A. (1989). « La littérature de jeunesse permet-elle l'autodaxie » ? in. *Les cahiers du CRELEF : Les formes du Savoir dans les manuels scientifiques.* N° 28, p. 23-38.

CHAPITRE 11. POÉSIE

* MALDAGUE MATHIEU, C. *Pensées vagabondes.* Saint-Romuald : Les Éditions Les mots d'école, 1995.

BEAUCOMONT, J. (1961). *Comptines de la langue française.* Paris : Éditions Seghers.

DELAS, D. (1990). *Aimer enseigner la poésie.* Paris : Éditions Syros / Alternative.

JEAN, G. (1989). *À l'école de la poésie.* Paris : Retz. (Activité pédagogique).

MALDAGUE, C. (1992). *L'influence de l'exploitation de livres de littérature de jeunesse sur le développement de l'imagination des enfants de 7 et 8 ans.* Québec : Université Laval. (Mémoire de maîtrise).

RABANY, A. (1997). « La face sonore de la langue ». in. PERROT, J. (sous la direction de). *Musiques du texte et de l'image.* Paris : Centre national de documentation pédagogique. (cndp). p. 163-174.

ROUQUETTE, M. (1983). *Éveil à la poésie.* Paris : Éditions Armand Colin.

TEMPLE, C. ; MARTINEZ, M. et al. (1998). « Poetry for Children ». in. *Children's Books in Children's Hands : An introduction to their literature.* Needham Heights, MA : Allyn & Bacon. p. 225-263.

ZUMTHOR, P. (1987). *La lettre et la voix*. Paris : Éditions du Seuil.

ZUMTHOR, P. (1980). *Introduction à la poésie orale*. Paris : Éditions du Seuil

CHAPITRE 12. ART DE RACONTER

BEAUCHESNE, Y. (1985). *Animer la lecture : Pour comprendre / Pour agir*. Montréal : Éditions ASTED.

GILLIG, J-M. (1997). *Le conte en pédagogie et en rééducation*. Paris : Dunod.

GOSSELIN, M. ; ROBERGE-BLANCHET, S. et al. « Rencontre avec des porteuses de la parole conteuse ». in. *Vie pédagogique*. N° 101, movembre-décembre 1996. p. 46-50.

LOISEAU, S. (1992). *Les pouvoirs du conte*. Paris : PUF. (L'éducateur).

MANGUEL, A. (1998). *Une histoire de la lecture*. Arles : Actes Sud / Leméac.

PÉJU, P. (1989). *L'archipel des contes*. Paris : Éditions Aubier.

SALLE, B. de la. (1995). *Le conteur amoureux*. Tournai : Casterman.

TEMPLE, C. ; MARTINEZ, M. et al. (1998).« Inviting children into Literature ». in. *Children's Books in Children's Hands. An introduction to their literature*. Needham Heighs, MA : Ally & Bacon. p. 412-449.

CHAPITRE 13. PROMOTION, ACTIVITÉS D'ÉCHANGE, DE DISCUSSION ET D'EXPLOITATION

BOURNEUF, D. ; PARÉ, A. (1975). *Pédagogie et lecture*. Montréal : Québec / Amérique.

BRUN-COSME, N. ; MONCOMBLE, G. ; POSLANIEC, C. (1993). *Dire, lire, écrire*. Toulouse : Milan.

GIASSON, J. (1995). *La lecture : De la théorie à la pratique*. Boucherville : Gaétan Morin éditeur.

GUÉRETTE, C. « D'après l'homme qui plantait des arbres ». in. *Des livres et des jeunes*. N° 32, hiver 1989.

PARÉ, A. (1975). *Créativité et pédagogie ouverte*. VOL. 2 et 3. Montréal : Éditions WHP.

PLAS, B. (1997). *Apprentissage de la lecture à partir de l'album*. Paris : l'École.

ROY, P. (1991). *Le goût de lire et la bande dessinée*. Sherbrooke : Association canadienne pour l'avancement de la littérature de jeunesse. (ACALJ).

STOECKÉ, R. (1994). *Activités à partir de l'album de fiction*. Paris : l'École.

* De plus, on peut se référer à des titres sélectionnés précédemment. Ce sont notamment :

- *Continue la lecture, on aime pas la récré*. (cf. chapitre 2).
- *L'album pour enfants. Pourquoi ? Comment ?* (cf. chapitre 5).
- *La nouvelle, Le conte, Le conte en pédagogie et en rééducation*. (cf. chapitre 7).
- *Le fantastique, Le récit de vie, L'énigme criminelle, Du Petit Poucet au dernier des raisins*. (cf. chapitre 8).
- *Le goût de la lecture de la bande dessinée*. (cf. chapitre 9).
- *La littérature de jeunesse à l'école*. (cf. chapitre 10).